中原名师出版工程
教育思想与实践系列

王海东 著

语文教学『快』与『慢』的辩证艺术

中原出版传媒集团
中原传媒股份公司
大象出版社
·郑州·

图书在版编目(CIP)数据

语文教学"快"与"慢"的辩证艺术 / 王海东著. — 郑州：大象出版社，2019.5
（中原名师出版工程）
ISBN 978-7-5347-9920-4

Ⅰ.①语… Ⅱ.①王… Ⅲ.①语文教学—教学研究 Ⅳ.①H19

中国版本图书馆 CIP 数据核字(2018)第 197538 号

语文教学"快"与"慢"的辩证艺术
王海东　著

出 版 人　王刘纯
责任编辑　侯金芳　赵晓静
责任校对　钟　骄

出版发行	大象出版社（郑州市郑东新区祥盛街27号　邮政编码450016）
	发行科　0371-63863551　总编室　0371-65597936
网　　址	www.daxiang.cn
印　　刷	河南文华印务有限公司
经　　销	各地新华书店经销
开　　本	787mm×1092mm　1/16
印　　张	15.75
字　　数	238 千字
版　　次	2019 年 5 月第 1 版　2019 年 5 月第 1 次印刷
定　　价	39.00 元

若发现印、装质量问题，影响阅读，请与承印厂联系调换。
印厂地址　新乡市获嘉县亢村镇工业园
邮政编码　453800　　　　电话　0373-5969992　5961789

"中原名师出版工程"
编 委 会

主　任　丁武营

副主任　张振新　周跃良

委　员　郑文哲　林一钢　吕关心　闫　学　张文质　姜根华
　　　　　陈秉初　黄　晓　杨光伟　刘　力　童志斌　罗晓杰
　　　　　钟晨音　吴惠强　刘燕飞　丁亚宏　窦兴明　李　丽
　　　　　刘富森　申宣成　杨伟东　禹海军　张海营　张　琳
　　　　　谢蕾蕾　董中山　郭德军

总　序

对于一个优秀教师来说，将自己对教育教学的思考在写作中表达出来，是非常自然的一件事。正如玛格丽特·杜拉斯在《写作》中说的："写作像风一样吹过来，赤裸裸的，它是墨水，是笔头的东西，它和生活中的其他东西不一样，仅此而已，除了生活以外。"杜拉斯把自己的写作区别于日常生活中具体的事物，而将其看作生活本身。我十分认同这样的说法。从许多优秀教师的成长经历来看，教育写作就是教育生活本身。当我们学会了把教育生活中的各种场景纳入自己的视野、融入自己的思考，通过写作诚实地记录下来，我们就找到了一条属于自己的专业发展之路。

正是看到了教育写作在教师专业发展中的重要意义，河南省教育厅与浙江师范大学启动了"中原名师教育写作出版计划"。河南是我国的教育大省，有一大批非常优秀的教师逐渐崭露头角，而"中原名师"是其中的佼佼者，他们在各自的学校和不同的教育教学领域取得了一定的成绩，及时总结、提炼、展示、推广他们的研究成果非常必要。我和张文质老师被聘请为"中原名师教育写作出版计划"的首席写作导师，肩负指导"中原名师"写作、出版教育教学专著的重任。这可能也是目前国内唯一旨在帮助优秀教师实现教育教学专著出版的省级培训项目，开辟了教师培训内容与形式的崭新领域，具有开创性意义。经过近两年的艰苦努力，目前这项计划终于迎来了阶段性成果：弯丽君等第一批9位"中原名师"的12本教育教学专著即将正式出版。从书稿情况来看，选题、内容可谓多样：既有学科教学方面的，也有班级管理方面的；既有比较严谨的学术论著，也有可读性较强的教育教学随笔；既有义务教育阶段的，也有幼儿、高中阶段的。另外，还有计划第二批出版的书稿正在整理之中。

捧读这些沉甸甸的书稿，我心中充满感慨。

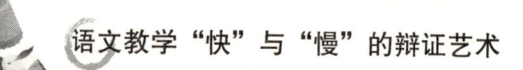

我想到了每一位作者的面庞，看到了那些闪亮的眼神。大家都非常清楚，对于一个渴望成长、追求专业发展的教师来说，教育写作是自我提高的一条基本路径。教育写作能清晰地记录一个教师专业成长的轨迹。教师可以在写作的过程中不断审视、反思自我，不断积累、总结与提炼，无论是初尝成功的经验，还是尝试摸索中的所谓教训，都是十分宝贵的财富。苏霍姆林斯基曾鼓励教师每天都写教育日记（也就是我们常说的"教育叙事"），认为这样的写作具有重大价值："凡是引起你的注意的，甚至引起你一些模糊的猜想的每一个事实，你都把它记入记事簿里。积累事实，善于从具体事物中看出共性的东西——这是一种智力基础，有了这个基础，就必然会有那么一个时刻，你会顿然醒悟，那长久躲闪着你的真理的实质，会突然在你面前打开。"这些"中原名师"正是通过写作将自己日常教育教学的点点滴滴慢慢积累起来的，而实施"中原名师教育写作出版计划"就是为了帮助他们打开真理之门。

我还想到了每本书稿选题的艰难，想到了那些为了确立书稿选题所经历的热烈讨论，既有面对面的沟通，也有无数次邮件、短信与电话往来。由于每一位作者所在的区域不同，所教学段、学科不同，研究基础、研究方向也各不一样，如何将那些最有价值的研究成果梳理、提炼出来，并形成相对集中的研究主题以专著的形式呈现，是我和张文质老师以及每一位作者需要面对的挑战。沟通、选择的过程非常重要，也非常辛苦。这主要是由于各位作者在实践层面的经验、成果内容非常多样造成的：往往一个教师提供的同一本书稿，在内容上既有学科教学方面的，也有班级管理方面的，甚至还有其他学科领域的，这固然反映了一线教师工作繁杂多面的实际情况，但对于专著出版来说，主题不够突出无疑是大忌，也会遮蔽那些更有价值、更值得推广的内容。经过半年多的反复讨论，第一批"中原名师"作者如弯丽君、李阿慧、徐艳霞、李桂荣、孟红梅等老师，首先确定了选题，开启了教育写作之路；而另一批作者如刘忠伟老师则更改了选题，另起炉灶，毅然开启了新的写作计划，这其中的勇气也让人深为佩服。

当然，我也想到了每一位作者所经历的艰苦的写作过程。由于绝大多数老师积累的文稿是基于实践经验，有些内容在学理上存在问题，论述、论据都不够严谨，容易引起歧义；也有些内容所呈现的研究过程与研究成果不够完整，材料繁杂、枝蔓较多，如何去芜存菁留下最有价值的东西，如何修改、完善那些不够成熟的地方，也是摆在每一位作者面前的挑战。值得指出的是，对文稿不断修改、完善的过程虽然艰苦，但其实是非常宝贵的研究经历——看似是教育写作的过程，其实又是学术研究的过程，写作本身成为思维与学术的双重训练，成为提炼教育教学理念、凸显教育教学风格的基本路径。如韩秀清、董文华、王海东、李桂荣等几位老师，正是经历了这样的写作和研究过程，才最终创作出很有价值的作品。如果说在专著出版之前，这些老师的教育教学风格还不够鲜明，尚未在更大的范围内得到认可，那么我相信，专著的公开出版，将有力地促进他们教育教学成果以及个人教育教学风格的传播与推广，塑造"中原名师"更加美好、专业的形象，成为河南教师乃至全国教师的偶像。而这，也是河南省教育厅与浙江师范大学决定实施该项教育写作出版计划的重要目的之一。

对于各位作者而言，他们没有辜负岁月，岁月也没有辜负他们。

对于导师而言，能够参与这个项目，帮助各位作者，是充满欣慰的，甚至超过了自己出书时的喜悦。

感谢各位读者，如果您翻开这些书，您会看到有那么一些人，是如何执拗地表达着对岁月和信仰的敬意。

闫　学

2018年8月18日于杭州

序 言

语文在中小学是重头课程，但历来对语文教学的争论最多，可说是意见纷纭。语文课的性质是工具性还是文化性？语文教材中的文言文应该多一点还是少一点？语文教学是以阅读为中心还是以作文为中心？是以传授语文知识为主还是以发展能力为主？等等。其实，充分理解语文的性质和语文教学的任务以后，这些问题就会迎刃而解。

语言是交流和思维的工具，语文是语言的书面形式。关于语文教学的任务，2011年颁布的《义务教育语文课程标准》中写道："语文课程致力于培养学生的语言文字运用能力，提升学生的综合素养，为学好其他课程打下基础；为学生形成正确的世界观、人生观、价值观，形成良好个性和健全人格打下基础；为学生的全面发展和终身发展打下基础。"2017年颁布的《普通高中语文课程标准》中也写道："语文课程应引导学生在真实的语言运用情境中，通过自主的语言实践活动，积累言语经验，把握祖国语言文字的特点和运用规律，加深对祖国语言文字的理解与热爱，培养运用祖国语言文字的能力；同时，发展思辨能力，提升思维品质，培育社会主义核心价值观，培养高尚的审美情趣，积累丰厚的文化底蕴，理解文化多样性。"这让我想起2006年我曾经写过的三句话，它们也符合新的课程标准的要求。这三句话是：

语文是工具，有了它，才能思维，才能表达，才能交流。

语文是基础，有了它，才能学习，才能生活，才能工作。

语文是文化，有了它，才有精神，才有智慧，才有品格。

因此，以上关于语文教学的争论，其实都是辩证的统一。语言是交流的工具，当然首先要掌握它，只有会运用祖国的语言文字，才能学习好其他课程，才能与人更好地交流。而交流的内容就是文化，无论是交流生产知识还是生活经验，都是一种文化交流。因此，语文是文化的载体，语文

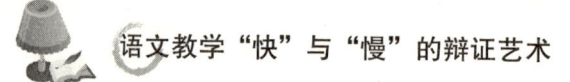

里装着思想、装着文化。一个民族的语文是这个民族世代创造的文明的结晶，它反映着民族生活、民族精神。语文课本里的内容大多是我国经典著作里的名家名篇，是民族文化的精髓。交流离不开文化，语文教育当然更离不开文化。所以，语文课的工具性和文化性是辩证统一的。

　　语文是思维的工具，因此语文课要发展学生的思维。语文教学不能只是教师讲解课文，更应该让学生阅读、体会，在阅读中发现问题、提出问题、分析问题、解决问题，从而培养学生的逻辑思维、分析思维能力。

　　语文课本中所选的名篇名作是很有限的，光靠课本中的文章是难以完成语文教学任务的。因此要引导学生阅读，把课内、课外的阅读结合起来，养成阅读的习惯。学生养成终身阅读的习惯，对其一生的发展是特别重要的。

　　总之，对语文教学中的问题不要绝对化，要用辩证唯物主义方法来认识。河南漯河高中王海东校长从事语文教学近30年，经过实践与思考、积累与沉淀，形成了自己的教育教学理念和思想。他的三本论著《语文教学"多"与"少"的辩证艺术》《语文教学"快"与"慢"的辩证艺术》《语文教学"死"与"活"的辩证艺术》，从三个方面辩证地探讨分析了语文教学的本质、语文教学的任务和课堂教学的问题，辩证地解答了教育教学和教改中的"量""速""态"三大问题。文章精思傅会，特色鲜明，语言朴实，既有知识性又有趣味性，既有前瞻性又有思辨性，值得大家一读。

　　当前教育改革轰轰烈烈，课外活动开展得丰富多彩。但我认为，还是要把主要精力放在课堂教学的改革上，首先要上好每一节课，再与课外活动结合，提高课堂教学的质量，使学生的全面素质达到课程标准的要求。王海东老师为我们做出了榜样。

　　王海东老师邀我为他的论著作序。但我因年事已高，视力欠佳，无法拜读他的全书，只是看了目录，并有感于历来语文教学的争论，写了几句感想。是为序。

2018年8月26日

目　录

第一章　语文教学"快"的艺术/ 1
第一节　何为语文教学的"快"/ 6
第二节　语文教学为何要"快"/ 12
第三节　语文教学如何做到"快"/ 19

第二章　语文教学"慢"的艺术/ 47
第一节　何为语文教学的"慢"/ 50
第二节　语文教学为何要"慢"/ 55
第三节　语文教学如何做到"慢"/ 63

第三章　语文教学"快""慢"结合的艺术实施策略/ 83
第一节　"快""慢"结合的辩证依据/ 85
第二节　语文教学"快""慢"结合的意义/ 93
第三节　语文教学如何做到"快""慢"结合/ 102

第四章　语文教学"快""慢"结合之案例分析与点评/ 115
抓住诗眼，解读诗情
　　——中原名师王海东《短歌行》教学案例/ 119

在合作探究中打造高效课堂
　　——全国百佳语文教师张荣谦《李逵负荆》教学案例/ 128

放手，让学生成为课堂的主人
　　——中原名师张旭《雨霖铃》教学案例/ 141

抓住主要事件，深入探究人物
　　——河南省骨干教师程克勇《鸿门宴》教学案例 / 153

诗情画意歌昭君，激烈辩论明真理
　　——河南省骨干教师胡卫党《明妃曲二首（其一）》教学案例 / 159

荷塘下的月色，月色中的荷塘
　　——河南省骨干教师赵孝伟《荷塘月色》教学案例 / 174

探究人物性格，揭示小说主题
　　——漯河市骨干教师张晨华《林教头风雪山神庙》教学案例 / 194

抽丝剥茧找真凶，条分缕析明主题
　　——漯河市教学标兵冯文权《祝福》教学案例 / 206

在文本阅读中掌握设置悬念的方法
　　——漯河市青年拔尖人才冯淑英"多文本阅读之'巧设悬念'"
　　教学案例 / 215

师生解读意象，感受诗歌古韵之美
　　——漯河市优秀青年教师柴研珂《雨巷》教学案例 / 221

后记 / 236

第一章

语文教学"快"的艺术

第一章 语文教学"快"的艺术

犹记当初在教授毛泽东的《沁园春　长沙》时的几句感言:"临秋寒,喜看万类霜天;凭意气,主宰沉浮江山;激文字,粪土公侯当年。"

与之相对照的,我想起了清代彭元瑞的自题联:"何物动人,二月杏花八月桂;有谁催我,三更灯火五更鸡。"

同样是人生的抉择,同样是命运的答卷,彭元瑞具象日月,漫卷漫舒,怎么看都是岁月在心头静静、慢慢、苦苦地流;而毛泽东却由点及面,纵横捭阖,笼天地于形内,挫万物于笔端,千年一瞬,快意古今,丝毫不见忧伤和沉沦,敢教日月换新天的豪情壮志喷薄而出,时不我待的历史使命感与时代责任感扑面而来,让人一下子就想到了他的"一万年太久,只争朝夕",快马加鞭夺取革命最终胜利的号角依稀可闻。

窃以为,教学毛泽东的诗词,当以"快"入,如暴风骤雨般震撼心灵,直抵历史深处,将无尽的过往和非凡的成就尽快集中聚拢起来,凝成一枚流芳溢彩的果,才能内秀氤氲,余香久醇而不失其浓烈。

由此说到语文教学"快"的艺术。人教版高中语文教科书必修共五册,需要在一个半学年里完成,这是语文教学"快"的时间节点。受学生初中语文学习习惯的固有影响,以《沁园春　长沙》作为第一课的高中语文教学,难免陷于"慢"的境地而低效徘徊;所以,必须尽快打开高中语文教学的新局面,使学生形成高中语文学习的新素养,这是语文教学"快"的现实需要。更关键的是,如果没有千年一瞬式的"快"的集成教育,又如何开阔学生的历史眼光、壮大学生的胸襟抱负、树立学生的时代担当意识、培养学生发奋为雄的精神呢?这是语文教学"快"的发展考量。正所谓:

语文开学有新篇,但随领袖点江山。
波澜壮阔风云变,岁月峥嵘若等闲。
人物风流腾细浪,旌旗插遍换人间。
弹指皆惊如斯逝,敢不迅雷极速前?

从小处看,闻一多作《一句话》,余秋雨作《千年一叹》,这"一句""一叹",能够最快进入你的心田;因而,真正的文学精妙到极致,必是"麻雀虽小,五脏俱全"的。"唧唧复唧唧"是需要情境的,否则,"便纵有千种风情,更与何人说"?《老人与海》为什么备受欢迎?固然是因为海

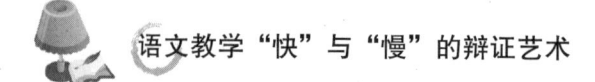

明威喜欢"一条腿站着写作",行文简洁,人物行事爽快,但更深层的原因在于一篇不算长的《老人与海》写出了一部史诗——

一人,一鱼,一路战争,虽终一无所有,然竟一身是胆。一副鱼骨,不损英雄尊严;一脸倦怠,写尽骄傲风流。强大的心灵,不屈的傲骨,传奇的故事,成就了一种伟大的荣耀。

这就是"快"的魅力。他拉进了作者与读者的距离,秉此以教,则教与学的距离更近,师与生的感情更深,从而效率更高、发展更快。

古诗词因其艺术内涵博大精深,广为流传,成为中国文学的根系和中华民族的瑰宝,是中华五千年优秀传统文化的集中代表。作为负有中国"诗"传承使命的学科,语文教育理应一直秉承诗意情怀,积极打造诗意课堂,这是语文教育的"初心"。语文教学曾长期陷入高耗低效的困局,并因忽视课堂结构的系统性、课堂内容的有机性和学生学习的主动性与可变性,背离中华优秀传统文化"诗意"内核,而沦为应试教育的工具,一度走入改革误区。如今,在初心和变革的双重驱动下,开发高中"诗意语文"课程,传承中华五千年优秀传统文化的"诗意",创新课堂教学,为语文教育立心,为语文课改立命,为语文课堂立魂,进而提升教师的学科素养,提高学生的综合素质,实现立德树人的根本任务,已经迫在眉睫。

综上所述,高中语文教学需要"快"的艺术,这种艺术形式,或与豪迈奔放、激情四射的课文教学契合,或与跨越历史、思维纵横的课文教学契合,或与卷帙浩繁、容量庞大的传统经典代表性课文契合。拿必修1到必修5的课文来说,如《沁园春 长沙》《荆轲刺秦王》《离骚》《赤壁赋》《老人与海》《过秦论》《蜀道难》《苏轼词两首》《辛弃疾词两首》《逍遥游》等都非常适宜展现语文教学"快"的艺术。不妨以苏轼的《念奴娇 赤壁怀古》为例来说明。

一、"快"是对作品强烈情感最好的触发

文章以情动人。《念奴娇 赤壁怀古》情感强烈故而势足,其势足故而抒发情感的速度就快,读来给人汪洋恣肆、联翩而下、一气呵成、俄而已过万重山的感觉。对于这篇文章,我们在教学时可以删繁就简,首先尽

快找好作品感情的触发点，如紧紧抓住"赤壁"二字，回眸那场以少胜多的战争，引导学生想象涛动如鼓、飞浪如箭的战争情景，从而牵一"发"而动全身，激发出学生恢宏的英雄气概，使学生迅速进入作品情感的洪流，然后顺流而下自然而然地快速解读作者的"心声"。与此同时，学生在行舟作品感情波澜的过程中，因随波逐流而渐生出潋潋的情绪，初潺如溪，进而奔腾若江河，最终汇入作品情感的洪流，轻而易举地完成了"悦读"之旅。这就是语文教学"快"的艺术。

二、"快"是对作者言为心声最好的观照

情动于中，言行于外。虽《念奴娇 赤壁怀古》全词只有100字，但仍觉纸短情长。作者积极用世，不移强者之心，故千里跋涉，只能使他更加奋进昂扬，卓然不群，积极战斗。激情如火，淬炼金子般的品格；壮志如山，挺立钢铁般的骨骼；锐气如刃，挥斥剑戟般的臂膊。这才是苏轼，真正的苏轼。所以，《念奴娇 赤壁怀古》的成就，不仅在于其诗才，更在于其诗情，不平则鸣，言为心声。背负忧国忧民之心将身影永世匍匐，陆游活得累了些，也少给后人留下欢乐；而苏轼不然，他用昂扬与洒脱、豁达与雄健逼退浊世的湮灭，豪放中身影高踞、心事玲珑，你无论怎么读都可以读出一种尊贵和激动。也正因为如此，《念奴娇 赤壁怀古》才"可以在无数心灵中继续复现，虽复现而不落于陈腐"（朱光潜语）。鉴于此，我们在引导学生快速进入作者的情感世界后，应及时选取苏轼一生中的标志性事件，在尽可能短的时间内给学生展示一个全方位的苏轼，一个更加接近真实的苏轼，一个有血有肉的、真性情的苏轼。这也是语文教学"快"的艺术，它会让学生以最快的速度在心中勾勒出苏轼的形象，作为对作者言为心声最好的观照：

一位豪掷激情、才思若奔的超级文豪。诗词画赋样样精通，山水日月物物能兴；身似劳劳燕，心如明明镜；寄达观于江湖，馈佳构于世人；其人也刚，其志也坚，其神也峻，其言也雄；胸怀开张袒壮胆，珠玑纷呈吐香莲；好一个开豪、开先，以诗入词，门生杰出，爱情绝伦的文学宗主！

三、"快"是对经典文学最好的切入

古往今来，历史沧桑的特定聚焦与作者"一尊还酹江月"的霎时定格在《念奴娇 赤壁怀古》这首词中完美交融，如何快速进入并解读呢？我们可以让学生通过吟诵与书法相结合的方式，从内容和形式两个方面同时进行解读，二者相结合，就会更容易完成与作者情感的互通。可以这样说，在这些传统的经典文学面前，教师的解读显得苍白，如果做出重复性描述，则更是对这些作品的亵渎。我们不需要多说什么，而要尽快把学生带入这些作品的深层思维空间和情感洪流里，让学生进行心灵体验，如此，学生才能获得情感的升华，享受到学习的快乐和幸福。这也是语文教学"快"的艺术的意义所在。

以上所谈，只是一些个人经验和粗浅理解，姑且称为语文教学"快"的艺术吧。唯愿以此为出发点，让语文教学的春风来得更早、更快一些，催绽开语文教学的满枝花朵，从而结出累累硕果。

第一节 何为语文教学的"快"

语文教学的"快"不是盲目求速度，不是急于求成，而是针对师生双方的"快"，需要教师和学生齐心协力、完美配合，从而达到"两岸猿声啼不住，轻舟已过万重山"的艺术境界。那么，语文教学的"快"该如何定义呢？

一、语文教学的"快"指什么

语文教学的"快"是指在课堂教学中创新运用多种教学手段和艺术表现形式，通过课程的开发和推进，激发学生的情感，让学生在心灵震撼中快速产生共鸣，教学过程简洁爽快，教师的教浓缩精华，学生的学高效集成，师生快速获得专业成长和学业提升。语文教学的"快"以时间、效

率、效果为价值判断,是对作品情感触发、对作者心声观照和对经典文学切入的最好方式。它坚持主导性、主体性、情感性、高效性、发展性五项原则,满足解决重点要快、思维反应要快、拓展提升要快的要求,贯彻教师当"快"则"快"、学生当"快"则"快"两大策略,具有理论清晰易懂、实践操作性强的鲜明特点。这样的"快",是在语文教学一线探索出来的个性化的"快",是一种把握情感节奏变化的深层次的"快"。

语文教学的"快"打破了基础知识教学的藩篱,更多地强调学生的感受、体验以及与作品情感的交流,有助于提高学生的阅读理解能力、鉴赏评价能力、表达交流能力。比如,一般的语文教学,要想让学生对作品的艺术特色和人物形象做出诗意的概括和总结基本是不可能的,但是语文教学"快"的艺术却可以在学生经历初期的适应后,使学生对作品做出诗意的艺术特色概括和人物形象总结。

如学生学完《记念刘和珍君》后为鲁迅做了如下的形象总结:

一个血荐轩辕、大声疾呼、含泪微笑的真的义士、猛士和斗士。他横眉冷对千夫指,俯首甘为孺子牛。他一身傲骨,一心奋行,一生坚韧;才气不灭,朝气不散,锐气不失;热爱革命,关爱青年,深爱祖国。他没有虚张声势、打拱作揖的陈腐,没有衣冠楚楚、道貌岸然的虚伪,没有无病呻吟、顾影自怜的恶习,生就一副傲骨,秉承先哲才气,鹤立鸡群,独行独往,为民请命。好一个中华民族伟大而英勇的旗手、脊梁和民族英雄!好一个中华民族热忱而空前的文学家、思想家、革命家。

总之,语文教学的"快"是积极顺应形势、吃透教材、站稳课堂、教书育人的有益尝试,它需要在教学实践中一步步探索,一步步总结,一步步提升。

二、语文教学"快"的原则

(一)主导性原则:我的课堂我导演

教师是课堂活动的组织者和引导者,在课堂中起着主导作用。这种主导作用主要体现在及时进行阶段性的角色转换上,即逐步由班集体建设初

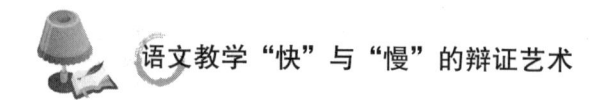

级阶段的管理者、组织者,转变为班集体建设高级阶段的指导者。

新课程下的语文教学强调创新、变革,突出学生的主体地位,淡化知识传授,这给教学效果一向"少、慢、差、费"的语文学科带来了一次绝佳的发展机遇。新课程下的语文课堂强调自主探究,突出开放意识、民主意识,要激发学生自学的主动性、积极性。

然而语文课堂在展示出一片曙光的同时,也给人留下了忧虑。比如,有时活动成为一种时尚,文本尚未充分解读,几个学生便合围而坐,展开讨论,于是课堂变得热闹了起来,这种过分突出学生的主体地位而忽略教师的主导性的语文课堂合适吗?很显然不合适!我们必须牢牢记住一点:教师的主导性必须保持并凸显,否则方向性引领的缺失比方法性的失误更可怕!

"三尺讲台万丈空,桃花源里自耕农。磨剑十年图破壁,开怀一笑坐春风。桃李报我山河丽,我付桃李一片情。不为浮华遮望眼,愿作春泥化落红。"教师就像是演员在舞台上追逐自己的"梦"。做一个"好演员"是很多教师对自己的期望,总觉得自己只有在"三尺讲台"上表演得精彩,才会吸引学生、感染学生,从而教好学生。但随着教师从教经验的日益丰富,对教育教学规律的认识更加深刻,越来越多的教师认识到,教师更应该像一名"导演",把舞台让给学生,使学生不再是课堂上的旁观者,而是教师指导下的积极主动的体验者、发展者。

那么,教师应如何当好一名"导演"呢?

1. 更新教育教学观念

长期以来,受传统教学观念的束缚,课堂上,教师作为知识的传授者,是绝对的权威。学生作为知识的接受者,没有也很难有张扬的个性、创新的思维,课堂就像一潭死水,对学生毫无吸引力。怎样改变这种局面,构建具有生命活力的课堂呢?教师首先应更新观念,从过去仅作为知识的传授者这一角色中解放出来,成为学生学习的合作者、引导者和参与者,使教学过程真正成为师生富有个性化的创造过程。教师应该意识到自己的职责不在于"上台表演",而在于指导"演员"领悟"剧本",鼓励他们大胆展现自己,提高自己的语言素养,发展自身潜能。

2. 设计课堂教学环节

教师作为"导演",最关键的任务是根据教学内容创造性地设计课堂教学环节，吸引学生在"演出"中探究原理，掌握知识。设计课堂教学环节时要面向全体学生，问题设计要有层次性，以使不同层次的学生都能获得发展。

3. 问题导航，自主学习

以问题为导航，以问题为课堂教学的主线，串起教学过程。设计问题要循序渐进、环环相扣、由浅入深。自主学习环节的问题难度不宜太大，所设计的问题要让学生通过自主学习可以解决。

4. 合作探究，提高效率

新课标倡导学生在活动中学习，在主动中发展，在合作中增知，在探究中创新。合作探究学习，可以培养学生的合作意识，有利于学生间的互助学习，形成良好的学习气氛，使学生从"学会"发展到"会学"。

5. 合理而积极地进行教学评价

教师作为"导演"，对于"演员"的表现不能冷眼旁观，合理而积极的评价能更好地激发"演员"的潜能，起到推动作用。对于学生的优秀表现，教师要给予赞许的目光、会心的微笑和表扬的话语，使学生感受到成功的喜悦，增强自信心和上进心，激发学生课堂参与的积极性和热情。

（二）主体性原则：我的地盘我做主

主体性原则是指在教学过程中，要正确认识教师的主导作用和学生的主体地位，使教师和学生两方面的主动性、积极性和创造性都得以充分发挥，让教学处于师生协同活动、相互促进的状态，以促进师生的全面发展。在教学中，主体性原则应充分体现在强调学生是学习的主体、学生在教学中的积极作用上，学生积极主动地参与教学活动才能使教学更高效。

语文教学的"快"要求变课堂为学堂，让学生做学习的主人，全身心投入到学习中去，自我构建语文知识、形成语文能力、提升语文情感，教师不能搞任何包办代替。学生在班级建设中发挥着主体作用，为集体建设、实现集体目标贡献自己的力量，能动地改造着班级这一微观的社会环境。在此过程中，他们加速了自身的社会化进程，通过认识自己、调控自己，促进个性的发展。

教学艺术要实现"快"，就要让学生真正成为学习的主人，教师在课

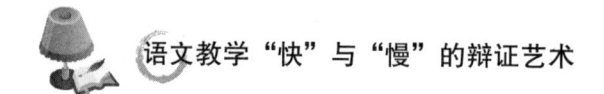

堂教学中就应该给学生提供充分的活动空间，尽量把时间还给学生。教师要做学生学习活动的组织者和引导者，在教学中创造性地理解和使用教材，积极开发课程资源，灵活运用多种教学策略，引导学生在实践中展示自我、肯定自我、超越自我。这样的教学，不仅教学节奏快，而且教学效率高，是真正实现了"快"的教学。

特级教师窦桂梅曾说过，差的教师只教语文知识，好一点的语文教师教语文学习方法，最好的教师提供学习资源。课堂教学的时间和空间是有限的，教师在教学中要发挥好课堂教学向课外的辐射作用，引导学生通过各种渠道获取学习资源，使课堂有限的时间、空间获得无限的延伸，使课内外学习相结合，做到"取法于课内，得益于课外"，让学生的主体性得到更进一步的体现，实实在在实现教学"快"的艺术。

（三）情感性原则：我的体验我参与

情感使文学作品有了自主意识的空间，有了超越时空进行物我架构的想象基础，更有了消除诸多差异障碍进行心灵交流的无限张力。作品中的情感，不仅可以感染人、打动人、激发人、熏陶人，还可以触发与升华读者的情感，给予读者非常纯粹的心理体验。为什么有一千个读者就有一千个哈姆雷特？就是因为读者的情感体验各不相同，心理感受自然千差万别，从而影响了其主观认知，进而得出了迥异的结论。

情感是马斯洛发展心理学中人类五种需求的一条红线。正是该红线在字里行间的连接贯穿，才使作品有了思想的内涵。情感不仅仅是作者表达的需要，更是作品主题表现和艺术张力的必然要求。

语文教学"快"的情感性原则，是指让情感在教学中承担起启迪和教化学生的责任。俄国批判现实主义作家列夫·托尔斯泰曾说："艺术是这样一种人类活动：一个人用某种外在的标志有意识地把自己体验过的感情传达给别人，而别人受到感染，也体验到这种感情。"运用情感性原则，师生共同解读文学作品，就可以体验到其中特有的情感，从而与作品、与更多的读者产生共鸣，获得更高层次的审美愉悦。

此外，我们每个人不一定都有时间在短短的几十年间悟得人生的真理，但通过文学作品，我们可以来扩展、验证、反省、安慰我们的人生。

语文教学的"快"的情感性原则，就是引导我们经历人类千百年来的精神成长过程，这大大拓展了我们的精神空间，让我们在如渴望、痛苦、兴奋、抑郁等的情感熏陶下，用最快的时间培养出自己宽广的胸怀，使自己充实而知性、谦虚而随和、见微而知著。

（四）高效性原则：我的效率我掌控

评价课堂教学模式优劣的唯一标准就是是否高效。语文教学的"快"最重要的核心内涵就是高效。没有效果的"快"就像没有质的量一样毫无意义，甚至是对各种资源的浪费。语文教学"快"的艺术应时刻把握"高效"这一原则。

1. 亲身体验

亲身体验是最好的学习方式，有助于高效课堂教学目标的实现。学生在教师的引导下了解生活、体验生活、感悟生活，运用所学知识解决生活中的问题，在思考问题、探究问题、分析问题、解决问题的过程中感受知识的重要性，体悟生命的重要意义，实现知识、技能、情感、价值观的共同提升。能让学生愉悦学习、快乐成长、幸福生活、终身发展的课堂才是高效课堂，这也是语文教学"快"的艺术切实可以达到的教育目标。

2. 展示交流

展示交流是最好的思想沟通方式。高效课堂的特征之一，就是"还给"学生说话的权利、表达的权利，而展示便为学生提供了这样的平台。课堂因学生的展示而精彩，因学生的展示而焕发生命活力。学生在展示时，思维活跃，全神贯注，质疑生成，亮点不断。展示激活了学生的求知欲、表现欲，使学习成为一种自觉。

有了教师的放手，才有学生的创造；有了教师的信任，才有学生的发挥。"相信学生，解放学生，利用学生，发展学生"是打造高效课堂的根本理念，是语文教学"快"的艺术的最好体现。

3. 学生主体

语文教学要"快"，学生理所当然要成为学习的主体、课堂的主体、教育的主体。蒙台梭利说："教育就是激发生命、充实生命，协助他们用自己的力量生存下去，并帮助他们发展这种精神。"面对一个个独特的、

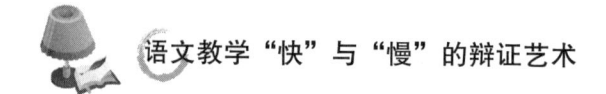

充满个性的、潜力无限的学生，作为教师，我们的使命就是用心灵唤醒心灵，用热情点燃热情，用智慧启迪智慧，用生命滋养生命。在教学中摆正了学生的主体地位，我们的语文教学"快"的艺术就能得以展现。

（五）发展性原则：我的时光我惊艳

赞科夫的"发展教学论"包括教学原则、教学大纲、教学法等各个方面的观点，其中以教学原则最为重要。他认为教学原则决定教学大纲的内容和结构，决定教学法的典型属性。赞科夫的实验教学的主导思想是以最好的教学效果来达到学生最理想的发展水平。体现这一主导思想，并指导各科教学工作的有五条教学原则：一是以高难度进行教学的原则（引导学生克服障碍和积极努力）；二是以高速度进行教学的原则（克服传统教学中的单调重复）；三是理论知识起主导作用的原则（认为传统教学片面地强调了感性认识）；四是使学生理解学习过程的原则（教会学生怎样学）；五是使全班学生包括"后进生"都得到发展的原则（克服高难度、高速度对部分学习困难学生的忽视）。

联系我们的高中语文教学，发展性原则是指教学的内容、方法和进度既要适合学生的发展水平，又要有一定的难度，需要学生经过努力才能掌握，能在一定程度上激发学生的学习欲望，以便有效地促进学生的身心发展。根据这一原则，教师在教学中首先要了解学生的发展水平，从实际出发进行教学；其次要考虑学生认知发展的特点，进行有效教学，使每个学生都能获得发展。

语文教学的"快"的表象是学生学习语文时要"快"，但其出发点和归宿应立足于学生的终身发展，其所求非眼前一课、一时，非短视，而是长远与将来；不求讲了、教了、说了，而求会了、行了、能了。

第二节 语文教学为何要"快"

在信息时代，面对剧增的知识、信息，如果不能高速度、高效率地读书、学习，不用说建设和谐社会，就连生存也难以保障。但在教学活动中，很多时候我们语文老师是在讲一些温柔的"废话"，学生在做一些可有可无的"花架子"。看似热热闹闹，实则是极大的消耗；初衷似乎是追求语文教学效率的提高，实则导致了教学的低效。

另外，语文教学不应该是一列匀速前进的列车，也有峰回路转，也有沟沟坎坎，有时需要减速，有时却需要加速。不管是省情、新课标要求，还是核心素养的培养要求，抑或是高考现状，都需要我们在沉淀之后能够迅速发力。

一、时间紧迫，任务繁重，不快难行

拥有近一亿人口的河南省，每年高考考生多达八九十万人，是名副其实的中国第一考生大省。虽然近年来大学一直在扩招，但仍然僧多粥少，要想上名校依然很难。对大部分考生来说，高考依然是"千军万马过独木桥"的严重态势。

三十年来，语文教育界一直在寻找语文教学的科学体系，努力探索"多好快省"之路。因此，不管是课堂组织还是教学节奏，不管是反馈评价还是总结反思，都需要探索出最适合省情的有河南特色的教育教学之路、最适合校情和班情的有漯河高中特色的教改之路。

二、执教之初，少慢差费，不快怎行

毕业之初，我踌躇满志，拳拳育人之情充溢心胸。刚到漯河高中时，我风华正茂，干劲冲天，每节课从头讲到尾，一个人唱"独角戏"，引经据典，讲得激情四射；学生听得无限神往、陶醉其中。我自我感觉良好，师生甚相得也。直到经过考试这个"试金石"的检验，我才如梦方醒：我班竟然倒数第一！但我仍然不知悔改，固执地认为这是偶然，绝非真实水平。直到高二下学期一直是这种状况，这期间年级主任几次找我谈心，年长教师多次委婉提醒，于是我不得不开始反思：察邻国之政，无如寡人之用心者。邻国之民不加少，寡人之民不加多，何也？

原来，所谓"教学"，包括教师的"教"和学生的"学"两方面，教学应该是教师引导着学生去学。更重要的是，教师教的方法是否得当，直接影响着学生的学习效果。教学内容是否优化、教学节奏是否快速高效、教学重难点是否突出、教学的层次化是否明显，等等，这些都是教学效果是否显著的关键因素。反观自己的课堂，存在着很大的问题：中心不突出、层次不清楚、事无巨细都想点到，结果就导致平均用力，拖沓冗长，严重影响了学生的学习进度和学习效果。

另外，我发现还有个问题——学生进入角色慢。学生进入角色慢，专注学习的时间自然短，学习效率自然低，学习效果自然差。因此，我适时增加了一个环节——课前三分钟展示，内容自定，形式多样，充分调动了学生的想象力和主动性，等到上课铃响起，正式上课时，学生精神抖擞，全神贯注，讨论热烈，效果相当不错！

教而不思则罔！得抓紧改进。于是我开始"提速"，用心改进。经过一年的调整，那年高考，我班打了相当漂亮的一仗：我班语文成绩全市第一！三人考上了清华大学或北京大学！更可喜的是学生的知识结构得到了优化，学生的写作能力和口头表达能力都得到了很大的提升，学生更加阳光自信了。

三、学科特点，博杂精专，不快谁行

语文学科是一门集工具性和人文性于一体的基础性学科，内容博大精深，领略其中一二已是不易，学习时需倍道兼行，可谓时不我待。

1. 内容庞杂，需要快吸纳

从教材来看，中学语文教材在基础知识方面总体安排了两个轮回。语音、字形、词语、语法、修辞、标点、各种文体的阅读和写作，在初中进行第一轮训练；到高中阶段进行第二轮训练。不过到高中阶段基础知识增加得并不多，但知识面宽、容量大、综合性强、难度加大，此时的学习重点应放在如何运用已学过的知识提高自己的分析能力、概括能力、欣赏能力和写作能力上。所谓"质量"，质固然重要，但必须先有量的累积，如果不加快进度，势必影响量的累积，质的提升自然无从谈起。

2. 课时减少，需要快推进

从课时来看，高中语文教学课时较之初中有所减少，教师在课堂上常常只讲重点、教方法，作业也少，学生如果还像初中时那样习惯于依赖教师，盲目等待，不去自学，不去主动查资料、求方法、变思路，势必会导致心理上的落差和成绩的下降。所以，教师应该授之以渔，"不愤不启，不悱不发"，促使学生自己主动动起来，思维快起来，加快由量到质的提升进程。

3. 限时考查，需要快完成

如今，语文学习从知识型向能力型过渡，语文考试也从专业知识考试向能力考试过渡。尤其是写作，从我毕业之初的一大一小两个作文，满分50分，到今天的一个作文，满分60分，写作的要求在不断提升。一开始我总感觉学生的写作时间不够用，有的学生用50分钟甚至1小时还完不成。后来我就开始思索能否进行限时作文训练，要求学生40分钟内必须完成800字作文，延迟1分钟就不予批改。硬性要求了一段时间，学生的写作速度有了很大提高，思维品质也有了很大提升。

四、课程改革，快改快得，不快困行

《普通高中语文课程标准（2017年版）》（以下简称"语文新课标"）特别强调学生在课内外加强阅读，这就要求学生学会运用多种阅读方法，有一定的阅读速度，扩大阅读范围。因此，在语文课堂上，注重教给学生快速高效阅读的方法和技巧，才能事半功倍地完成阅读任务，达成阅读目标。下面就我校已经成功尝试的阅读教学为例，谈谈语文学习为何要"快"。

在瞬息万变的信息时代，人们的阅读速度面临着严峻的挑战。速读是当今信息社会发展的需要，是快获知识、多获知识的重要途径。在肩负培养学生阅读能力重任的语文教育阵地中，进行高效阅读意识的渗透，培养学生良好的阅读习惯，使学生掌握快速阅读、理解文章的能力，适应时代的需要，是语文新课标的要求。

所谓高效阅读，就是要求学生在短时间内快速完成"阅读—记忆—思考"的整个阅读环节。

在语文教学中，如何培养学生快速高效阅读的能力，提升学生的语文素养？下面是我的一些粗浅做法。

1. 导入快：激情导入，创设情境，激发阅读兴趣

现代教育论认为，课堂教学应以学生为主体、教师为主导，师生共同配合是取得良好课堂效果的保证。而成功的导入无疑能迅速将学生带入情境，为高效阅读打好基础。

乌申斯基说："注意力是个大门，如果没有它，外部世界的所有东西都无法进入人的心灵。"学生阅读效率的高低取决于其注意力，取决于其即时阅读的兴趣。因此，在日常教学中，我根据文本主题精心设计导入语，以激发学生的阅读兴趣。

教学《短歌行》一文时，我是这样创设情境的："滚滚长江东逝水，浪花淘尽英雄。在历史的大浪淘沙中，有多少英雄能经得起千淘万漉而青史留名？在三国的历史舞台上，曹操就写下了浓墨重彩的一笔！"激昂的语言，将学生快速带入文本意境当中，让他们在接触文本之前就有想一探究竟的欲望，极大地激发了他们的学习兴趣，为教学的高效进行打下了良好的基础。

2. 入戏快：培养学生高效阅读的习惯，让学生受益终身

高效阅读能有效地培养学生的注意力和学习兴趣，让学生快速入戏，尽快进入学习状态。

快速入戏的学习习惯在学生的学习过程中起着至关重要的作用。为使学生养成良好的阅读习惯，我要求学生做到以下几点：首先，端正坐姿，使其精力集中到学习上去。在每天的语文课堂上，随着"身正、肩平、腰直、足安"的口令，学生端正的坐姿、最佳的学习状态就是一道最美的风景。其次，学会默读，做到默读时不指读，不摆头，不回头，读后迅速回想文章内容，厘清文章脉络。再次，朗读时声音洪亮，融入感情，体会文中蕴含的思想感情，与文章作者进行心灵的沟通与情感的交流。最后，写字时要意会笔端，凝神静气。静能生慧，静也能生快。

3. 执行快：引领学生掌握快速高效阅读的方法和技巧，提高学习能力

阅读讲究"对话"，把文章读懂就是与文本对话。"授之以鱼，不如授之以渔。"我在日常教学中融入快速高效阅读的方法和技巧，让学生学会阅读，即学会与文本对话，从而提高学习能力。教师要有意识地在教学中引领学生运用快速归纳段意、划分段落、理解句子含义、理解重点语句等方法进行阅读。

(1) 在速读中学会归纳段意

抓中心句是概括段意的有效方法。如教学《父母与孩子之间的爱》一文时，让学生概括各段段意，学生很快便利用每段段首句子概括出了段意。此时告诉学生这种归纳段意的方法就是抓中心句，只是要提醒学生，中心句有时在段首，有时在段尾，有时在段中。

(2) 在速读中学会划分段落

了解了文章的篇章结构，就能准确地划分段落。就小说而言，只要抓住小说的几个关键要素就能迅速划分段落。例如，学习《林教头风雪山神庙》一文，根据小说的要素很快就能厘清头绪。序幕：巧遇李小二；开端：密谋杀害林冲；发展：接管草料场；高潮：山神庙复仇。就这样，学生在速读中厘清了文章的脉络，划分段落自然就容易多了。

(3) 在精读中尽快深挖文中词语的意思

语文教学"快"的艺术要求教师引导学生在精读中尽快深挖文中词语的意思。例如，教学《沁园春　长沙》时，我利用"替换法"带领学生快速品味词语内涵。讲到"独立寒秋"时，我问大家这里的"独立"能否换成"直立""站立"，进而引导学生认识到"独立"体现了一种顶天立地、敢为人先的英雄气概。就这样，学生很快便掌握了理解词语意思的技巧，学得轻松，练得扎实。

(4) 在精读中尽快深挖文句的含义

要想尽快品出文章的精彩之处，还要从文句入手。在教学中，对于文中突出人物或事物特点的重点句，表达课文中心思想的关键句，以及具有深刻含义的疑难句，结构复杂的长句等，我们应该将尽快理解的技巧教给学生。比如教学《记念刘和珍君》一文，让学生理解"我也早觉得有写一点东西的必要了"这句话的含义时，我引导学生通过理解"也""早""一点东西""必要"等词深挖出句子含义：写作此文，不单因为程君的请求，更主要是出自鲁迅本身的意愿，动机远非限于"刘和珍生前就很爱看先生的文章"，而是由于鲁迅和刘和珍既是师生又是同志，对于她的死，鲁迅感到特别悲痛，所以写文是必要的。

(5) 在精读中尽快理解写作特点

阅读一篇文章，尽快弄清写作上的特点，有助于我们更快更好地把握文

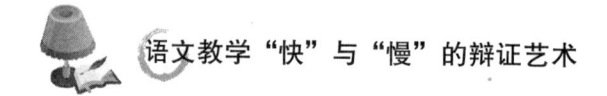

脉，明晰作者的行文思路，从而提升学习效率，提高写作水平。如在教学《烛之武退秦师》之前，我给学生布置了一项预习任务：边读边品味这篇古文的篇章结构技巧。学生进行了预习，很快便讨论、总结出该文丰富多彩的写作特点：首先，伏笔与照应；其次，波澜起伏；再次，详略得当。

总之，在语文教学中，我注重教给学生快速高效阅读的方法和技巧，既提高了学生的阅读兴趣，同时对培养学生的阅读能力起到了事半功倍的效果，使学生的语文素养得到了极大的提高，达到了语文新课标的要求。

五、快速发展，祖国使命，不快不行

"物竞天择，适者生存"，跟不上社会的快节奏，必然会被社会所淘汰。未来的文盲不再是不识字的人，而是没有学会怎样学习的人。将来不管传递信息的手段有多么先进，阅读始终是人们获得信息、知识的主渠道。如果我们因循守旧、不思变革，就难以跟上形势的快速发展，就难以符合时代的要求，也就难以担负报效祖国的使命。从这个角度来说，快速高效阅读的出现，有其客观的社会必然性。

教学是一门艺术，有其本身特有的节奏。一节课有开端、发展、高潮和终结，如果平铺直叙便会缺乏课堂教学应有的艺术魅力和感染力。课堂节奏控制艺术是语文教师具备综合素养的标志。在课堂节奏艺术掌握水平方面达到炉火纯青的教师，其课堂设计精巧，节奏把握张弛有度。

教学节奏不应脱离社会节奏而独立存在，而应该和社会节奏相融为一，只有教学的快节奏和社会快节奏协调一致，形成和鸣，才有可能出现最高亢的音节，达到最震撼的效果，才能汇聚成人间天籁。正如泰戈尔所言："让你的手指，抚我生命的琴弦，使之兴奋激动，奏出咱俩的音乐。"这样的"快"，才能保证最终的兴奋激动，才能情动于衷，言形于外，行践于实，从而奋发有为，率先问鼎，一骑绝尘。

需要注意的是，有些教师已习惯于过去那种呆板的教学程式和缓慢的教学节奏，课堂教学囿于耗时多、收效差的怪圈而不能突破。渐渐地，学生也慢慢适应了这种缓慢的教学节奏，这样一来，则无法适应社会高速发展的需要。为改变这一现状，我们的课堂教学要适当加快节奏，训练学生从小在快节奏的环境中学习与思考。适度紧张的节奏能使学生保持高度的兴奋，使学生的注意力、思维和求知欲保持旺盛的状态，有助于提高课堂教学效果，有助于将学生培养成适应现代社会需要的人才。课堂教学节奏掌控是一门学之不尽的艺术，掌握好它，课堂教学将异彩纷呈，学生求知的火花将绚丽多彩。

不管是我们的省情校情、自我反思、学科特点，还是新课标要求、发展使命，都呼唤着高效务实、高歌猛进的教学。因此，这里谈的语文教学"快"的艺术，是建立在课堂教学现实需要基础上的"快"，是为了追求又好又快的教学效果的"快"。

第三节　语文教学如何做到"快"

要想使语文教学"快"上去，具体到操作层面，不仅要有明确的要求，还要有具体的策略，从教师和学生两方面做出应对。只有这样，才能做到快而不失，快而有序，快而高效，快而和谐。

一、语文教学的"快"的宏观要求

（一）教师精研精讲，解决重点要快

在教学中，一节课的时间有限，教师要精研精讲，解决重点要快，可以从以下几点入手。

1. 教而不备则浅，备而不教则空

在倡导核心素养的今天，我们既要提高教学质量，又要尽可能地减轻学生的课业负担，要想做到这两点，就要向课堂40分钟要效益，就要精讲教学内容，也就是要"快"。课堂上，学生是学习的主人，教师只是组织者和引导者。教师的教要适应学生的学，要充分发挥学生的主观能动性，让学生在教师的引导下动起来，让学习过程丰富有趣，让课堂教学扎实有效。要做到这一点，教师必须在备课上下功夫。

(1) 个人精备

① 备课前预习。在学本课堂模式下，教师要更加注重学生的问题意识。课前如果没有进行预习，没有经过查、画、写、记、练、思（即查着工具读、画着重点读、写着批注读、记着感想读、练着习题读、思着问题读）这样的深度预习，学生如何能够提出问题？教师如何能够精准地设计问题？师生又如何能够把课堂打造成"知识的超市，生命的欢乐场"？所以，师生必须进行充分的课前预习，否则，一系列的课堂活动就难以落到实处，就会导致教学慢下来。

陈日亮在《十如何——语文教学具体操作抽象谈》一文中指出，备课时要让自己处在双重阅读者——理想阅读者和学生阅读者的位置，多换位思考，而不是一下子就站在教学者的角度，先入为主，老是想着该怎么教。备课时，不要忙着读教参，要深入文本，相信自己的"第一感"。写出自己阅读的心得或教学设计的初案后，再进行适当的参考也不迟，切忌用他人的纸样裁自己的衣裳。

② 备问题设计。传统的课堂上，教师提问题，然后让学生回答。长此以往，我们的学生便没有了问题意识。在学本课堂模式下，所备的问题包括学生生成问题和教师生成问题，问题要能引导学生学会观察、学会分析、学会动脑、学会质疑，促进学生思考水平的提升，教学才能快起来。

设计问题时要注意一环扣一环，比如教学《归园田居》时，围绕"归"字，我抛出这样几个问题引发学生思考：从何而归？为何而归？归向何处？归后如何？再如，教学《烛之武退秦师》时，我紧扣"退"字做文章，设计了有关退之背景、退之人选、退之过程、退之结果的问题，将学生的思考和讨论引向深入。

③ 备合作探究。美国哈佛大学伯顿教授指出："每个学生都应当获得自己去创造成就的勇气和信心，并允许他进行长久的尝试。"问题抛出后，教师不要急于让学生回答，而要留给学生充分的自己去"创造成就"的时间和空间，让他们进行独立而深入的思考，形成自己的思维逻辑后再进行小组讨论、碰撞，进而上台展示、质疑。这个过程看起来慢，实质上却是为后面的"快"打下了基础。只有这样，他们的创造能力和聪明才智才能充分发挥出来，自主探索的意识才能逐步形成，创新思维才能得到更好的

发展。

④ 备交流展示。核心素养倡导创意表达，要求学生具有艺术表达和创意表现的兴趣和意识，能在生活中拓展和升华美等。要想让学生快速地达到这一水平，教师在备课时就要在交流展示环节精心研究。

交流展示是一节课的重要环节，往往也是高潮所在，是培养学生创意表达意识的最佳节点。交流的前提是师生平等、气氛民主。交流展示的应该是各小组的研究过程和成果，是学生的经历，是集体智慧的结晶，所伴随的质疑也应该是友善的、真诚的。这期间，教师要做好"导演"工作，驾驭好课堂，组织好学生的倾听，引导好相互间的质疑，点亮学生的思维，点燃学生创新的火花，对学生的发言做出激励性评价，使课堂向着健康的方向发展。

此外，在交流展示环节中，教师一定要鼓励和保护学生的批判质疑精神，使学生具有好奇心和想象力，敢于质疑；善于提出新观点、新方法、新设想，并进行理性分析，做出独立判断。

⑤ 备点拨生成。新课程强调探究，强调发现，强调学生的动手能力，强调学生是学习的主人，但这绝不是说不需要教师讲解，关键是教师什么时候讲，讲什么，怎么讲：是教师先讲还是学生先讲？是对学生已获得的知识重复讲，还是针对学生不能自己建构的那部分内容讲？是直接讲，还是结合学生的交流归纳讲？另外，教师要注意对学生的展讲和碰撞及时进行评价和点拨，解决疑难问题，总结出明确的结论，使学生获得正确的观点和系统的知识。只有把握好这些细节和关系，教学才能在培养学生语文核心素养的基础上快起来，否则只能使课堂陷入拖沓、烦冗和无效。

⑥ 备拓展应用。拓展应用能使学生学以致用，所以配套的习题训练是必要的，而且质量必须高，问题要有梯度和层次，以满足不同水平学生的不同需求，快速促进学生语文素养的提高。

（2）集体共备

集体共备是我校一大亮点，也是我们每周最向往的时刻。每周都有不同的主备人，在主备人的主持下我们进行交流研讨，把自己对教材的困惑提出来真诚地向其他教师请教，相互说一说怎样设计，怎样突出重点、突破难点，共同讨论合适的教学方法，一遍遍地打磨新课，修正讲过的课。

集体共备使我们能吸取别人的经验，取人之长，补己之短，从而更精准地把握教材的知识点、易考点和易错点。这种备课方式为教师的精研精讲提供了保障，也为教师课堂上的"快"做了充分的准备。

（3）个人打磨

集体共备后，教师还要独自进行打磨。毕竟，每个人的风格不一样，知识结构和知识储备不一样，每个班的班情和学情也不一样，无法整齐划一地开展教学工作，需要教师根据具体情况在集体共备的基础上讲出自己的特色，使课堂内容满足学生的需求。每个教师的迅速成长都离不开反复的打磨，每个教师的成熟睿智也离不了不厌其烦的自我雕琢。在磨课中，我们的文化积淀得到了充分的挖掘，课堂教学语言也得到了锤炼，甚至连言谈举止、肢体语言等也变得可以"传情"，互动时能与学生迅速产生默契和共鸣。

一个"磨"字，道出了一节成功的课背后凝结的教师的汗水，以及与汗水相伴随的反反复复的修改、斟酌和推敲。磨课就如侠客的十年磨一剑，一朝试锋芒，也正因为有了课下的"磨"，才有了课堂上的"快"。

2. 学本课堂不是不讲，而是要精讲点拨

学本课堂是指以学习者学习为本的课堂。这里的学习者不仅指学生，还包括教师和直接参与者。在学本课堂中，师生的界限不再那么明显，整个课堂就是大同学和小同学围绕共同生成的核心问题共同学习和探究的场所。需要注意的是，语文课堂应该是充溢着琅琅书声的课堂，应该是充溢着美感和自身对文本的体验的课堂。教师不要滥用教学手段，堆砌声音和图片，以致"捡了芝麻，丢了西瓜"。在学本课堂中，教师不是不讲，而是要在学生困惑之处及时介入，进行精讲点拨，帮助学生答疑解惑，为学生快速理解和掌握知识助力。

（1）精讲的原则

所谓"精讲"，指的是精选讲授内容，即精讲重点、难点、疑点和知识的内在联系点；精讲学生在学习和探究过程中暴露出来的问题，而不是面面俱到、事无巨细地讲。在此基础上，选择最适合班情也最适合自己的教学方法，以最大限度地发挥讲的功效。精讲要做到"三讲三不讲"。

"三讲"是指讲重点，讲难点，讲易错、易混、易漏点。第一个

"讲"——讲重点。重点指对今后学习乃至终身发展有重要作用的内容，以及从来没有接触过的、与以前联系不大的内容。这部分内容在新授课中体现得较多，在练习巩固时，教师要针对这部分内容给予学生充分吸收内化的时间，以使学生形成完整的认知结构；在讲课过程中，教师要针对这部分内容设计有关问题，引导学生积极探索，认真研究。第二个"讲"——讲难点。大部分学生都不会的问题，就是难点。针对难点，教师在课堂上集体讲解，通过知识传授使学生形成能力，从而节约时间，提高效率。第三个"讲"——讲易错、易混、易漏点。这些都是在学习过程中容易出现问题的内容，往往反复提醒也得不到有效解决，这类问题在检测时，容易暴露出来，应该引起教师足够的重视。

"三不讲"是指学生已经学会了的不讲；学生通过自己学习能够学会的不讲；讲了学生也不会的不讲。第一个"不讲"很好理解，学生已经会了，再讲也引不起学生的注意，而且浪费时间。第二个"不讲"，体现了教师对学生的信任，发挥了学生的主体作用。教师把学习内容进行加工，编制导学案，学生依据导学案自己阅读、思考、探究、讨论，掌握部分知识，这样通过"先学"掌握了的内容，再讲只能是"费力不讨好"。第三个"不讲"，是指那些虽然没有超纲，但是对完善学生的知识结构和促进学生的发展没有太大的作用，讲了也没有效果，甚至容易对学生产生误导的偏的冷的知识不讲。

教师还应该引起注意和警惕的是，不能把语文课上成思想政治课，不能只注重语文的工具性而抹杀语文的人文性。叶圣陶先生曾说："语文教材无非是个例子。"这就非常明确地告诉我们，语文教学要教会学生通过教材这个例子，努力习得读写的基本方法，掌握运用语言的基本技巧，正确表达自己的思想感情。

教师在课堂上做到"三讲三不讲"后，讲的时间少了，给学生自由支配的时间多了，也就给了学生主动学习的机会，再加上教师的适当引导，学生就真正成了课堂的主人。这就从时间上保障了教师教和学生学得"快"。

（2）点拨的做法

所谓"点拨"，就是教师针对学生学习过程中存在的知识障碍、思维

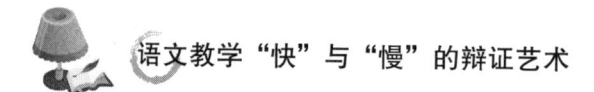

障碍与心理障碍，运用恰当的方法，启发学生开动脑筋，自己进行思考与研究，寻找解决问题的途径与方法，以达到掌握知识的目的。所谓"点"就是点要害，抓重点；所谓"拨"就是拨疑难，排故障。在教学过程中，教师应针对教材特点和学情因势利导，帮助学生排除疑难，教给学生学习方法，从而引导学生自学。这就从方法上保障了学生学习的快速和高效。

我认为有效的点拨应做到以下几点：

① 学习方法点拨。达尔文说："世界上最有价值的知识是关于方法的知识。"可见授之以鱼，不如授之以渔。

课堂教学的根本目的在于使学生会学，提高学习技能。诚如叶圣陶先生那句极为精辟的见解："教是为了达到不需要教。"所以，我们要把学习方法指导渗透到教学的各个环节中，对学生因材施教。具体来说，学习方法的指导包括以下几点：指导学生预习、听课、讨论、阅读、查资料、搞调查等；针对学生在学习方面出现的问题加以指导，培养学生自主探究问题、独立解决问题的能力。学生一旦掌握了有效的学习方法，不仅学习效率会大大提高，而且受用一辈子。

② 问题点拨。课堂教学的核心是培养学生的创新思维，教会学生思维的方法。只有通过各种有效方法，激活学生的思维，才能使学生抓住思维的关键点。教师可以通过一题多解，引导学生从不同的角度进行分析，训练学生的发散思维，提高学生的聚合思维，使学生能够分析问题、解决问题。

我校长期坚持"问题导学"，围绕文本重点和难点精心设计具有思辨性的问题，引导学生独立思考、思维碰撞、及时反思，收到了很好的效果。具体来说有：开篇设疑，创设情境；衔接设疑，环环相扣；难处设疑，启发诱导；无疑设疑，激发兴趣；结尾设疑，回味无穷。

无论哪种课型、哪种文体，无论面对什么样的学生，只要教师心中有问题意识并精心设计问题，就有可能激发学生的问题意识，使学生形成思辨能力。

3. 微课展示，高效体验

大家都知道，在传统课堂中，一节课的精华都是围绕重点和难点展开的，但这些精彩片段总是昙花一现、转瞬即逝，如果我们换一种思维方式，把一节课中讲解的重点、难点、考点、易错点、易混点等精彩片段录制或制作成微课，学生不仅可以快速地掌握重点、难点知识，而且可以随时随地地重复观看。

微课"短、小、少"的特点，大大弥补了课堂教学的缺陷，整合了优质教学资源，拓宽了课堂学习的时空，给学生带来了耳目一新的学习体验。

经过教师精心研课、磨课，精讲点拨，学生的思维才能得到迅速提升，以教师为主导的高效课堂才能得以真正落实。

（二）学生精思精练，思维反应要快

在课堂教学中，教师要引导学生精思精练，达到让学生的思维快速反应的目的。

1. 要想思维反应快，学生要"精思"

我们经常说某某聪明，一点就透，反应快，其实我们看到的只是那一刻的表象，并不知道其背后付出了多少努力，进行了多久的深思。苏轼曰"熟读精思子自知"，强调了精思之重要。子曰"学而不思则罔"，同样体现了思考的重要性。只学习不思考，就会被知识的表象所蒙蔽而得不到真知。

我发现学生的阅读题得分率普遍不高，大多数学生都是凭感觉答题，究其原因，主要是学生知识储备不足，对文本理解不透，同时也反映出学生审题马虎、解题方法不当的问题。这就需要语文教师将课堂教学中的阅读能力培养和解题技能培养合二为一，让学生在课堂上勤于思考；在课堂教学中不断增加学生的语言积累，提高学生对文本的感悟能力和解读能力；同时训练学生掌握解题步骤和恰当的解题方法，从而提高学生的解题能力，这样一来学生的反应自然就快了。

2. 要想思维反应快，学生要精练

对于高中生来说，"刷题"是必要的，但必须控制量，不然就会陷入无所得的困境。要想培养学生快速的思维反应能力，就要精练。

精练，即针对学习中的重要内容，如基础知识、基本技能、重点、难点等，进行深入透彻的练习，力求达到举一反三、触类旁通的程度。设计

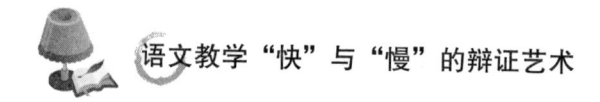

合理恰当的练习，是实施精练的关键。精选的题型要突出针对性、层次性、多样性、启发性、创造性和教育性，要注意分层，要面向全体学生，确保人人参与。要让学优生和中等生探讨较为深刻的问题，吃饱吃好，向更高的学习目标迈进；要让学困生从自己的实际水平出发，选择恰当的练习逐步达标。精练到一定程度，学生的思维反应自然就快了。

（三）教师精批精评，拓展提升要快

1. 精心批改，发现问题，认真审题，规范答题

传统的作业批改方法是教师全批全改，这对学生明确答案无疑是好的，却耗费了教师大量宝贵的时间，使得教师没有足够的时间钻研教学、学习理论，从而影响了教师的自我提高。而且，由于教师长期只采用一种批改方法，使得学生缺乏新鲜感，往往是教师精心批改的作业发到学生手中，学生连看都不看一眼就束之高阁，从而也影响了学生学习的效果。鉴于此，我们可尝试以下几种批改方法。

（1）全批不全改

教师对学生作业中的错误进行全批，同时提供改错信息，或提出疑问，或简单提示，或符号示意，以引起学生的注意，并要求他们严格按要求改正。

（2）重点批改

教师可只批一部分具有代表性的、出错率较高的练习，其余部分由学生自己批改。这样，不仅节省了教师的时间，也给学生提供了批改作业的机会。

（3）面批面改

对一些涉及重点、难点和疑点较多的练习，尽量采取面批的方式，当面指出错误，为学生设疑、释疑，以加深学生对问题的理解。

（4）自批自改

如词语的听写、课文的默写或一些出错率较高纠错后再进行的强化练习等，可让学生自批自改，以使学生加深印象。

（5）互批互改

该法多适用于作文修改。批改前，教师先做适当指导，然后让学生互

批互改，可以学生独立评改，也可以小组讨论评改。互批互改让学生成为教学活动中的主体，极大地调动了其学习的积极性。

(6) 专项批改

作文的批改往往需要有针对性，教师可以根据训练要求或学生的写作实际进行专项批改，或专批细节描写，或专批景物描写，或专批人物对话，或专批心理描写等。

(7) 分层批改

平时的课文背诵、词语听写等可分层批改。在班上建立一个关系网络，即教师—科代表—大组长—小组长—组员，先由教师批改科代表的作业，再由科代表批改大组长的作业，依次进行。

另外，传统的语文作业批改，教师大多只关注知识，比如，字有没有写错，填空是否符合书上的原意，造句是否合情合理等。新课程理念下的作业批改，在关注知识的同时，还要关注学生在作业中折射出来的思维过程和方法。否则，就会导致学生只重视结论，而忽视过程，不利于促使学生良好思想品质的形成，不利于学生灵活性和创造性的培养。一个闪烁着鲜活灵动的创意的造句，一种标新立异的见解，一篇反映学生生动真实的生活原貌及独特的思考角度的作文——这些都应走进语文教师的批改视野。有时教师不妨以扬其所长、避而不谈其短的批改方式，让学生的创造过程与方法尽情地在作业中彰显。

新课程理念下的语文作业批改，还要关注学生作业中所折射出的情感、态度与价值观。如学生的作业书写是否认真、是否整洁规范等。批改作文时，不仅要看是否文通字顺，更要关注作文背后学生的生活情趣、情感体验、价值取向等，以引领学生从作业走向社会、走向人生。

以上这几种批改作业的方式和教师批改作业时的关注点，不仅能够让教师快速了解学生对知识的理解、掌握情况，为接下来进行快速的有针对性的教学奠定基础，而且可以使学生在批改作业的过程中快速提高对知识的理解、掌握水平。

2. 精心评讲，查缺补漏，拓宽思路，拓展提升

在试卷讲评中我们常常出现几个误区：一是只对答案，核对答案后，对一些自认为重点的知识进行讲授；二是逐题讲评，从第一题开始，无论

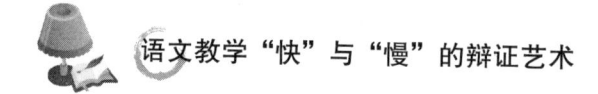

难易，每题都讲，为了追求进度，一份试卷匆匆而过；三是就题讲题，对错误率较高的题目只讲解答案，缺乏对产生错误的原因的深层次分析；四是缺乏巩固，对讲评效果不进行巩固，留给学生回味的时间很少。这样做常常"欲速则不达"，事倍功半。

那么，如何将一份精心准备的试卷讲评到位，真正让学生通过做题，将所学知识融会贯通，并做到触类旁通呢？

（1）要让学生参与到试卷的讲评中来

心理学实验证明：人们一般能记住自己所听到内容的20%，自己所看到内容的30%，自己所听到和看到内容的50%，在交流过程中自己所说内容的70%。由此，我们可以发现交流的重要性。学习金字塔理论的提出者埃德加·戴尔认为，学习效果在30%以下的几种传统学习方式，都是个人学习或被动学习；学习效果在50%以上的学习方式，则是主动学习、团队学习和体验式学习。

因此，在讲评试卷时，要改变以教师为主角的形式，把讲评的舞台让给学生，让学生分小组自查自纠、自我分析、自我讲评，调动学生的积极性，提高学生对知识的理解与掌握程度。

（2）要讲评思路

"授之以鱼，不如授之以渔。"试题形式多变，但解题思路有迹可循。学生常常有这样的疑惑：为什么考纲上的考点都背了，题目也做了不少，面对不同的材料题却不知道从哪儿入手，找不准切入点？其原因就在于缺乏正确的解题思路。因此，教师在讲评时要弱化学生对所谓标准答案的记录，强化切入点的训练，分别列出几个切入点让学生讨论，看看哪个更好、更科学。这样的训练，会使学生逐步养成思考的习惯，一旦找准切入点，解题就变得简单多了。

经过实践发现，讲评完思路之后，再让学生讨论展示，会出现比预期还要好的结果。比如，对一个小说人物形象的总结，对一首诗词意境的赏析，学生集体智慧的结晶常常比参考答案还精彩。

（3）要对比起来讲评

这里的对比讲评，不是指前后知识或相似知识的比较，而是指试卷的比较。在开始高三第一轮复习时，我要求每个学生必须准备一个夹子，将每次练习或考试的试卷按时间整理好。每过一段时间，我会让学生找出前后试卷进行比较。通过比较，学生就会发现，有些知识点，考试的形式不一样，问题的提出方式不一样，材料的列举方式也不一样，但所考查的内容是一样的。通过这样的比较，学生增强了灵活运用、举一反三的解题能力。

通过比较，学生还会发现自己在哪些知识点上反复出错，或者在哪类题型上不断出错。这样，学生就会明确地知道自己存在哪些不足，从而有针对性地去查漏补缺，明确自己复习的方向，完善自己的知识结构。

精研精讲、精思精练、精批精评的关键就在一个"精"字，就是用最少的时间取得最大的效益，用最恰当的讲述增强学生的解题能力，用最少的练习让学生掌握语文学习的规律。"精"的根本在于教师的"博"，博览群书、博览试题、博思精思，深入了解学生，从学生的角度思考，提高学生的语文素养。这样才能从根本上抛弃"题海战术"，真正让学生保持活跃的学习精神，使学生学会思考的方法，促进学生思维方式的改变，让学生养成从辩证的角度看待事物的习惯，从而达到我们所要求的"快"的目的。

二、语文教学的"快"的实施策略

（一）教师要当"快"则"快"的策略

"快"蕴含于"高效"之中。高效，一要反映在质量、效果上，二要体现在时间、速度上。要实现高效，实效和时效二者缺一不可，没有质量和效果就没有实效，没有时间和速度就没有时效。

1. 教师的观念更新要"快"

新课改对教师角色重新进行了定位，强调教师是学习活动的组织者和引导者，这使身处一线的教师不得不重新审视自己，更新陈旧的思想观念，打破过去的教育常规。教师观念的更新决定着新课改的成败，决定着教育发展的未来，决定着学生发展的前途。赫尔巴特认为，一切心理机能、情绪、意志、思维、想象等都是变形的观念，而观念具有同化作用，

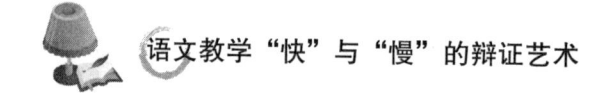

通过强化新观念可以同化旧观念，使新、旧观念统一起来。这就证明，观念不仅支配着人的行为，而且是可以更新的。教师必须快速更新观念，才能扮好新的角色。

那么教师应该快速更新哪些观念呢？

（1）人才价值观更新要"快"

新课改是为了适应时代的发展，培养有社会价值的人才。教师对人才的价值的认识，影响着学生的发展方向。新时代的人才是具有社会责任感的，努力服务于人民和社会的，具有创新精神、实践能力、科学和人文素养、环境意识的，具有适应终身学习的基础知识、基本能力和方法，具有健壮体魄和良好心理素质的新型人才。教师要注意学生价值观的形成过程，不断引导学生在社会价值中体现个人价值。教师要摒弃过去那种"只注重知识，不注重能力；只注重结果，不注重过程；只注重学优生，不注重学困生"的人才价值观。

如果教师的人才价值观不能尽快更新，势必影响教师对人才价值的认识，影响对学生价值的发掘，影响学生的人生发展。

（2）学生观更新要"快"

学生观就是对学生主体地位的重新认识。时移而事易，事易而备变。教师的学生观如果不能及时更新、尽快更新，势必影响学生主体地位的凸显。在传统教育中，学生的主体地位是不够突出的。在新课程背景下，教师要明白：学生不是接受知识的容器，而是学习的主体，学生的主体特征表现在自主性、能动性、创造性等方面。教师要尊重学生的主体性，重视学生的经验和个性发展。

新课改强调"为了每一个学生的发展"，也就是要排除"精英主义"，走向"大众主义"。要想使学生获得发展，就要重视学生的经验积累，培养学生的个性、创新精神和实践能力，尊重学生的主体地位，这是教师学生观转变的中心。新课改强调教师是学生学习的组织者、引导者、合作者和促进者，提倡人性化的教育，要求建立新型的师生关系，尊重学生的个体差异，关注学生的发展，建立民主平等、尊重互信、开放互动的师生关系。新课改还强调要营造和谐的教育氛围，让学生在这样的氛围中潜移默化地受到人格、人性的熏陶，从而使学生在学习、生活等方面都得到和谐的发展。

（3）课程观更新要"快"

"课程"这一概念既熟悉又陌生。熟悉的是它一直伴随在我们的工作之中，陌生的是它真正的内涵难以界定。传统教育中把较小科目的总和或某一门学科界定为课程。其实课程是指有计划地安排学生学习，使学生获取知识，参与活动，增加体验的学科总和，是生成性的而不是僵化不变的，是与学生经验相关联的而不是远离学生的。

课程观的更新，并不是简单的概念更新。在新课改中，教师是课程的解释者、实践者和研究者。因此，参与新课改就成了教师职业的重要组成部分。教师的课程观是否能及时更新，是决定新课改成败的关键。教师要更新课程观就要增强课程意识，把握好课程目标，做好课程实施工作。此外，还要理解课程标准，整体认识课程结构，开发、利用课程资源，研究课程评价，培养综合课程能力。

课程"指挥棒"已经变了，如果教师的课程观还不能尽快更新，势必造成"一人一把号，各吹各的调"的教学混乱局面。

（4）教学观更新要"快"

教学是新课改的核心环节，也是课程实施的基本途径。教师教学观是否能及时更新决定着课程实施的成败。传统的教学观是教师的教和学生的学的简单相加，忽视了学生的经验、体验，把学生当成接受知识的容器，忽视了学生能力和技能的生成过程。因此，教师要想及时更新教学观，就要及时调整师生关系，加强交往互动，实现共同发展；就要及时处理传授知识与培养能力之间的关系；就要从现在做起，尊重学生的主体地位和独立人格；就要及时引导学生参与体验、探究，改变学习方式，培养创新精神和实践能力；就要及时创设有利于学生发展的教育环境，激发学生的学习积极性；就要及时掌握信息技术，将其作为教学手段加以充分利用；就要及时改变教学方法，创设充满生命力的课堂教学机制。

教学观直接影响着教学效果，对学生学习观的形成有着极大的影响，若不能及时更新，必将误人子弟，贻害无穷。

（5）评价观更新要"快"

评价改革是新课改的一个重要方面。教师评价观的更新影响着课程实

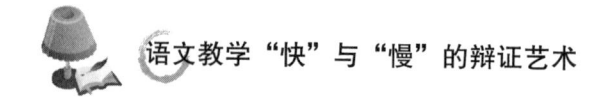

施的质量和效果，教师课程评价观的更新包括以下三个方面：对学生的评价、对课程本身的评价和对自身的评价。对学生的评价要关注学生的全面发展，既要重视学生的学业成绩，又要重视学生能力的发展，发现学生的潜能，建立全面的评价体系。对课程本身的评价要对课程执行情况、课程实施中的问题进行分析评估，提出改进措施。对自身的评价要善于总结、反思，要不断提出新要求，广泛听取各方面意见和建议，不断提高自身的教学水平。

评价观是教师对学生的课堂表现、近期行为认可或否定的反馈，对学生的自我认识、自身现状的评判、未来的发展走向都有着极其重大的影响，能否及时更新，关系重大。

那么，如何快速更新观念，并将新的评价观付诸实践？下面以漯河高中多年来的实践和探索为例来说明。

随着新课改的深入，对全新课堂教学模式的探索也引起了社会各界的广泛关注，各种创新教学模式也如雨后春笋般出现。为了适应新的教育形势，进一步提高办学质量，经过多方论证与前期试验，漯河高中于2008年8月引进了教育部"十一五"重点课题成果、中国教育科学研究院韩立福教授主持的有效教学理论。经过快人一步的超前布局，三年定型的快速实践和嬗变，漯河高中结合自身实际，2011年即形成了独具特色的"三维六元"卓越学本课堂。

漯河高中的"三维六元"卓越学本课堂强调教师理念快速而彻底的革新，强调要遵循"以教师为主导，以学生为中心"的指导思想开展教学活动。我们明确了学习的三个维度，即"三维"：问题导学、思维构建和个性发展，最终形成自学、议学、探学、展学、点学、练学六种能力，即"六元"。具体实现的过程包括结构化预习、对话探究、回归评价。实现教学目标的工具是问题生成评价单、问题解决评价单、问题拓展评价单。使用的方法是高质量地上好问题生成发现课、问题解决展示课、问题拓展提升课。在学本课堂模式下，学生生成问题快、发展成长快、收获成果快，快速实现了自主创新、卓越提升，大大缩短了成长成才周期。2018年，我校14岁的赵乙丁高考取得了653分的优异成绩，谈到自己未来的打算时，她说自己大学毕业后会继续深造，尽快读到博士。

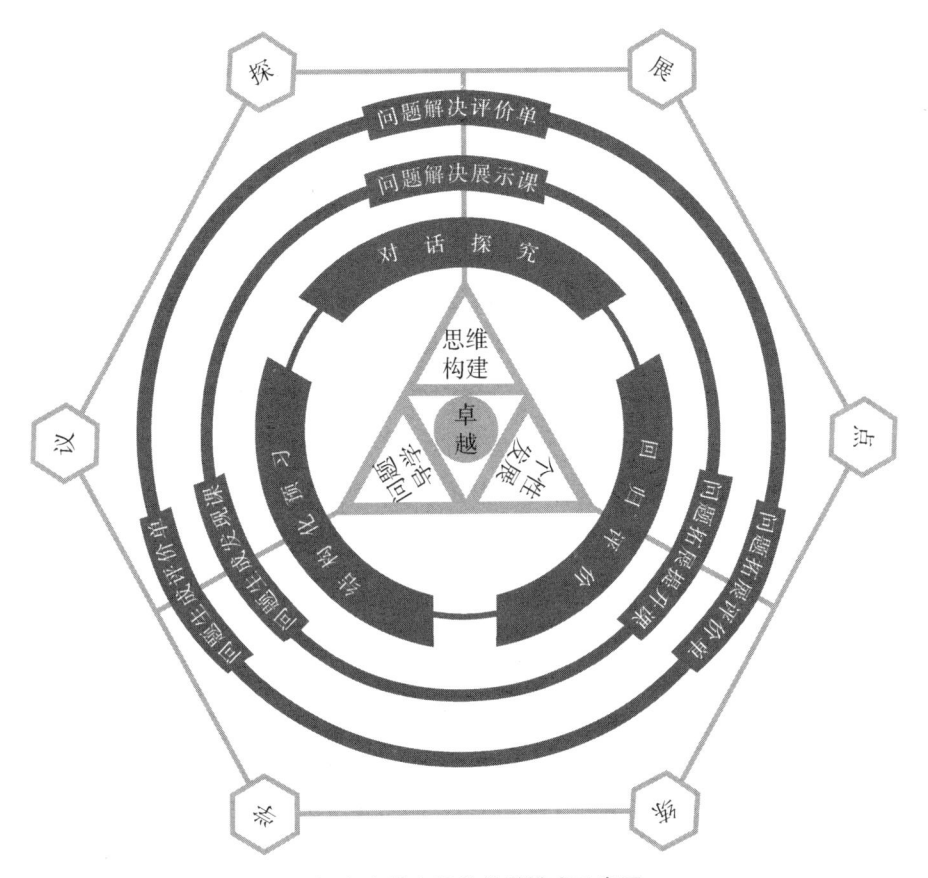

漯河高中学本课堂教学模式示意图

漯河高中学本课堂教学模式的成功推广还得益于现代教学手段的快速应用。当学本课堂建立在信息技术环境下时，我们发现，课前、课中、课后均可通过应用信息技术手段快速提高教学效率。

课前，教师可以通过课件或微课取代问题生成评价单，将课件或微课通过网络快速传递给学生，学生可以利用课余时间进行课前预习，并结合课件或微课内容收集信息进行自学，并将发现的问题快速反馈给教师。一节微课一般在10分钟左右，学生可以在有疑问的地方反复观看、揣摩，在提高时间利用率的同时，更提高了预习质量。如《意象艺术》一课，任课教师常亮录制的微课虽然只有6分钟，却囊括了本节课的所有重点和难点，在发送到学生手中后，学生大约用15分钟便可完成预习，个别基础较好的学生可在10分钟左右完成预习。学生经过合作探究后，共生成了6个问

题，并将问题快速反馈给教师，为课堂上高效完成教学任务打下了良好的基础。

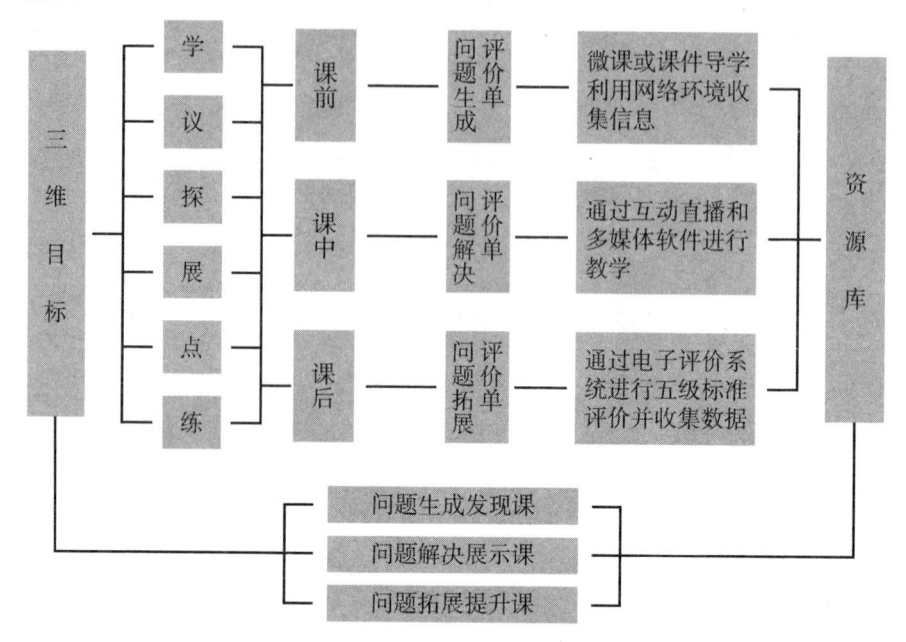

信息技术环境下的学本课堂教学模式应用示意图

三维目标：学、议、探、展、点、练

- 课前 —— 评价单 —— 问题生成 —— 微课或课件导学利用网络环境收集信息
- 课中 —— 评价单 —— 问题解决 —— 通过互动直播和多媒体软件进行教学
- 课后 —— 评价单 —— 问题拓展 —— 通过电子评价系统进行五级标准评价并收集数据

资源库

- 问题生成发现课
- 问题解决展示课
- 问题拓展提升课

课中，针对课前生成的问题，学生以小组合作探究的方式尝试解决，再集中展示问题解决过程。学生解决起来有困难的问题，由教师进行点评、讲解。在这个过程中，学生可以自主制作课件，也可以通过互动平台与外界交流以获得帮助。

课后，学生完成常规作业后，可以通过论坛、博客等进行自学和拓展训练，如张荣谦老师进行作文课教学后，经常让学生在论坛、博客上发表文章，然后由同学和教师进行点评，这种拓展训练深受学生喜欢，其学生多次在考试中作文获得满分。

在此基础上，通过对实验班进行全学科教学的跟踪与研究，对其日常教学情况进行评估，我们还探索出了一套适合信息技术环境下的多学科的学本课堂教学模式，并经过反复实践检验，形成了操作性强、富有实效的固定形式。

总之，学本课堂教学模式为培养卓越学生发挥了不可替代的作用，我们通过问题导学、思维构建和个性发展三个维度开辟了快捷培养的通道，通过自学、议学、探学、展学、点学、练学形成了快捷培养的手段，通过问题生成评价单、问题解决评价单、问题拓展评价单找到了快捷培养的抓手，从而打造出了真正有利于学生快速成长、成才、成功的学本课堂。

2. 教师的知识更新要"快"

正如王国维先生所说："诗人对宇宙人生，须入乎其内，又须出乎其外。入乎其内，故能写之；出乎其外，故能观之。入乎其内，故有生气；出乎其外，故有高致。"对语文教师的知识更新问题，亦当作如是观。我在课堂观察、课改调研中，深切地感到，语文教师的学科知识不仅面临着整体性的转变，而且转变、更新的速度要加快。

首先，从自然规律说起。太阳每天都是新的，"苟日新，日日新，又日新""芳林新叶催陈叶，流水前波让后波"，这是自然规律。

其次，现代社会是科技发展的社会，是信息社会，整个社会的信息、知识的更新速度在不停地提高和加快。学生自身也能从不断发展的社会中获得各种新的信息和知识。因此，教师只有具备渊博的知识、科学的教学理念、高超的教学技能、扎实的教育理论知识，才能肩负起新时代教书育人的责任。但是，也有一些教师尽管有高度的责任感和高尚的师德，但面对新教材，在知识结构上常常捉襟见肘，表现为教学方法单一，讲解教材内容时平淡无奇、语言苍白。究其原因，很重要的一点就是教师头脑中的知识老化，教学理念陈旧。教学理念是教学行为的先导，而知识则是教学行为的基础，如同有了米才能考虑怎样做饭一样，有了必备的知识作为载体，教师才能进一步思考在教学中如何落实新课程理念。我认为，教师可以从以下几个方面更新、完善自身的知识结构。

(1) 自身知识加快更新

当今知识发展的一个重要趋势是知识一体化。随着知识经济时代的到来，知识社会化和社会知识化程度的日益提高，知识一体化趋势将越来越明显。为了与此相适应，新课改强调课程综合化，强调各学科之间的沟通与综合。这就要求教师全面提高综合素养，淡化自己的学科角色。有些教师在面对综合化的新教材时，内心明确区分了哪些是自己的事，哪些是其他学科教师的事，不是自己分内的责任不管。这种学科严格分野的陈旧观念，应该摒弃。

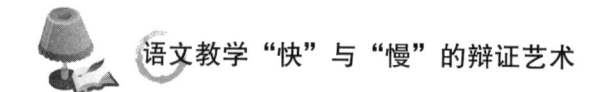

为适应形势发展，教师需要尽快地全面补充综合性知识，拓宽自身的知识领域，吸收比较广泛的科学文化知识（一定的数、理、化、音、体、美等学科知识）和一些相应的技能（写作、唱歌、绘画等多方面的技能），由知识单一型向知识复合型转轨。同时，教师要在通览各科教材的基础上，有针对性地补充一些综合性知识，以满足课堂教学的需要。教师只有首先在知识上融会贯通，才能在课堂教学中有针对性地启发、引导学生从多方面进行思考。

（2）科研成果加快转化

科研工作是极富创造性、学术性的活动，是丰富和提高教师水平、优化教师知识结构的途径。教师通过科研可以拓展思维、丰富知识。教师只有将科研成果融入自身的知识体系中，创造性地组织教学活动，才能使教学内容更丰富、学术思想更活跃。

教师开展科研活动，能为更高层次的教育教学活动提供新理论、新知识和新经验，从而加快自身知识的更新与优化。加快转化科研成果，尽快让学生享受科研成果的红利，具有极其重要的作用。

（3）专业知识加快补充

新教材中增加了许多反映社会经济及文化科技发展的内容，时代性较强，同时对学生也具有更强的吸引力，能提高学生学习的兴趣。相比之下，教师知识结构老化的问题则日益凸显出来。如语文教材改革，对老教材中的选文进行了大幅度的更新，选文时不仅强调名家名篇，更强调文质兼美，与时代紧密结合的课文比例大大增加。又如生物教材中出现了许多新名词，如基因、疯牛病等。对这些新增的知识，教师如果掌握不好，教学效果怎么可能好？

教师首先要坚持与时俱进的发展观，根据形势和教材变化，及时补充有关的知识，吸收本专业最新的研究成果，不断更新自己的知识结构。

教师仅仅有广博的知识是不够的，还要善于把这些知识传授给学生，并教会学生自主学习。这就要求教师必须具有丰富的教育学、心理学知识，懂得青少年身心发展的一般特点、个性和品德形成的一般规律，以及如何根据这些特点和规律教育学生。特别是在新课改中，学习方式、教学方法、师生关系都发生了很大的变化，如何适应这种变化？教师要真正确立体现素质教育精神的教育理念，全面把握改革的整体思路，在教学实践中全面贯彻改革的精神；必须对自身原有的教育科学知识进行更新，并在实践中加以运用；不断总结自己的教育教学经验，写好心得体会，为后续教学积累宝贵的经验；在遵循教育教学规律的前提下，根据新情况解决新问题。例如，教材中设计了许多师生、生生互动活动，这些活动促进了师生之间、生生之间的交流，如果教师在教学中不遵循学生的身心发展规律，必然导致师生关系的不和谐。

当今时代，知识经济方兴未艾，新的教育要求对教师提出了挑战，尤其是在知识结构方面，教师再也不能抱着"一部老皇历读到老"的态度，而要不断学习，及时更新知识，用明天的标准来规范今天的行为，以充足的知识储备和科学灵活的教学方式构建高效的课堂教学模式。

3. 课堂节奏的调整要"快"

课堂节奏需要快，但不是急匆匆地赶速度，而是提前做好预设和铺垫。比如，分层教学、因材施教，就是很好的做法。

20世纪90年代初下乡支教之后，我对分层教学的认识更加深刻了。原以为到了初中、高中，学生才会分化严重，其实不然。小学，尤其是农村小学，到了三年级，学生已经严重分化。当年我支教的姜店乡实验学校的老师们都为此深感苦恼：讲得快些吧，学困生根本听不懂，进而会放弃；放慢节奏吧，对学优生是一种伤害和不公，因为对他们来说很多知识性的东西已经掌握，再听纯属浪费时间。

漯河高中在这方面做得比较好。虽然我们使用统一的"一案三单"，但我们采用分层教学调整教学节奏，使各层级的学生都学有所得。

如对待转学生或学困生，教师会列出详略得当、重点突出的复习表，同时妥善安排他们精读和泛读一些课文，重视新旧知识的联系和迁移，使学生能快速适应新的学习生活，或跟上其他学生的学习步伐。这种快的方法是十分必要的。

适合学生情况的教学安排，能使学生得到最大限度的收获，使课堂教学达到最优化。

另外，我们漯河高中的"三单"就是一张指向明确的"寻宝图"，不管哪个层次的学生都能根据问题生成评价单在课前进行深入的预习，以便

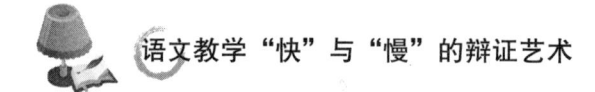

课上有针对性地参与课堂活动并及时解决个人的疑惑；问题解决评价单中的内容是师生共同生成的问题，提前一节课发给学生，让大家在课堂上单独深入地思考，为课堂上高质量的讨论和展示打好基础；问题拓展评价单主要引导学生对本节课的知识进行提升或训练。"三单"及时有效的重组实现了快速高效的学习，使得课堂节奏变快了，学生的思维活了，课堂效果更好了。以下展示的是教学《[般涉调]哨遍·高祖还乡》时采用的问题解决评价单。

《[般涉调]哨遍·高祖还乡》问题解决评价单

设计人：冯淑英　审核人：高二语文组　序号：02

班级：　　组名：　　姓名：　　时间：2015年3月15日

【合作探究解决问题】

问题一：厘清思路——本文是以何种视角呈现的？讲述了一个怎样的故事？

问题二：多元展示——请你用自己的方式展现乡民眼中的高祖形象。

问题三：品味新奇——你认为本文最富有表现力的地方是什么？（表现技巧）

问题四：比较鉴赏——请与《史记》相关记载进行比较，谈谈本文在创作上有哪些新奇、过人之处。

问题五：认知突破——学习本文之后，刘邦在你心中的形象是否有所变化？《高祖还乡》这支散曲给你的启示是什么？

要点归纳、反思总结：

未解决的问题：

自我评价、同伴评价、学科组长评价：

问题前置，使学生在课前对本课知识有了明确的预习目标和学习目标；让学生独自或小范围内进行相关讨论，为课上的集体展示、智慧碰撞、思维提升奠定了基础。就如田忌赛马，马还是那些马，人还是那些人，经过资源整合，转而大获全胜，而且出人意料、快人一步。

4. 课堂拓展的衔接要"快"

课堂拓展对于语文教学有着极高的价值，而语文课堂中的拓展又必须以"有效"为第一追求。要实现拓展的有效性，课堂拓展的衔接就必须要"快"，要根据教学的需要，准确把握拓展时机，精心筛选拓展内容，悉心挑选拓展切入点，使语文课堂教学展现出别样的精彩。

（1）准确把握拓展时机

所谓时机，就是最适合进行拓展的时间点。拓展的最佳时机即学生最需要拓展的时间点，最有利于文本分析的时间点，最有助于学生思考的时间点。语文课堂拓展既有预设的，也有生成的。抓准时机，是提高拓展的有效策略。

一是快速把握课前时机拓展。主要就是课前预习，课前让学生快速搜集相关资料，了解课文的写作背景，了解作者的相关信息，阅读与课文内容相关的知识。二是快速把握课中时机拓展。在教学过程中，快速拓展一些与文本相关的内容，如教学《破釜沉舟》一文，我出示了一个反面的事例"马谡失街亭"，让学生从比较中深入地理解文本。三是快速把握课后时机拓展。在学完课文后，我们还可进行课后拓展，快速回顾总结，快速归纳提升，快速集中训练。

（2）快速筛选拓展内容

快速筛选拓展内容，是提升学生学习执行力、提高学生学习效果的有效方式。

首先，选择饱含情感的内容。语文教材中的课文大多饱含着作者丰富的思想感情。语文阅读教学要以情感为动力，情感是语文阅读教学的"根"。教师要根据文本内容精心选择拓展内容，利用文本丰富的内涵，唤醒学生沉睡的心灵，拨动学生的情感之弦。如教学《再别康桥》一课时可拓展一首有关离别的诗歌或歌曲，我给学生呈现的是徐志摩的诗《沙扬娜

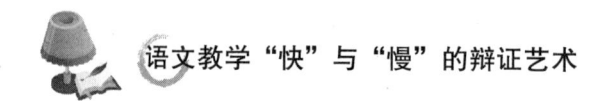

拉》和一首李叔同作词的歌曲《送别》，从而让学生身临其境，感受离情别绪。

其次，选择留有空白的内容。一些课文中留有空白，可以让学生借助想象来填补，以加深对文章思想内容的理解和感悟。如在教学《大堰河——我的保姆》一课时，我问学生："艾青仅仅是为了怀念大堰河而写此诗吗？有没有更深的用意？"通过这样的拓展性提问，引导学生再一次研读文本，使学生明白了艾青写作此诗是为了表达对旧中国处于社会最底层的广大劳动妇女的同情，表达自己对不公平、不合理的旧社会的鞭挞和憎恨。这样一来，空白得以填补，知识得以升华。

最后，选择读写训练的内容。语文教学的基本任务是提高学生理解和运用祖国语言文字的能力，而这种能力的形成必须借助于必要的、理性的语言训练。因此，教师在教学中应时时留心挖掘教材的语言学习因素，抓住语言训练的契机，根据文本特点，适时设计练习，为学生提供尽可能多的读写机会。如学完《雨巷》一课，我让学生进行小练笔：请从雨巷、丁香、油纸伞、姑娘等意象中选择一个写一首小诗或一篇散文。这样的训练，既激发了学生的想象，又落实了读写结合的训练目标。

（3）快速挑选拓展形式

快速挑选拓展形式，能为学生迅速开展思维拓展提供有效的手段，让学生快速开展思维拓展时有章可循。

首先，在难点上进行拓展要快。语文教材里的一些课文虽然文质兼美，但由于离学生的生活实际太遥远，而在学生和作者之间形成了一条鸿沟，成为教学中的难点。要想让学生走进文本，感悟其中的情趣，教师教学时必须有所铺垫，而这种铺垫单凭教师的说教是不行的，要通过合理的拓展才能使学生在知识和情感上贴近文本、贴近作者。

其次，在开阔视野上进行拓展要快。有些文本内容比较简单，学生容易掌握，很多学生会感觉"吃不饱"。对于这类课文可以快速读过，然后快速扩充适当的课外阅读材料。如《包身工》是一篇报告文学，学生很容易就理解了20世纪30年代旧上海资本家对工人的无情盘剥，于是，我对此轻描淡写，一带而过，但在课文学习的结尾我提出了一系列问题：你认为目前的工厂里还有没有现代的"包身工"？你如何看待这一现象？有何对策？以此进一步开阔学生的视野，丰富学生的情感，增强其以天下为己任的社会责任感。

再次，在兴趣点上进行拓展要快。有些课文学生在课前已读了好几遍，上新课时对课文就失去了兴趣。此时，尽快采用文本拓展就可以吊起学生的胃口，激发学生学习的兴趣。如教学《鸿门宴》时，可以出示刘邦的口头语"为之奈何？""且为之奈何？"并引导学生思考：这类话语展现了一个怎样的刘邦？经过讨论甚至争论、辩论，学生会明白这是为了展现刘邦的善于用人、从谏如流。学生的兴趣产生了，不仅课内的兴致不减，课外还会去查找更多的介绍刘邦的书，这不仅快速激发了学生看课外书的兴趣，同时也使学生逐步加深了对课文的理解。

最后，在写法比较上进行拓展要快。比较是一切理解和思维的基础。我们在进行教学时，应该有意识地将某些同题材的课文进行对照分析，以更好更快地帮助学生理解并深化文本的主题思想。如在教学毛泽东的《卜算子·咏梅》时，就可以把它和陆游的同题词进行比较学习。通过比较，学生更加快速地明白了两人不同的风格和审美观。

总之，语文教学中的拓展是语文课堂高效的有力保障。我们只有深入研读文本，把握好文本特点，紧密联系学生的生活实际，认真设计出有效的拓展，才会收获不一样的精彩，从而让语文教学达到一种"悠然心会，妙处难与君说"的美妙境界。

5. 总结反思的生成要"快"

快反思，才能快校正；快内省，才能快提升。教师课后要及时反思，反思讲课的技能技巧、教学手段、教学方法等，寻找自己教学中的遗漏、遗憾及亮点，及时积累教学的经验和体验，进而提炼亮点、激发智慧。

(1) 及时总结教学中的得，特别是亮点、特色

及时总结教学目标达成度、良好的教学方法、生动有效的教学提问、恰当的教学手段、开放的教学过程等，并用文字记录下来，供以后参考。特别是要及时总结这节课中有哪些值得回味的亮点和特色，记录下来。

(2) 及时反思教学中的失，特别是败笔、失误

反思教学中不够理想的教学效果、不够灵活的教学方法、不够科学的教学策略、缺乏深入思考的教学情境、沉闷的教学气氛、不恰当的教学评

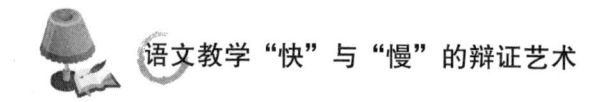

价等，记录下来，并及时查找原因，进而总结经验和教训。这是十分有效的课后反思方法。对教学中的败笔、教学设计中的失误及时进行反思、整理，不仅可以避免再犯，还可以提升自己的专业素养，积累教学经验。

（3）及时总结学生的创新，特别是新思路、新观点

总结学生在学习过程中迸发的思维火花、有创见的独到见解、好的方法和思路等，并及时记录下来，这样既能使这些好方法、好思路得以推广和运用，又能使教学方法得到有力的补充和完善，同时还可以更好地了解学生在学习类似内容时的思维特点和规律。

（4）及时反思教学过程中学生存在的问题

及时反思教学过程中学生普遍存在的问题，以及作业中、考试中学生出错较多的地方，由此进行判断和分析，寻找学生产生这些问题的根源，并提出改进的方法，这是进一步开展教学的重要参考。

（5）及时反思教学中对突发事件的处理

要及时把教学中的突发事件记录下来，并反思自己的应变处理情况，在反思中提高课堂应变能力，这对于今后的备课、上课而言是一次提升，对于个人教学机智而言则是一次净化和升华。

（6）及时反思教学设计

我们要从实际出发，及时找出教学设计中需要修改和调整的内容，使其更加完善、实用、合理。

6. 反馈评价的跟进要"快"

快速反馈评价是对前段时间学习效果的及时总结，能为后期学习及时提供经验方法。随着学本课堂教学模式在我校的推广，我们也开始了对信息技术环境下的学本课堂教学模式信息资源库建设的研究。

在研究过程中，我们及时收集各类材料（包括"三单"、课件、课堂实录、教科研论文等），建立课前、课中和课后三个教学阶段的有效教学信息库，建立总体评价信息库、展示信息库，形成翔实有效的大数据，制作漯河高中课堂课程内容二维码，实现资源共享，进一步帮助漯河高中的师生转变教学理念，从而更好地推动新课改。

（二）学生要当"快"则"快"的策略

时下，各地都在打造高效课堂，力图真正实现素质教育。高效课堂要

求以学生为中心,"教"围绕着"学"运转;要求学生快速动起来,以小组合作为主要学习形式,注重自学、展示与反馈。那么在高效课堂下,如何引导学生通过自我准备和调整使整个学习过程平稳高效地运转呢?

1. 完成结构化预习要"快":预习到位,事半功倍

漯河高中所提倡的结构化预习的具体做法是查、画、写、记、练、思。多年来,我校师生都从中受益颇多。"查"是指新课扫障查证要快,尽可能为后期学习打开快速通道。"画"是指能够以最快速度画出重点,从而把握问题实质,集中精力加快胜出。"写"是指发现问题书写要快,即把个人不能解决的问题写下来及时提交,及早争取到助力解决。"记"是指谈论要点记录要快,对大家助力解决问题的发言择要记录,保证跟上节奏,不浪费时间,从而提高课堂效率。"练"是指当堂训练检测要快,通过当堂训练使学生巩固、牢记知识。"思"是指深度探究思考要快,不能仅仅停留在对小我问题的理解上,而要融入小组和班级的合作探究之中,去深度理解思考所有生成和提交的问题,快速地由点到面,做好整体把握,以便做到触类旁通,在以后的学习中,时间上用"减法",内容上用"加法",持续提高学习效率。查、画、写、记、练、思的预习步骤扎实,对重点内容的解决非常到位,能够事半功倍地优化课堂结构。

2. 选择学习方法要"快":方法对头,成绩不愁

法国物理学家朗之万在总结读书的经验与教训时说:"方法的得当与否往往会主宰整个读书过程,它能将你托到成功的彼岸,也能将你拉入失败的深谷。"英国美学家博克说:"有了正确的方法,你就能在茫茫的书海中采撷到斑斓多姿的贝壳。否则,就会像盲人一样在黑暗中摸索一番之后仍然空手而回。"可见,正确的学习方法是何等重要。就拿语文诵读来说,就有以下方法:理解记忆法、快速诵读法、提纲挈领法、求同存异法、关联词提示法、辞格勾连法、听录音背诵法、趣味背诵法、分层背诵法、图表背诵法、辅助背诵法等。"工欲善其事,必先利其器。"快速找到适合的"器"——方法,学习就会快马加鞭,速度占优,从而一骑绝尘,遥遥领先。

3. 小组成员合作要"快":合作共赢,异彩纷呈

学习需要合作,自主的程度、合作的效度、探究的深度可以作为衡量学生学习力的三大参照。合作学习要求学习小组成员共享目标和资源,共同参与任务，相互交流，相互依靠。有的学生可能会说："我是学优生，帮助别人会浪费我的时间。"此言差矣，根据学习金字塔理论，学生学习方式不同，两周后知识的记忆率相差很大。学生被动"听讲"，知识的记忆率是5％；通过"阅读"方式学到的内容，知识的记忆率是10％；用"声音、图片"的方式学习，知识的记忆率是20％；通过"示范"的方式，知识的记忆率是30％；通过"小组讨论"，知识的记忆率是50％；"做中学"或"实际演练"，知识的记忆率是75％；而"教别人"知识的记忆率是90％。赠人玫瑰，手留余香。你教会了别人，不仅能赢得同学的感谢，还会使自己受益。

在小组合作探究中，小组长要发挥积极的"领头羊"作用，要保证探究的开展、任务的落实、意见的记录、答案的总结、角色的转换等既有质量又有效率。

学本课堂虽然不是要急匆匆地赶路，但也不能一味地拖沓磨蹭，该快时必须快。

（1）凡事预则立，不预则废

为了使学生的课堂展示快速高效，我们把问题前置，引导学生做好课前预习，并且提前给各小组分配好讨论和展讲的任务，以使学生做到心中有数，有的放矢。同时，对于哪个小组展示哪些问题，每个问题大概需要多长时间来展示，有多少学生展写、展讲和补充，参考答案的明确等我们都要提前做好预设，从而保证课堂教学的秩序井然。

（2）充分做好学生的培训工作

学本课堂中的展示有一定的程序性，为了保证展示的质量和效率，教师必须对学生培训到位。比如，展讲人的姿态、问候语、语速，展写人的书写等，此外，两个展讲人上下台之间的切换也要及时迅速。

（3）交流展示的进行要紧致有序

众所周知，高效课堂讲究两个字，一个是"活"，一个是"动"。"活"即灵活、活跃、活生生，能够很快进入角色；"动"即联动、走动、动中学，能够很快解决问题。然而，"活"易生乱，"动"起来更不好控制，怎么办呢？答案是"规则明确，执行严格，全员遵守，训练有责"，久而久之，自然各就各位，快速进入"活""动"当中。

在教学实践中，我们对学生展示这一环节也有具体的要求，即展示"六字诀"：展、思、论、评、演、记。同时要注意"话语结构"：破冰语、陈述语、讨论语；"礼仪规范"：抬头挺胸、声音洪亮、个性张扬、落落大方、真实自然、眼睛亦聚焦亦巡视；"三度原则"：时间度、言简度、适切度。

贯彻这些规则有什么好处呢？

首先，有模有样，仪态大方，能提升展示者的自信。

其次，自动聚焦，加强吸引，能收拢全班学生的注意力。

最后，追求完美，精益求精，能最大限度地优化学习效果。比如，声音洪亮，能振奋精神，听得清楚；运用肢体语言渲染，能让学生全神贯注，不再走神。

4. 解决问题要"快"：解决快速，徙薪曲突

当下课堂改革的一个弊端就是节奏过快，以致暴露出来的问题没有得到及时有效解决，导致很多学生严重"消化"不良，问题堆积如山。因此，我们要强烈呼吁学生，对于在课堂中暴露出来的问题要想办法及时解决，要么请教其他组员，要么请教老师。总之，问题要及时解决。

5. 巩固反思速度要"快"：学而有思，慧根自植

歌德曾说："谁没有用脑子去思考，到头来他除感觉之外将一无所有。"笛卡儿曾如是说："我思故我在。"孔子也曾如是说："学而不思则罔。"如果一味读书而不思考，就会因为不能深入领会文本的含义而导致不能合理地利用书本知识，甚至会陷入倦怠、迷茫而失去兴趣的地步。

课后反思不仅对教师很必要，对学生也很必要。学习知识就如骆驼在穿越沙漠前在驼峰里储备足够的能量，课后反思就如老牛吃草需要的那个反刍过程。要把课堂所学的知识消化、吸收、内化成为自己的东西，需要一个沉淀的过程。但是如果间隔时间过长，遗忘规律一旦发生作用，记忆的效果就会大大缩水，所以及时反思非常有必要，要发挥"吾日三省吾身"的精神。

6. 构建知识体系要"快"：体系一成，无限潜能

学习贵在有心。庞大繁复的知识需要自己去梳理，用口诀、知识树、思维导图等加强记忆都很有效。用口诀，比如巧记秦统一六国的顺序

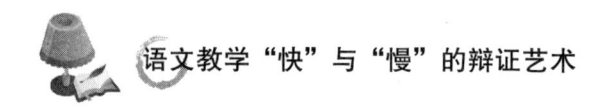

"韩、赵、魏、楚、燕、齐",可用谐音加联想法记忆"喊赵薇去演戏!"知识树就是对系统知识进行整理,然后画一个树状的结构图。用知识树梳理、记忆知识直观形象、脉络清晰、层次分明、重点突出,知识间的内在联系一目了然,通过知识树可以了解每个知识点处于整体的什么位置,以及它与周围的知识点有什么区别和联系,帮助学生及时梳理知识树,构建知识体系,可使他们尽快抓住重点、难点和关键点。

思维导图又叫"心智图",它运用图文并重的技巧,把各级主题的关系用相互隶属与相关的层级图表现出来,把主题关键词与图像、颜色等建立记忆链接。思维导图充分利用记忆、阅读、思维的规律,协助人们在科学与艺术、逻辑与想象之间平衡发展,从而挖掘、利用大脑的无限潜能。

总之,当学生迅速地进入自主学习状态后,课堂就会成为学生自由展现的舞台,成为学生释放个性、主动探究的乐园,我们要相信学生有超乎寻常的能力,有令人出乎意料的智慧,要有去发现学生智慧的想法,这样的课堂才会令人向往,才会充满灵性。

第二章

语文教学"慢"的艺术

第二章 语文教学"慢"的艺术

语文组某教师教学反思：我们这学期的教学任务是讲完人教版语文必修 3 和人教版语文必修 4 两本书，主要以文言文和诗歌为主，并穿插高考考点，要求必须跟上教学组的进度，不能"拖后腿"。从第一节课开始，我便一直追着教学组的进度跑，文言文和诗歌讲完了，其他单元却没有时间讲。为了赶进度，每次上课都是我讲，我讲得很累，学生学得也很累，每次考试成绩都不好。

某高一学生日记中写道：今天语文早读课，老师布置的任务是背会这篇范文，最后 10 分钟提问。我们语文老师有自己的教学方法，特别是针对写作的"快速作文法"，背范文然后仿写是其中的一项。每天早读我都很紧张，虽然每次我都背得很流利，可是被问到文章的思路以及对自己的作文有何借鉴意义的时候，却不知该怎么回答。

某大学中文系学生随笔中写道：在高一的语文课上，老师带领我们明确了学习的目标是高考，提醒我们必须有考点意识，要学以致用。高中三年的教学安排是这样的：高一和高二上半学期学完高中所有的五本必修和一本选修，然后便开始重复练习专题考点，我们就像赶火车似的在做题，从"普通车"到"快车"，然后到"高铁""飞机"，反复的练习让我掌握了万能的做题格式，所以在考试的时候取得了不错的成绩。等进了大学才发现，自己只会做题，连一些很经典的书都没有读过，而且鉴赏分析能力和语言表达能力都比较弱。我和很多同学交流过，他们也和我有一样的感触：快进式的高中语文教学确实带给我们一些好处，可是这样只求速度不求质量的"快"也让我们失去很多。

现在是个讲究"快"的时代，很多新词新语都跟"快"有关，比如"快餐""快递""快件""快运""快车""快报""快读"等。唱歌有"快歌"，摄影有"快照"，拍卖流行"秒杀"。语文教学随之也很容易就表现出"快"——任务生成要快，目标实现要快，能力提升要快，情感培养要快，作文提高要快……语文教学似乎可以以"快"制胜，无所不能。殊不知一味地"快"，语文教学哪里还有艺术性可言？字字句句间起承转合，一饮一啄，一张一弛，一予一夺，一唱一和，一颦一笑……语文教学就像是一种充满节奏感的音乐艺术，教师就是那不管是"白妞"还是"黑妞"均能优雅处之的最出色的调琴师，嘈嘈切切，珠落玉盘，奔浪微澜，完美

语文教学"快"与"慢"的辩证艺术

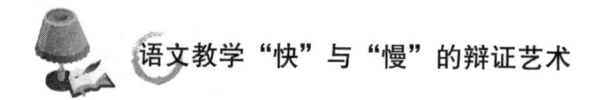

调和。

在《西游记》中,土地对蟠桃园里的蟠桃是这样描述的:"前面一千二百株,花微果小,三千年一熟,人吃了成仙了道,体健身轻。中间一千二百株,层花甘实,六千年一熟,人吃了霞举飞升,长生不老。后面一千二百株,紫纹细核,九千年一熟,人吃了与天地齐寿,日月同庚。"

这种只能存在于神话里的事情,却折射出一个道理:成长慢的,经得起岁月磨砺的,才能结出好的果子,这是"慢"的内涵。与之相反,滥施肥料、生长素的,违背了其成长规律,只会结出有害的"速成品"。同理,知识获取的过程,也常常是困难的、艰苦的、缓慢的,人的成长更是曲折的、艰难的,要遵循自身的规律,不可以强制甚至强迫。大教育家夸美纽斯说:"自然不性急,它只慢慢地前行。"日本学者佐藤学说过,教育往往要在缓慢的过程中才能沉淀下一些有用的东西。张文质先生一直倡导"生命化教育",他认为"教育是一种慢的艺术",并认为"好的教育一定是慢的"。

故此,提出语文教学的"慢",此处的"慢"是建立在"快"积累的经验的基础上,不是回到最初的起点——"少、慢、差、费",而是一种内化和拔节的必需,一个由量变到质变的过程。

第一节 何为语文教学的"慢"

一、语文教学的"慢"指什么

语文教学的"慢"是指在课堂教学中集中运用某种教学手段和艺术表现形式,通过对教学内容的深入挖掘,激发学生的内心感悟,构建自己的审美空间,探究情感深处的主题内涵和思想光芒,从而获得心智能力的锤炼、思维水平的提升和科学评价观的形成,教学过程悠然舒缓,教师的教循循善诱,学生的学步步为营,师生渐次养成必备品格和关键能力。语文教学的"慢"尊重时间,注重效率,看重效果,是对教学进度、教学对象和教学能力的最佳融合。它基于语文教学的"快"的艺术，坚持渐进性、控制性、启迪性、巩固性、内化性五项基本原则，满足教与学完美合拍、教与学逐步深入、教与学相生相长的三个宏观要求，贯彻课前精备慢雕精琢、课上精讲细嚼慢咽、课后细评精思慢论三大实施策略。这样的"慢"，是在语文教学一线经验积累基础上衍变和催生的"慢"，是一种吃透教材、深入灵魂的"慢"。

语文教学的"慢"不再拘泥于形式的美，而是更多地走入内容的美；不再是抓住一点而大张旗鼓地风驰电掣、响雷阵阵，而是刨根问底地润物无声、雨意绵绵。这种"慢"有助于提高学生的自主能力、综合能力、创新能力。它让学生因为享受到"慢"而学会掌控与破局，宁静而致远。

在语文教学的"慢"的方法引导下，学生很容易表现出非凡的才能，使语文教与学达到一种新高度。如鉴赏王维《过感化寺昙兴上人山院》一诗中的"野花丛发好，谷鸟一声幽"。

好文耐品是意境。这两句诗，不仅入境，而且入情，恬淡闲适，优雅从容。

野花为何要丛发才好呢？丛发而杂，自然之态，可谓"野"。野生而丛，生命之强，可谓"好"。此句将无拘无束的生命原态展现无遗，野而不失本性，且欣欣向荣，与白居易"野火烧不尽，春风吹又生"之句有异曲同工之妙。

下句之"鸟"，似也体会到这种意趣，对自然之爱溢于"言"表！谷深而幽，鸟鸣自脆，其声自远，自添活力，与上句"野花"之鲜活相照应，更增其幽。此句颇显作者以动衬静之能事，盎然蓬勃，鸟姿跃然。

总体看来，花如诗，鸟如画，难怪苏轼赞王维诗曰："诗中有画，画中有诗。"

不过，最妙处还在于鸟鸣"一声"。多叫则杂，且冲淡主题；仅此一声，却回味无限，极妙地衬托了幽谷和丛花，突出地表现了主题，情意悠长，让人无限依恋……

总之，语文教学的"慢"充分尊重教与学的相互关系，落脚学生素养的提升，既紧扣课程目标，又依托教材内容，且不忘立德树人的育人目标，非常值得在教学实践中提倡、尝试和推广。

二、语文教学"慢"的原则

（一）渐进性原则：切忌狼吞虎咽

语文教学的"慢"必须从学生的实际出发，带领学生夯实基础。高中阶段刚开始，学习语文新知必须"慢"，要把书本知识学扎实，因为它是学习的基础，是学习的根，是运用的源，"以本为本，本是根本"应是教学的基本原则，语文教学必须"慢"。

语文教学的"慢"必须由低而高、由少而多、由浅到深，切忌狼吞虎咽，不能为了赶进度而一味求快，后面的学习内容必须建立在前面学习内容的基础之上，前面的学习内容不扎实、不消化、无实效，则不能向后进行。要立足学情，学情决定教学速度。

（二）控制性原则：切忌囫囵吞枣

语文教学的"慢"要求对语文学习的量与质进行控制，强调从学生本位出发，不能囫囵吞枣，只追求分数。语文学习目标要立足大处，着眼小处；目标要分解，写字、作文、双休日作业等都需要控制量。

语文教学的"慢"需要变课堂为学堂，让学生做学习的主人，使其真正想自己的语文事，说自己的语文话，干自己的语文活，尽自己的语文责，全身心地投入到语文学习中去，自我构建语文知识，自我形成语文能力，自我提升语文情感，教师不能有任何的包办代替，不能存在任何的超权、霸权、弄权。

（三）启迪性原则：切忌放任自流

启迪性原则是指在教学中教师要承认学生是学习的主体，注意调动学生的学习主动性，引导学生独立思考，积极探索，自觉地掌握科学知识，提高分析问题和解决问题的能力。

从这个意义上讲，启迪是一种生发，是一种引导，更是一种"抵达"。启迪性原则在语文教学中的使用，就是要在语文课堂上吹起和煦的情感春风,点燃明亮的思想火花,构建互通的精神桥梁。

教师在课堂教学中要引而不达,适度放手,切忌放任自流,要启迪学生深入思考,深层探究,深度学习。教师在课堂上的作用就是引导学生"弄潮儿向涛头立",而自己却"手把红旗旗不湿"。

以启迪性原则作为语文教学的"慢"的艺术的基本原则,不仅体现了课堂中师生角色的转换,使得师生共同提高,还体现了教师的启发、点拨能力,能够让学生在获得知识的同时,提高开发力和自觉力,更体现了文本解读的多元构建,可以是一个点,可以是一条线,可以是一个面,以打得开、进得去、走得出为主要特征,展现了师生的合作力和探究力,让课堂教学成为一种艺术的享受。

如在教学《林教头风雪山神庙》一课,单纯理解环境描写的作用容易,单纯理解小说的情节发展容易,甚至单纯理解林冲的悲剧英雄形象也容易。但是综合理解三者的有机统一,就不太容易了。比如,如何理解林冲被"逼上梁山"的必然性?单纯地从任何一个方面作答,都不是最好的理解。这时候我们就可以启用启迪性原则,抓住文章中的一个"紧"字,启发、引导学生透彻理解它的含义,由景到人,由外到内,由身到心,多感官、多层次地深层解读,最终坦陈林冲的心路历程,从而找到问题的答案。这样的启迪会让学生明白:雪下得"紧",这样的环境林冲不可改变;雪下得越来越"紧",这样的情节林冲不可逆转;因为雪下得"紧",所以才躲进山神庙,听到密谋杀人不可避免。如此分析,会使学生顿悟:那真是一场独属于林冲一个人的"风暴"啊!

(四)巩固性原则:切忌走马观花

语文教学的"慢"需要教师及时引导学生进行巩固——温故而知新。只有不断地巩固与积累,才能不断地升华和积淀,才能有更大的收益与更好的发展。所以,学生在学习了一个阶段后,要适时休整、调整、回顾、整理,不断充实原有的知识体系,使知识更加完善;要给予学生充足的自主学习时间和训练时间;要引导学生真心合作,互通有无,共同研究与解决问题。

语文教学的"慢"要求学生实践。学生只有通过实践,才能找到问

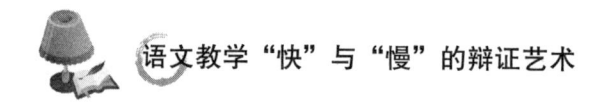

题、解决问题、运用问题、深化问题。这就要求教师在教学过程中不应该多给、全给、粗给，而应该少给、不给、精给，更应该让学生自寻、自找、自探——只有自己实践出来的知识，才是真正属于自己的。

（五）内化性原则：切忌心不在焉

内化性原则是指在学习过程中，学生能够不断实践各种学习策略，逐步将其内化成自己的学习能力，并熟练掌握，能够灵活应用。内化过程需要学生将所学的新策略与已有的相关策略整合在一起，形成新的认识和能力。

语文教学结合内化性原则，必然形成"慢"的教学艺术。传统的语文教学，过多地注重字、词、句、语法、修辞等基础知识的积累，注重应试技能技巧的训练，所以教学常常只停留在课堂上教师的分析讲解和应付课后的练习及考试上。这样了无生趣的语文学习，不仅严重损害了学生的学习热情，抑制了学生的个性发展，更局限了学生的学习思维。为了让语文学习能真正深入学生心中，提高学生的能力与素质，激活学生的思维和创造性，发挥语文学科的使命与担当，我们需要结合内化性原则，讲一讲语文教学"慢"的艺术。

语文学科对促进学生良好个性和健全人格的形成，促进学生德、智、体、美的和谐发展起着重要的作用。语文知识、语文能力经过内化才能成为语文素质，学生把所学的语文知识，所形成的语文能力，经过吸收、融合、创新，内化为自己的东西，自然就形成了自己特有的语文素质，且终身受用。

语文教学的"慢"，有助于学生形成良好的学习习惯。教师必须牢记叶圣陶先生的"教是为了不教"。教学中，要让学生掌握最基本的语文学习方法，激发学生语文学习的兴趣，培养学生语文学习的自信心和良好习惯，这都不是一蹴而就的事情，需要我们的教育教学慢下来，给学生时间和空间，让学生将所学内化为终身受益的语文素质。

学生语文学习的主阵地在课堂。课堂就是舞台，学生就是主角，教师这个导演巧妙利用课堂上有限的时间、空间，给学生提供内化的有力保障。教师要相信学生、引导学生，让学生全身心地投入，全身心地释放，使学生的内化过程达到最佳状态。

任何一件事情的成功，都在于得当的方法和持之以恒的态度。当然，还需要教师把教学的步伐再放"慢"一点。

第二节 语文教学为何要"慢"

古印第安人说：别走太快，等等灵魂。著名作家李佩甫带着"灵魂是怎样走失的，谁能破解权力迷阵"的疑问，创作出长篇小说《等等灵魂》。小说描写商场喋血，把一场场没有硝烟的战争堆叠得云谲波诡、气势磅礴，充满现代感。转业军人任秋风接手了一个濒临倒闭的国营商场，并令商场奇迹般崛起。随着事业抵达巅峰，各种诱惑让他的灵魂迷失了方向，在权力欲驱使下，盲目拓展，终令苦心经营的"第一商业帝国"全面崩塌。其跌宕起伏、前后急速反转的命运，洞烛幽微地揭示了中国"商场"运作的秘密法则，具有强烈的批判力度。小说最后发出了"所有人的灵魂都在被救赎"的感慨，既是对快速发展中失去自我的灵魂的拷问，又是对放慢节奏与灵魂同行的期许。

这让我不由得想起米兰·昆德拉创作的中篇小说《慢》。小说中的T夫人掌握慢的艺术，懂得将黑夜的光阴分成互不相联的版块，然后将这一小段一小段的时间烘托出来。与这个慢悠悠的浪漫之夜相对照的，是城堡酒店的一群当代人演出的一幕幕闹剧。他们在嘈杂的背景中忙碌着，每个人都是被动无奈的，他们在快速的节奏中无法把握自己的状态。其中最典型的是那个开快车的年轻人，这个不会恐惧将来的人已经没有将来，"他已经从时间的连续性中被抛开，他已在时间之外，他已进入狂喜之态……所以他一无所惧，因为恐惧的来源是将来，所以一个从将来解脱出来的人无所畏惧"。由此看来，"慢"是什么？它是一种珍视的态度，是一种对时间的敬畏，是能够放慢脚步沉浸在美好的反思之中。这篇小说中的"慢"，已不具有情节性意义，也不应仅被看作一个发生在特殊个体身上的具体事件，它从整体上勾勒出了现代人普遍存在的状态。

社会生活中的逻辑关系是这样，语文教学中的逻辑关系同样如此。在

语文教学"快"与"慢"的辩证艺术

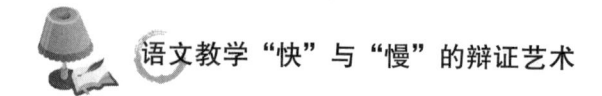

享受语文教学的"快"的艺术的同时,我们需要静下心来,慢下来,以近乎匍匐的姿势去贴近语文教学的灵魂,倾听它慢慢的生命呼吸和富有节律的原始心跳。

一、教之在人,学之在心,融会贯通,教学相长,唯慢方成

就教与学的相互关系看,首先,教之在人,需言传身教,传道授业解惑,岂是一日之功?况言教有时尽,身教无绝期,正如宋代张九成所说:"於时舍瑟方铿尔,岂意吾师亦喟然。此际风流入不识,只应潇洒得心传。"很多教学的精华必须在长期坚守的相伴中得以汲取,此人师之谓也。教师不可能竹筒倒豆子,一下子就全盘给予;也不可能藏着掖着,视己有若奇货可居。学生也不是接受知识的容器,而应像筛子,千淘万漉,吹尽狂沙,筛选出金子般的宝贵知识。这些都需要过程,非短时间内可以速成。

再者,无论教师教学语言如何、教学风格如何、教学方法和技巧如何,都决定不了所学知识的主动入心。学习首先还是个人的事,教师所做的只不过是促使学生亲其师、信其道罢了。教与学之间永不可能画等号,因为每个学生都是独特的,学生的成长轨迹也是千差万别的,如果我们的教学只是"一刀切",不能将教师的教与学生的学融会贯通,那么这样的教学只是在批量生产产品,培养出的也是千人一面的人才。这样的教与学虽然快,但因没有了彼此的支持、互补和相互依靠,也就没有了彼此的加成,结果只能是简单的1+1=2。

所以,教育的真正悲哀不在于教师不会教,也不在于学生不会学,而在于教师的教和学生的学成为两码事,不能互通有无。岂不闻宋代张伯端说"饶君聪慧过颜闵,不遇师传莫强猜。只为丹经无口诀,教君何处结灵胎"?

语文教学必须吸取经验教训和历史智慧,使教师的教与学生的学彼此相持,相伴相长,让教学过程中的每一次心跳、每一次呼吸,都清静可闻,慢慢发酵,凝聚成一方最美的甘泉,这才是语文教学的审美陶冶作用

所在。因此，我们呼唤语文教学适时"慢"下来，给教与学足够的咀嚼与回味时间，从而沉淀与提升。

二、知识能力，过程方法，情感态度，价值观念，唯慢能全

就教与学的素养提升看，语文学科核心素养是学生在积极的语言实践活动中积累与构建起来，并在真实的语言运用情境中表现出来的语言能力及品质，是学生在语文学习中获得的语言知识与能力、思维方法与思维品质、情感态度与价值观的综合体现。

语言是重要的交际工具，也是重要的思维工具；语言的发展与思维的发展相互依存，相辅相成。语言文字是文化的载体，又是文化的重要组成部分；学习语言文字的过程也是文化获得的过程，需要在学生个体语言经验发展过程中实现。

在新课程背景下，语文教学应该更注重学生素养的提升，并以此为基础，引导学生逐步形成正确的价值观念，发展必备的能力。这不是一朝一夕就可以做到的。况且，知与行之间也还有很长的一段路要走。新的语文教学征程，需要我们一步步慢慢地走出来。

如信息技术环境下高中"诗意作文"综合实践活动课，必须围绕某一主题展开实践活动。在活动实施过程中，是没有办法快速推进并极速完成的，需要慢慢地组织落实，贯彻以下策略。

（一）"三段四课在线记录"实施策略

"三段"，即课前、课中、课后三个阶段；"四课"，即主题生成课、活动指导课、中期反馈课、展示交流课四种课堂；"在线记录"，即以在线的方式对三个阶段的四种课堂实施进行记录评价。具体操作如下：

1. 主题生成课

课前在线生成"诗意作文"主题创作综合实践活动评价单并下发给学生；课中在线提供同一主题多文本"诗意作文"，个人研究生成"诗意作文"主题创作个性化子课题；课后汇总记录个性化子课题生成情况。

2. 活动指导课

课前优选个性化子课题并上传；课中指导未及时生成个性化子课题或个性化子课题生成较差者在线参考，并指导学生进行个性化子课题创作；课后汇总记录创作情况。

3. 中期反馈课

课前在线完成个性化子课题创作效果评价；课中随课堂进程在线进行个性化子课题创作升级评价；课后统计小组和个人升级评价量化结果。

4. 展示交流课

课前根据升级评价量化结果确定参与个性化子课题展示交流的小组及个人名单；课中进行个性化子课题展示，并举行颁奖典礼；课后将个性化子课题成果在线上传共享。

"三段四课在线记录"实施策略通过信息处理的方式对课堂教学的实施进行信息化管理，既客观真实地把握了课堂进程，又公平、公正地推动了课堂评价，有机融合了教与学、导与练、收与放，既发挥了教师的主导作用，又巩固了学生的主体地位。

（二）"一课三段在线升级"实施策略

即在线对学生在每种课堂的三个阶段的主题创作情况进行一类、二类、三类、四类升级评价。获得一次优选或展示即获评四类，连续两次获评四类者升级为三类，连续两次获评三类者升级为二类，连续两次获评二类者升级为一类，连续两次获评一类者升级为优秀并进行公示，累计三次获评优秀者升级为标兵并获教师原创颁奖词，获得两次标兵者被授予翘楚荣誉称号并受邀参加班级颁奖典礼，总评前三名的小组受邀参加班级颁奖典礼。

"一课三段在线升级"实施策略充分利用了信息技术，极易调动学生进行"诗意作文"主题创作的积极性，增强他们的争胜心与荣誉感，从而使其激情四射、文采飞扬，创作出情趣盎然的"诗意作文"。

三、阅读鉴赏，表达交流，梳理探究，胸有成竹，唯慢自秀

就教与学的课程目标看，学生需要通过阅读与鉴赏、表达与交流、梳理与探究等语文学习活动，在语言构建与运用、思维发展与提升、审美鉴赏与创造、文化传承与理解几个方面获得进一步的发展，为全面发展和终身发展奠定坚实的基础。

在语文学习活动中，阅读与鉴赏，可以让师生在文学作品的艺术海洋中领略作品情感的波涛汹涌，体会作品的思想内涵。表达与交流，可以促使学生将在阅读与鉴赏中获得的成果，通过语言、表情、行为等方式反映出来，完成学生与学生、小组与小组之间思想与情感的交流传递，达到思想一致、感情通畅的效果。梳理与探究，是对阅读与鉴赏、表达与交流的拓展提升，有的侧重于对学生所学内容进行梳理，便于学生在长期积累的基础上的巩固和整合；有的属于专题研究，重在引导学生自主思考、合作探究，培养学生的创新精神和实践能力。

阅读与鉴赏，表达与交流，梳理与探究，三者既各自独立，又相互联系；既可以通过模块化常规教学来推进，又可以通过综合实践活动课来推进。但要想最终实现全部课程目标，必须综合考量，齐头并进。这就需要一个长久的内蕴过程，这时候的"慢"就是苦心孤诣，漫漫自修；就是锦心腹华，美美自秀。但一旦呈现，必是华彩缤纷，美不胜收。

比如，在梳理与探究"修辞无处不在"主题时，我们就可以采用综合实践活动课的方式来进行，在经过主题生成课、活动指导课和中期反馈课的精细研磨后，学生在展示交流中梳理出了14个小专题：

（1）"修辞无处不在"与"阅读鉴赏"模块的综合开发研究。

（2）"修辞无处不在"与"表达交流"模块的综合开发研究。

（3）语音修辞音乐美形式的研究。

（4）词语修辞的锤炼技巧研究。

（5）语句修辞的组合方法研究。

（6）高考作文修辞的技巧与出彩研究。

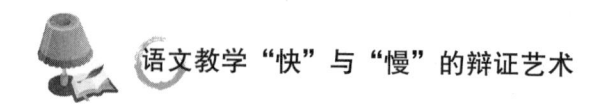

(7) 信息技术研究关键环节设计论证。

(8) 名人与修辞。

(9) 颁奖词的修辞研究及应用训练。

(10) 作文材料转换的艺术——修辞无处不在。

(11) 开发素材的艺术——修辞无处不在。

(12) 谋篇布局的艺术——修辞无处不在。

(13) 增加文采的艺术——修辞无处不在。

(14) 高考作文满分秘诀——修辞无处不在。

四、诗意本源，传统本色，文学根本，个性本我，唯慢深蕴

语文课程应该引导学生自觉继承和发扬中华优秀文化传统和革命传统，这就使得教材内容必然会回归传统，彰显"诗"的内涵。《尚书·尧典》中说："诗言志，歌永言，声依永，律和声。"中国古代不合乐的称为诗，合乐的称为歌，现代一般统称为诗歌。"诗意"的主要载体，便是诗歌，它是作者用诗歌这一艺术形式，对现实或想象进行的描述及自我感受的表达。在形式上，以《诗经》的风、雅、颂和楚辞为滥觞，而汉代乐府又有所发展，唐诗达到巅峰，宋词、元曲继续流行。以上各种形式皆传至今，成为中国文学的根本。作为传承中华五千年优秀传统文化的学科，语文教育理应秉承诗意情怀，积极打造诗意课堂，以学生的个性发展、综合素质提升为目标。这是语文教育的初心。这一初心，历久而弥新，需要慢慢地积淀，深蕴出一股窨香，陶醉每一位师生。而要完成这一"深蕴"，需要在语文教学中从四个方面慢慢做起。

一是为语文教育立心。通过中华五千年优秀传统文化的浸染，培养学生的诗意情怀，实现从知识到文化的升华，使学生形成健康美好的情感和奋发向上的人生态度。

二是为语文课改立命。让语文成为生命的诗意存在，使学生乐学、美学，使一篇篇美文最大限度地发挥人文性和审美熏陶功能，还原语文生动活泼的本真面目。

三是为语文课堂立魂。用教师的诗心去启迪学生的灵魂,使学生经历诗一般的审美创造过程,真正提升综合素质。

四是为语文教学立衡。让诗意平衡高中语文学科的功利性和审美性,做到阅读鉴赏和表达交流并重,必修课学习和选修课学习并重,积累整合、感受鉴赏和思考领悟、应用拓展、发现创新并重。

这样的语文教学主要具备以下特征:一是能洋溢诗思和诗情;二是能融入诗的内容和意境;三是能创设诗的情境;四是能调动诗韵、激发诗兴;五是能像诗一样表达美感;六是能作出诗样文章。

诗意语文教学立足教材文本和个性化选文,在课前、课中、课后三个阶段,引导学生通过听、说、读、写、练等方式,探索教学的诗味、趣味、真味、美味,进行"诗意"的感受、研讨、总结、赏析,使"诗"的血脉在课堂上汩汩流淌。这是新课程改革的一个很好的突破口,是教师提升学科素养,提高学生综合素质,完成立德树人任务的有效尝试。

五、语文课堂,道德养成,艺术熏陶,素质教育,唯慢可当

语文既是一种交际工具,也是一扇认识人类文明尤其是本民族精神发展的窗户。语文教学不是一种纯粹的语言技能学习,而是个体融入社会、自我发展不可或缺的基本修养的培养途径。语文教学要弘扬科学理性精神,注重语言的准确、简明、实用,注重创新思维的培养、人文精神的熏陶、完美人格的塑造。要实现这一目标,唯慢可当。

语文课堂,道德养成,唯慢可当!语文教学"以人为本",以学生的发展为本。特级教师于漪说:"民族文化是民族的根,而民族语言负载民族文化,是根之根。""汉语言文字负载着中华民族数千年的古老文化,它不是没有生命的符号,而是蕴含着中华民族独特性格的精灵。"语文教学除了让学生学习祖国语言及其各种表现形态之外,更重要的是让学生通过学习祖国语言,继承民族精神和人类遗产,提高文化修养,培养高尚情操,形成良好的个性和健全的人格。语文教学弘扬人文精神和科学精神,为学生的发展打下"精神的底子",促进其道德的养成,只有"慢"的教

语文教学"快"与"慢"的辩证艺术

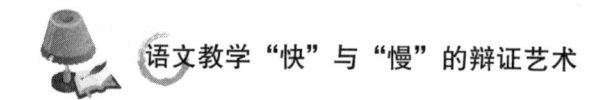

学才能真正实现。

语文课堂，艺术熏陶，唯慢可当！语文教学要贯彻终身教育思想，把学生的可持续发展放到重要地位。语文是一个人生存和发展的基础，我们通过听、说、读、写，与外部世界进行交流，不断地丰富和发展自己的内心世界，开发想象力和创造力。

艺术熏陶是一种审美认知活动，遵循着从感性认识到理性认识的一般认知规律。它先由感觉器官对作品进行感知，然后调动生活积累，产生共鸣，再经过丰富的想象、联想和分析，进而领悟到作品所揭示的生活内涵。语文教学只有采用"慢"的教学艺术，才能引导学生去发现美、认识美、创造美，从而提高学生的审美能力。只有慢下来，语文教学才能让学生受到高尚的艺术熏陶，提高学生的文化品位和审美情趣；才能使学生懂得欣赏汉字的形象美，培植热爱祖国语言文字的情感；才能使学生认识中华文化的博大精深，汲取民族文化智慧；才能使学生尊重多样文化，吸收人类优秀文化的营养。

语文课堂，素质教育，唯慢可当！从本质上来说，素质教育就是以提高国民素质为目标的教育。这就要求语文教学要面向全体学生，强调教育者发挥创造精神，从学校实际出发设计并组织科学的教育教学活动，促使学生在自主活动中将外部教育影响主动内化为自己稳定的身心素质；关照学生的主体地位，培养学生的创新精神和实践能力。语文教学要改变学生被动听讲、机械操练的学习方式，改变以教师为中心的教学模式，提倡启发式教学、对话式教学，提倡研究性学习和合作学习，这就使得语文教学快不得。慢下来，是基于语文教学重视学生的个性发展，一切为了学生，为了一切学生的宗旨，是对教育教学规律的遵守，是对教育教学真谛的靠近。

魏书生说，潜心工作处处可成净土，忘我科研时时能在天堂。语文教学只有慢下来，才能实现学科的责任和担当。语文课堂，道德养成，艺术熏陶，素质教育，唯慢可当。

第三节 语文教学如何做到"慢"

一、语文教学的"慢"的宏观要求

(一)静待花开,让教与学完美合拍

语文课"慢"不下来,一个重要的原因是不少教师在处理教材时设置了过多的教学目标,凡是课文中出现的内容,不管轻重主次都要去讲解,完全被教材牵着鼻子走,课堂上,教师讲得神采飞扬,学生在下面奋笔疾书,一节课下来,教师觉得自己讲了很多重点知识,课后检测时却发现学生没有消化吸收多少。

语文教学要"慢"下来,需要教师学会等待,等待学生与教学合拍。一是以学定教:教学在本质上是学而不是教,教是为了学。以学定教,就是教必须从学出发,以满足学的需要。二是以教导学:教的本质也在于对学的引导。以教导学,就是教必须从学出发,以引导学生更好地学。三是以学促学:今天的学,是为了明天的学;今天的学,是明天的学的基础。以学促学,就是要以学习促进学习的提高和发展,促进学生更好地学。四是自学为主:教是为了达到不需要教,多学少教,教而不教。教学的最终目的是学,没有自学的有效实现,即使再精彩的教也于事无益。学习活动的主体是学生,没有学生的自学活动,就没有现代意义的教学。

正如于漪老师在《语文教学谈艺录》中说的那样,教师过多地考虑教学过程,发现课文里有什么就教什么,于是课就成了货郎担,什么货物都有,多目标成了无目标,学生弄不清楚究竟要学什么,要掌握什么。教师天花乱坠地上完一课,却没有关注学生究竟有没有收获。"慢"下来,是语文教学关注学生的必然。课堂的主体是学生,教师讲过不等于学生学到,对于课堂上教师讲的知识,部分学优生掌握了不能代替所有学生真正掌握了。目标太多,结果什么目标都不可能真正实现;目标太高,大多数

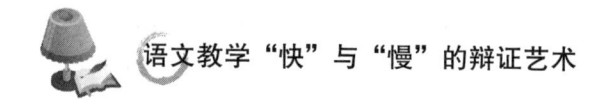

学生暂时无法达到；目标定偏，是"种了别人的田，荒了自己的园"。因此，教师应该根据学情进行取舍，简化教学目标。语文教学最重要的目标就是学生语言能力的提升，一课一得，其实就是语文教学的佳境。

（二）精耕细作，让教与学逐步深入

与"慢"相对的是"快"，"快"了，才能在单位时间内做更多的工作，完成更多的学习任务。不少教师上课追求"大容量""高密度"，以完成更多的教学任务。有的学校还出台了相关的评课标准，对一节课的容量和密度提出了量化要求。这样做，课堂的效率似乎提高了，但追求的只是数量上的优势，往往教师在教学的时候没有针对某个重难点进行深入的探究，学生也没有深入地理解重点知识，这样并不能从根本上提升学生的语文素养。

孔子曰："温故而知新，可以为师矣。"语文教学虽然没有数学那样有系统性，但新旧知识的有效衔接，还是十分必要的。语文教材中的文本在内容、体裁、风格、写法等方面，总会有相似的地方，前面已经接触过的，就可以成为开展新教学的重要资源。在课前导入中对新旧知识进行链接，往往能够为学习新知识带来诸多便利。

《沁园春　长沙》是高中学习中的一篇课文，在教学时，教师不用着急进行教学，可以先让学生背诵初中学的《沁园春　雪》以回顾旧知，然后自然地引出《沁园春　长沙》。由于两首词在创作背景和抒发情怀等方面有很多相似点，这个导入就显得很自然。之后师生可以有针对性地把两首词放在一起比较阅读，进行更深入的思维碰撞。

采用温故知新法导入新课，点燃学生心中的回忆，在引发学生共鸣之后导入新课，这样的导入显然是成功的。

张志公先生在《〈传统语文教育初探〉序》中说："进行语文教育，教学生识字，读书，作文有两个重要之点：一是要符合本国语言文字的特点，一是要符合儿童和青少年学习本国语言文字的规律。"语文学习是语言文字习得的过程，汉语言的学习历来重"品"和"悟"，因此，语文教学要让学生的心变得沉静，让学生的思维变得从容，让学生有时间吟诵、摘录、圈点和写作，在"慢"的宽松环境之中细细品味语文的深味。这

样，语文学习才能收到实效，语文学习的品质才能得到提升。

（三）不断拔节，让教与学相长相生

语文教学是师生接触、交流、沟通的过程。在这个过程中，一方面是教师在教学生，让学生在课堂中学到知识，在考试中取得高分，这更多的是一种教育影响，即让学生在学习中"芝麻开花节节高"，能够通过学习自我拔节生长；另一方面，教师在教学过程中也能够得到提高，学生的质疑探究在一定程度上也是促进教师不断学习的重要动力，能够让教师在教学实践中再学习、再提高。

要想达到教学相长的目的，教师就需要走进学生的心灵，感受他们的心灵世界。这一切，非"慢"不可能达到。把课堂教学"慢"下来，不仅培养了教师的耐心和智慧，还在"润物细无声"的过程中为学生铺设了成长的阶梯。学生在学习过程中出现认知偏差在所难免，教师的耐心能使教育过程拉长，增加师生接触的时间，这有利于取得良好的教育效果。因为教育是学生内化教师的教育和引导的过程，它需要时间作为保证，不是一蹴而就的。把课堂教学"慢"下来，保证了学生内化的时间。如果我们的课堂教学一味地让学生汲取知识，而没有给予充足的时间让学生消化知识，那学生所学的内容只能是知识的单体和元素，不能融入已有的知识结构中去。同时"疾风骤雨"式地对学生的错误进行处理，说明教师根本没有考虑学生的心理感受和改正错误的效果，其作用可想而知。这样的教育不但对学生起不到多大作用，而且教师在处理的过程中也谈不上运用教育智慧，这样的课堂教学对教师的专业成长起不到任何作用。

二、语文教学的"慢"的实施策略

语文教学"慢"的艺术，可以体现为精备课、深讲解、细评价，具体策略如下。

（一）课前精备课慢雕精琢的策略

语文课到底应该讲些什么？不能让参考资料牵着鼻子走。教师要事先

备好课，以使学生有最大限度的收获。

在备课之前，教师必须对考试大纲的要求烂熟于心，对每一篇课文要讲什么内容做到心中有数。备课时，教师先不看资料，可能备的课一开始会漏洞百出，但这时绝不能放弃。此时备课还远远没有完成，初备之后需要查找大量的资料，内容涉及方方面面，包括作者介绍、背景介绍、教学手段的选择等，以完善教案。

此外，别人的教案也会给自己启示，所以在备课后要有借鉴，取长补短，拓宽视野，使自己成长得更快一些。备课要细细推敲，去粗存精，有时可能要三备、四备，虽然这样备课会慢一些，但只有这样才能出精品。

1. 备课时要学会取舍

现在的备课早已不是原来"一本教参走天下"的时代了，网络上的资源浩如烟海，现成的教案、课件唾手可得。一些教师很多时候是在做复制粘贴的工作，只是重组而不是构建，只是拿来就用而不是借鉴。教师在备课时，不但要根据学情对教学内容、教学目标、教学重难点做出取舍，对于从网上搜集的资料，教师也要把握"为我所用"的原则，做出适当的取舍，以充实实际教学。尤其是新课的教学，要带领学生从纷繁复杂的大千世界中来，再到实践中去，接触多种教学资源，引导学生学会取舍。"舍得"是充满禅意的两个字，舍得之后，方能淡定从容，运筹帷幄。

2. 备课时要多元解读

语文新课标中指出，在阅读各类文本时，要分析质疑，多元解读。备课时要慢慢地解读文本，只有用心思考，才会有所发现。从作品出发，走进来，走出去，再走进来，既需要有体现教师个性的多元解读，也需要有尊重和还原作者创作主旨的深度解读。读者与文本相互作用，构建新的意义，不断地逼近和再现文本的本来意义。

要想精准地进行多元解读，需要深度备课来把握"度"，可以尝试慢下来解读标题、细读写作背景、品读精微语言等。我在教学《拿来主义》一文前，就是扣住其标题、写作背景和精微语言来深度备课，于无疑处生疑的，取得了不错的教学效果。

3. 备课时要强化学案

教是为学服务的，备课要备的不是教，而是怎么让学生学，怎么让学生学得进去，怎么让学生学得好，怎么让学生学得乐。教学过程的设计应紧贴学情，做到"目中有人"，要多准备几个预案，多问一问学生遇到问题时会怎样思考，以班级中学困生的知识基础、认知能力和学习习惯为基础备课。虽然这个过程很慢很繁杂，但这样的备课却更具针对性。

下面以苏教版语文必修二中《林黛玉进贾府》一文为例，具体阐述如何做到"慢"备课。

第一，教学目标需要在"慢"备课中精心选择。

如今很多语文课堂教学如快马加鞭，原因在于，如果教师不快讲快问，那么教学目标很可能就完不成；同时教师也担心讲得慢的话学生学的内容会太少。由此可见，语文课堂教学的快节奏首先是由于教师预设了过多的教学目标，因此，语文教师有必要精选每节课的教学目标。

既然造成语文课堂快而低效甚至无效的原因主要是教学目标的选择不当，那么，我们要提高语文课堂教学的效果，就必须让语文课"慢"下来，而要让语文课"慢"下来，就必须精选教学内容和教学目标。教学内容和教学目标减少，每个环节投入的时间就会相应地增加，这样就给学生阅读、感悟和思考留出了足够的时间。

《林黛玉进贾府》一文的教学目标可以确立为"学习刻画人物的方法"，也可以确立为"理解环境描写的作用及特点"，甚至可以围绕"叙事条理和顺序"展开教学，经过反复研读文本和单元整体布局后，将"分析林黛玉、贾宝玉、王熙凤等人物的出场、语言、动作及细节描写，把握人物性格，学习刻画人物的手法"确定为教学目标。由于这节课的教学目标十分集中，学生阅读、思考和交流的时间都比较充分，所以学生感觉受益匪浅。反之，如果教学内容过多，教学活动如走马观花，那么，这种无视教学效果的课堂大多是徒有其表、得不偿失的。语文教学应该多一些求真务实，少一些哗众取宠，精简教学内容，让语文课堂"慢"下来。

因此，教学目标的选择和确立十分重要，直接决定了语文教学能否在"慢"的过程中增效。教学目标首先应具有很强的针对性，这就需要语文教师认真研读文本，同时充分了解学情，寻找到大部分学生的最近发展区，真正做到精心筛选，既慢下来又有合理的目标。教学目标的筛选必须要兼顾统筹性。语文教学是一个复杂而有序的科学系统，每篇课文同本单

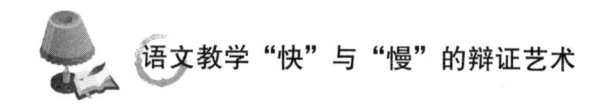

元中的其他课文，甚至是整本书都有紧密的内在联系，这就要求教师在研究文本和学情的基础上，要统筹兼顾本单元中的其他内容，甚至考虑整本书的教学内容和体系，做到慢而有条理，不能孤立地研读某一篇。

第二，思维品质的培养需要在"慢"备课中充分体现。

日常语文教学中常会出现这样的现象：教师不停地讲，学生不停地写；教师刚提出问题，不等学生思考，就匆匆请学生回答；对某一个问题，学生还一知半解，教师已经切换到下一个问题；等等。这种"快餐"式课堂，教师力争将所有的教学内容"一网打尽"，但在很大程度上挤压了学生独立思考的时间、交流活动的时间、质疑的时间，否定了学生的主体地位，从而导致学生失去了学习的积极性，思维得不到发展，能力得不到提高，质疑精神得不到培养，最终导致教学目标无法实现。那么，教师应如何减少那些低效或无效的教学活动呢？这就需要重视学生的思维品质。

思维品质是人的思维的个性特征，具有深刻性、灵活性、独创性、批判性、敏捷性和系统性。培养学生的思维品质，教师必须要做到以下两点。

首先，设计的问题要精练。语文课程丰富的人文内涵对学生的影响是潜移默化的，学生对语文材料的理解和吸收又往往是多元的。因此，教师应重视语文的熏陶感染作用，注意教学内容的选择和价值取向的引导，尊重学生在学习过程中的独特体验和收获。而这些都需要有充足的时间去解读、感悟、领会、整理和表达。鉴于此，我们应让语文课堂"慢"下来，无效问题少下来，思考交流多起来，以培养和塑造学生的思维品质。

其次，思维活动的时间要充足。精简教学目标和精练问题的目的是为学生的思维活动提供足够的时间。思维品质的提高需要充足的思维活动时间作为保证。教师在设计教案时，要预设达成教学目标和突出教学重点所需的时间，宁可多，不可少。若教师预设的时间过少，学生的思维活动就无法充分展开，思维品质就无法得到实质上的提升。

《林黛玉进贾府》是苏教版语文必修二"慢慢走，欣赏啊"这一专题中的一篇文章，专题导言中写道："文学鉴赏需要反复阅读与揣摩，方法、趣味等等都将会在这过程中不知不觉地获得和养成。"这就说明，在备课时，要重视学生思维活动能力的培养，因此，人物形象的分析就成了这节课的重难点。所以，在合作探究过程中，应该给学生充足的思维活动时间，让学生慢慢地欣赏、总结，而不是教师直接告诉学生林黛玉、贾宝玉、王熙凤等人的性格特点等。

培养思维品质，还在于重视思维的过程。在现行的语文教学行为和教学活动中，存在大量过于追求思维结果的现象。教师要结果，家长要结果，学生考试更要结果，这似乎无可厚非。然而，没有高质量的思维过程，怎么会出现良好的思维结果？这也是很多语文课堂内容多、效率低的重要原因。那么，如何重视思维的过程呢？下面着重从学生和教师两个角度来阐述。

首先，教师应重视学生的思维过程，让思维时间静下来，让思维过程慢下来，注重多种思维活动的开展，注重学生个体思维的内化，注重生生和师生之间的思维交流、碰撞，以思维来激发进一步的思维，从而把学生的思维引向广阔、引向深邃。

其次，学生的思维过程离不开教师的参与、引导和评价，正是有了教师的积极参与、引导和评价，学生的思维才得以充分地发散、有效地聚合，思维活动才得以有序地开展和深入。

综上所述，在时间就是效率的当下社会，或许语文教学只有"慢工"才能出"细活"，语文新课标和语文教学现实都需要语文课"慢"下来，只有真正做到减目标、重思维，语文课堂才能既慢又好。

(二) 课上精讲细嚼慢咽的策略

1. 剖析题目内涵

题目往往是文章的重点所在，体现着教材的主题思想，具有丰富的哲理内涵。一般来讲包含四个层次：学习目标、学习主题、探究课题、感悟启示。教师由题目的剖析入手，往往能使学生明确学习目标，把握事物内涵，认识事物发展规律，所以，题目内涵应慢剖细析。

2. 平淡中演绎精彩

教材编写的要求是严谨、严肃，但学生喜欢阅读形象生动的文章。化解这对矛盾就需要教师在平淡中演绎精彩。只有教师的讲解与引领富有艺

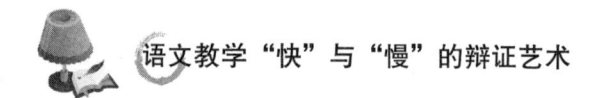

术性、具有感染力，课堂才有吸引力。这种精彩包括讲解精彩，师生的互动精彩，学生的表现精彩和教师的语言转化、知识转化、教法转化、感情转化精彩等。然而无论哪种精彩，都需要在平淡演绎的"慢"功夫中积蓄嬗变的能量。

3. 情境中获得感动

情境教学认为知识需要深入情境之中，才能显示活力，才会富有感染力，才能慢慢触及人的灵魂，深深烙刻进人的脑海。知识本身具有丰富的实际内容，但表现它的文字（符号、图表）则是抽象的、简约的，教师要通过创设情境，使教材所表达的实际事物在学生大脑中形成清晰的图像和情形，在情境中有效学习，在情境中获得感动，慢慢升华情感。正是有了生动具体的情境创设，学生的兴趣才能被充分调动起来，学生的大脑才会更主动地思考，学生的情感才会更丰富细致。

4. 捕捉生成的灵感

生成是指随着教学进程的展开，学生可能会产生新的困惑，它们往往是教师备课时不曾注意到的地方，是"慢"智慧。教师要充分利用生成的课程资源，慢慢激发并捕捉学生思维的灵光，这是课堂精讲的必然要求。相对于教学预设而言，生成分为有意生成、无意生成两种类型。生成是可遇不可求的，只有源于学生困惑与体验的问题才能更好地激发学生的探究欲望。生成是一种教学机智的唤醒和教学智慧的点化，是急不来的。课堂教学中既有质疑问难的碰撞生成，又有思考感悟的方法生成；既有师生互动的启发生成，又有学生豁然开朗的灵感生成。应对课堂意外情况叫作驾驭课堂的能力，需要慢慢养成；把握教学生成程度属于课堂精讲的艺术，更需慢慢提高。

总之，课堂的慢节奏需要创设适当的教学情境，使学生有身临其境之感，自觉地探究、体验其中的曲折与乐趣，体验语文的魅力，让课堂行进似文火炖肉，使课堂的"色香味"都能自然地渗透进学生的心智中，使教学变成学生自主建构的过程。

下面以人教版语文必修5《归去来兮辞》的教学实录为例，具体阐述如何做到"慢"上课。

师：同学们，朗朗乾坤，谁能挣脱名缰利锁的羁绊？滚滚红尘，谁又能拒绝高官厚禄的诱惑？在中国文学史上就有这样一个人，他有官不做，乐居田园，用自己的心灵书写了一曲曲动人的绝唱，他就是被称为"古今隐逸诗人之宗"的——

生：陶渊明！

师：今天就让我们共同吟诵他用心灵写成的绝唱——《归去来兮辞》，感受他独特的人生情怀！

（板书：归去来兮辞　陶渊明）

师：大家看看题目是什么意思。

生：（七嘴八舌）就是归去的意思。辞是一种文体，"来""兮"是语气助词。

师：对，辞是一种文体，富有抒情和浪漫气息。"兮"是辞这种文体的独特助词。

师：（多媒体出示学习目标）下面请大家齐读学习目标。

生：厘清文章思路；体会文章意境；理解作者的人生追求。

师：现在请大家跟随老师的诵读，走进陶渊明的内心世界。

（古筝曲《归去来》响起，教师全文范背，声情并茂，学生静心倾听，沉浸在老师忘情背诵所营造的陶渊明"归去"的境界之中。背诵结束，学生报以热烈的掌声）

师：同学们，文章美吗？

生：美！

师：想不想纵情地诵读一次？

生：想！

师：（问一生）你想吗？

生：想！

师：（问一生）你想吗？

生：想！

师：（问一生）你呢？

生：想！

师：好！现在同学们就自由地诵读吧！

（学生诵读全文，教师巡回指导）

语文教学"快"与"慢"的辩证艺术

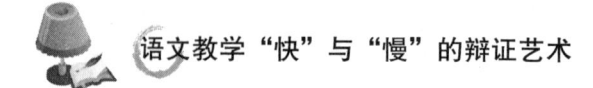

师：通过诵读，大家感受到了陶渊明归去之后的生活美。现在让我们思考几个问题：陶渊明为什么归去？归去之后过着怎样的生活？又产生了怎样的人生思考？请大家画出表现陶渊明归去原因的句子，表现归去后生活情趣的句子，表现归去后人生思考的句子。

（学生默读思考）

师：陶渊明为什么归去？请从第一段中找出答案。

（板书：归去）

生：首先是因为"田园将芜"，然后是因为"悟已往之不谏，知来者之可追。实迷途其未远，觉今是而昨非"，这是他要归去的原因。

师：能结合具体句子回答，很好。

师：第一段中哪几个字最能揭示他归去的原因？

生："心为形役"！

师：为什么？

生：因为他不想因为做官而劳累，还是想过田园生活。

师：因为做官对他来说是什么？

生：一种身心的劳累。

师："心为形役"，很准确！

师：同学们知道他辞官归隐的直接原因吗？

生：（七嘴八舌）好像是因为不为五斗米折腰……

师：谁能具体讲讲这个故事？

生：他在彭泽当县令的时候，上级来检查工作，手下人说应该"束带见之"，要穿戴庄重去见上级。他说："我不能为五斗米向乡里小人折腰！"不愿为填饱肚子丧失人格，便辞官归去。

师：这位同学的课外知识很丰富，真好！（学生鼓掌）

师：第一段写的是他辞官归去的原因，我们写作"归去之因"。

（板书：归去之因）

师：他归去后的生活怎样呢？看第二段和第三段，用一个字怎么说？

生：爽！（笑声）

师："爽"是口语，用书面语怎么说？

生：闲！

师：闲逸的情致！如果说第一段写的是归去之因，那么第二段和第三段写的就是——

生：归去之情。

师：第二段写的是在哪里的归去之情？

生：回去之时。

师：只是写归途中的吗？

生：还有回家后的情。

师：第三段呢？

生：田园游玩的快乐。

师：就是出游的快乐。

师：第二段和第三段写归去后的生活、情感，我们写作"归去之情"。至于是什么情，一会儿再具体研讨。

（板书：归去之情）

师：归去后他又产生了怎样的人生思考呢？大家看第四段。

生：人生感悟！

师：对，就是归去的感悟，我们写作"归去之悟"。这个留在一会儿探讨。

（板书：归去之悟）

师：陶渊明归去后的日子确实轻松、快乐，大家看第二段和第三段。下面我们进行小组合作，每组自由选择一个或几个句子，将句子内容设想成一幅画，然后用形象而有诗意的语言描述画面，展现陶渊明的某种生活情趣，并写下来。时间限定为三分钟，看哪些小组的合作效率最高。开始！

（学生小组讨论、创作，气氛热烈）

师：同学们，完成了吗？

生：（齐）还没有。

师：那再给大家点儿时间。

师：同学们讨论得这么热烈，我都不忍心打扰大家，但已经超时了。

师：现在请富有感情地诵读你最喜欢的句子，然后进行描述。哪一组先开始？

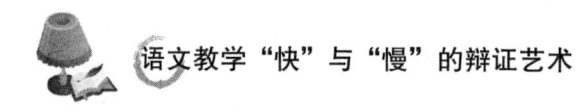

生："舟遥遥以轻飏,风飘飘而吹衣。"船在水面上轻轻地漂荡着前进,我站在船上引颈遥望,小风吹来,我的衣襟也随风飘扬,风吹松涛听天籁,舞动风铃美和谐。我的心情也随之变得愉快起来。

师:很有创意!

生："倚南窗以寄傲,审容膝之易安。"在秋天凉爽的风中,靠着熟悉的南窗,望着鸟儿三五成群地南飞,我心傲然自得,像秋天一样辽阔高远。寒舍虽小却能避风雨,给予我温暖。

师:说得好不好,同学们?

生:好!

师:鼓励一下吧。

(学生鼓掌)

师:他刚才想到了秋天,作者归去的时间大家知道吗?

(学生七嘴八舌地猜测)

师:是在乙巳年十一月,基本上已是冬天了。你能联想到秋天已经很不错了,因为它们都是萧瑟的!从中你体会到了一种美——"倚南窗以寄傲"的傲然自得之美!

生："云无心以出岫,鸟倦飞而知还。"日光暗淡,夕阳还残,我独自徘徊在孤寂的小林,独念天地悠悠,苍茫人世,吾生还有何求!

师:富有诗意,很棒!

生："景翳翳以将入,抚孤松而盘桓。"夕阳将入,阳光黯淡,我手抚孤寂苍松,盘桓徘徊,留恋不去,沉寂在夕阳余晖之中。

师:多么沧桑啊!徘徊在夕阳余晖之中,多么美丽的画面!

师:刚才我们体会的是辞的意境之美。陶渊明归去之后,陶醉在田园生活的快乐中。他来到旷野,看到"木欣欣以向荣,泉涓涓而始流",不由得心生感叹。他在感叹什么?

生:(齐)善万物之得时,感吾生之行休。

师:用自己的话来说。

生:羡慕万物恰逢繁荣滋长的季节,感叹自己的一生将要结束。

师:"自然万物蓬勃生长,可是我的一生将要结束。"陶渊明究竟准备怎样度过余生呢?请从第四段中寻找答案。

第二章　语文教学"慢"的艺术

生：聊乘化以归尽，乐夫天命复奚疑！

师：最后两句是他的人生观。我们能不能找到辞中描绘的一些具体的理想人生图景？

生：（激动地）怀良辰以孤往，或植杖而耘耔。登东皋以舒啸，临清流而赋诗。

师：你知道什么叫"怀良辰以孤往"吗？

生：就是爱惜美好的春光，独自外出。

师：他出去干什么呀？

生：游玩！

师：怎么游玩？

生：有时在田里除草培苗，有时登上东边的高冈放声高歌，有时到清澈的溪流旁作诗。

师：他在这里描绘了三幅图。作者"或植杖而耘耔"时心情怎么样？

生：很高兴！

师：你用高兴的语气来读一下这句诗。

生：或植杖而耘耔。

师：（问其他学生）同学们，高兴吗？

生：不高兴！

师：再来一次！先面露微笑，想着……

生：或植杖而耘耔。

师：（又问其他学生）同学们，高兴吗？

生：还是不高兴！

师：那怎么样才能高兴呢？

师："植杖"是什么意思？

生：扶着拐杖。

师：扶着拐杖干什么呀？

生：除草。

师：除草培苗——很悠闲！你再来"悠闲"一次，好吗？

生：（略带悠闲）或植杖而耘耔。

师：（问其他学生）大家"看"到他的悠闲了吗？

· 75 ·

生：没有！

师：还没有！（转向读的学生）看来还不够悠闲。

师：我们来设想一下，这里不是课堂，而是美丽的田园，你就是陶渊明，你现在扶着拐杖一会儿除草，一会儿培苗（一边用陶醉的语气说，一边做除草培苗的动作）。

生：（陶醉，完全进入了状态）或植杖而耘耔。

师：太陶醉了！这是一种悠闲的状态。

师：往下看，"登东皋以舒啸"是什么意思？

生：登上东边的高冈，放声呼啸。

师：同学们有没有这种"放声呼啸"的经历？

（学生七嘴八舌地议论，有的说"有"，有的说"没有"）

师：谁有？

师：（面对一个说"有"的男生）你是在什么情况下放声呼啸的？

生：心情非常压抑时。

师：需要释放时。现在你就来"释放"一下，读一下"登东皋以舒啸"，体会这种释放的感觉！

生：（激动地）登东皋以呼（舒）啸。（笑声、掌声）

师：太激动了，他读错了哪个字？

生：（齐）"舒啸"的"舒"字！

师：太激动了！别激动，再来！

生：（纵情）登东皋以舒啸。

师：好不好？

生：不好！

师：大家还不太满意！你应该让这个"舒"字彻底舒出去，登东皋以舒（气息充足、自由酣畅）啸！来——

生：（伸长了脖子，用尽全力喊出）登东皋以舒啸。

师：（充满激情地）好不好？

生：好！（鼓掌）

师：同学们体会到了生命的一种什么状态？

生：有活力！

生：有激情！

生：有生命力！

生：有一种"大河向东流"的感觉！

师：好，你也来"大河向东流"一次！

生：（纵情地）登东皋以舒啸！

师：（充满激情地）好！这是一种生命勃发的自由状态！我们写作"自由"！

（板书：自由）

师：往下再看，"临清流而赋诗"，你说说，这是一种什么状态？

生：悠闲自得，惬意！

师：你也来"惬意"一次！（笑声）

生：临清流而赋诗。

师：同学们，感到惬意了吗？

生：没有！

师：现在这里不是会场，而是一条小河，你就是陶渊明，在这儿陶醉地赋诗，抒写自己的心灵！来，再来"惬意"一次！

生：（读得较快）临清流而赋诗。

生：（较慢，较好）临清流而赋诗。

师：谁再来读一读？

生：我来试试！（富有诗意地）临清流而赋诗。

（众生鼓掌）

师：其语言确实很美。陶渊明一会儿悠闲地除草培苗，一会儿登上高冈自由地放声呼啸，一会儿安静地临清流赋诗，真是悠闲自得！这里写了他生活的三种状态，都是自由的。我们来做个对比，"登东皋以舒啸"是非常释放的，而"临清流而赋诗"是非常宁静的，把这两句连着读一下。

（一学生先清清嗓子咳嗽一声，台下笑声一片）

师：你可以从前一句开始，这样可以酝酿一下感情。

生：不用了，就直接从这句读吧！（众生笑）

生：（充满激情地）登东皋以舒啸，（非常宁静地）临清流而赋诗。

（学生鼓掌）

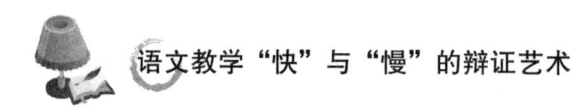

师：同学们，可以吗？

生：可以！

师：我们一起体会一下！

师：（高昂地）登东皋以舒啸，（低缓地）临清流而赋诗。

生：（高昂地）登东皋以舒啸，（低缓地）临清流而赋诗。

（学生鼓掌）

师：刚才我们体会到的是一种生命的勃发和自由。当陶渊明陶醉在美丽的田园生活中时，他发出了"聊乘化以归尽，乐夫天命复奚疑"的感叹。什么叫"乐夫天命"？

生：安于命运。

师：安于什么样的命运？刚才我们体会过的。

生：顺应死生变化，听其自然规律。

师：他安于什么样的命运？或者说他的追求是什么？

生：自由，过无忧无虑的田园生活。

师：乐夫天命。你能够非常自由地"乐"一次吗？首先，你要面露微笑，满心快乐，然后读出这句话。

生：乐夫奚疑……乐夫天命复奚疑。（因紧张而读错）

师：要高兴地把这一句读出来。谁再来？

（学生跃跃欲试，但无人站起）

师：还是老师来吧！（笑声）

师：聊乘化以归尽，（高亢地）乐夫天命复奚疑！可以吗？

生：可以！（掌声、笑声）

师：同学们，陶渊明曾因养家糊口为官，但他不愿"心为形役"，"不为五斗米折腰"，最终辞官归隐。在他余生的20多年里，虽然皇帝多次征召，但不管生活多么困苦，他再也没有踏入官场，始终过着恬淡闲适、无拘无束的田园生活。后世称他为"靖节先生"，就是在赞颂他坚守高洁品性的情操。他是一个追求个性独立、精神自由的理想主义者，他始终坚守着自己的精神家园，保持着心性与自然的高度和谐！

师：前面我们体会了辞的意境之美、情感之美，对陶渊明也有了自己的看法。请看屏幕："陶渊明，你是一棵孤傲的松，挺立于尘世之外。"请大家仿写句子，谈谈你对陶渊明的评价。

（学生仿写，教师巡视指导）

生：陶渊明，你是一只前世的鸟，翱翔在异域天空。

生：陶渊明，你是一片青绿的叶，处身于花团之中。

生：陶渊明，你是一株傲霜的菊，绽放于红尘之外。

生：陶渊明，你是一只翱翔的鹰，盘旋在苍穹之中。

生：陶渊明，你是一轮明净的月，高挂在凡间之上。

生：陶渊明，你是一江清澈的水，长流于高山之巅。

师：同学们，水也好，月也好，都是那样清纯和美丽，老师也有自己的答案。（古筝曲《归去来》响起）陶渊明，你是一棵孤傲的松，挺立于尘世之外；你是一株隐逸的菊，开在宁静的东篱；你是一朵自由的云，飘在理想的天空；你是一只倦飞的鸟，飞回自然的山林。你是崇尚自然、追求个性的理想主义者，守护着自己心性自由的精神家园。

师：同学们，这篇文章美吗？

生：美！

师：想不想把它背下来？

生：想！

师：这就是今天的课下作业！

师：同学们，就在我们即将走出课堂、走向生活的时候，我想请大家静心思考：在当今社会，面对日益激烈的竞争，我们是否给自己的个性留下了一些空间？面对世事的纷纷扰扰，我们是否给自己的理想留下了一方天空？面对尘世的种种诱惑，我们是否守护了自己的精神家园？我衷心祝愿在座的每位同学、每位老师在未来的人生之路上活出个性，活出心灵的自由！下课！

生：老师再见！

师：同学们再见！

漯河市教育局基础教研室杨东华老师评价这节课具有以下三个特点。

一是教学理念新。教学以诵读法为主，综合运用多种教法，让学生在听、说、读、写中对文本内容进行充分的感悟、分析、鉴赏，真正抓住了语文教学的"牛鼻子"！这就是在教学过程中的慢欣赏，即反复吟诵。

语文教学"快"与"慢"的辩证艺术

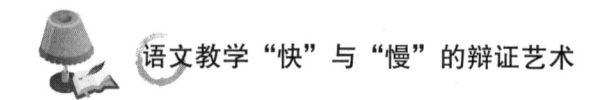

　　语文教材中的文章文质兼美，是学生学习语言、形成语感的好材料。在语文教学中，要避免不着边际的架空分析，引导学生通过吟诵去慢慢欣赏文章之美。叶圣陶先生曾说："吟诵的时候，对于讨究所得的不仅理智地了解，而且亲切地体会，不知不觉之间，内容与理法化而为读者自己的东西了，这是最可贵的一种境界。学习语文学科，必须达到这种境界，才会终身受用不尽。"《归去来兮辞》这节课就采用了吟诵法，学生通过反复吟诵、慢慢欣赏，把无声的文字化为有感染力的语言，文字的音、形、义以及文章的内容、情感出于口而应于心，这不仅有利于学生背诵记忆，而且有利于学生形成良好的语感，提升学生对文章的理解力、感悟力。

　　二是学生主体性发挥充分，师生关系和谐融洽。教师的语言富有魅力，引导恰当，师生间突破了传统课堂上泾渭分明的角色界限，更像是朋友间的对话，师生共同探讨，其乐融融，共享学习的快乐。这就是充分互动。

　　语文课堂是师生互动的平台，"慢"下来的关键在于设计好互动的话题和情境，让互动能够充分开展，让思维和智慧相互碰撞，而不宜匆匆收场。首先，互动要有好的切入点，也就是要提出好的互动话题。互动话题的提出要紧扣理解文本的关键点，着力开展语言训练和思维训练。如关于陶渊明辞官的原因，让学生从文本中探究得出，这样的互动既引领学生深入理解了课文内容，又开展了语言和想象能力的训练，可谓一举多得。其次，要有好的规则。要创设好的互动情境，教师要放下架子，让学生有话敢说；要建立学习小组角色轮换制度，让每个人都能在小组中得到发言的机会。另外，教师要抓住"生成点"不放手，要舍得放弃原定的教案，让学生充分互动。

　　三是教师自身素质高。出色的诵读、极强的亲和力、机智的应变力，教师所具有的这些素质是课堂成功的重要因素。在教学过程中，教师让学生大胆设疑，引导学生通过思考获得知识。在教学过程中一定要留给学生思考的空间，让学生慢慢品味，慢慢思考。

　　朱熹曾说："读书譬如饮食，从容咀嚼，其味必长；大嚼大咽，终不知味也。"也就是说，学习语文要讲究咬文嚼字，在语言文字中涵泳，慢慢品味语文的滋味。咬文嚼字的方法很多，关键在于大胆设疑，通过探究语言的意义、用法，体会作者的匠心。教学时，不仅可以通过反复吟诵来品味语言，还可以采用对比法、置换法、联想法等来深入体味语言文字所蕴含的情感。只要深入探究下去，学生自然会对语言艺术之美有更深入的认识和体味。

（三）课后细评精思慢论的策略

课后评价，既要及时又要精准，绝不可草草下结论。评价如何精准？慢一点儿，给评价精思的时间；慢一点儿，给评价成长的个性；慢一点儿，给评价增值的空间。

1. 评价慢一点儿，注重个体性

我们对文本的理解和对一些问题的看法应该是多元的，对于学生提出的一些看似不合理、不正确甚至是荒诞不经的观点或看法，教师不要急于下定论。首先要赞赏学生所付出的努力，更要赞赏学生的质疑和批判精神。

在语文课堂上，我们面对的是一个个鲜活的生命，我们的评价应该是注重个体性的，要多将学生和他自身进行纵向比较。我们要充分认识到，学生的成长因环境、家庭、年龄、性别、生理、心理、个性特征等方面的不同，会产生差异。教师眼中应该只有"有差异的学生"，而没有"差生"，明白"每个人都不同，每个人都是好的"，针对不同的学生，运用不同的方法施教。在"慢"的课堂里，在"慢"的评价里，让每一个学生都能感受到教师温情的照顾、真心的鼓励、恰当的提醒。只有如此，我们的课堂上才能充满鲜活灵动的生命力。

2. 评价慢一点儿，注重成长性

在课堂教学中，要把评价的权利还给学生，引导他们充分听取别人的意见并学会质疑和批判，在评价、辩论中学会分析，学会思考。通过教师、同伴、自我的多元评价、多重激励，让智慧的火花燃烧起来，让思维的空间宽广起来。

教师要相信每一名学生都会成功，要知道学生的学习、发展有快有慢，要学会等待，积极为"慢"的学生创设条件、架设梯子、搭建平台，促进他们的发展。无数事实证明，许多在少儿时期所谓发展"慢"的学

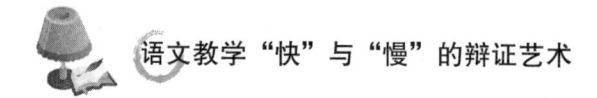

生，后来却成为"大家"。课堂上教师要学会延时判断，学会放手，给学生足够的自主、合作、探究时间，让学生在此过程中达成学习目标。

3. 评价慢一点儿，注重激励性

"慢"定论，是对学生个性的尊重，是对学生自主思考的鼓励和肯定。那种依据教参或传统经验直接下定论的做法，节奏固然是快了，但是学生思想的火花可能会熄灭，怀疑的精神可能会消亡。

对学生来说，错误是什么？错误是一种经历，是一种行为，是一种认识的暂缓，是一种履历性的成长资源。教师要知道，人的成长过程就是由错误、成绩、感悟积累到一定量而产生质变的过程。在这个过程中，学生会跌倒。他一跌倒，你就去惩罚他，而不是等待他、鼓励他自己站起来，那他也许会耍性子，干脆不起来，等着你来拉他。语文课堂上尤其需要理智地对待学生的不足甚至错误。

综上所述，教学的各个环节都需要"精耕细作"，过程的一波三折和结果的一气呵成是对立统一的整体，只有教师在各个环节不惧"慢"，考虑周全，才能保证学生学习的高效。

其实，"慢"并不局限在语文课堂上，还包含在整个教育过程中。

语文教学的"慢"是一种涵养静气、厚积薄发，最终破茧成蝶、实现华丽转身的过程；语文教学的"慢"是一种气定神闲中切磋琢磨、打造精品的工匠精神。雅思贝尔斯说："教育意味着一棵树摇动另一棵树，一朵云推动另一朵云，一个灵魂唤醒另一个灵魂。"这是对"慢"教育充满诗意的描述。在语文教学中，我们应当摒弃流于形式的"快"，追求脚踏实地的"慢"，让学生享受"慢"阅读，学会"慢"思考，在"慢"的学习中成长。

第三章

语文教学"快""慢"结合的艺术实施策略

寺庙里的小沙弥问师父："您三十年前在做什么？"师父道："挑水、砍柴、做饭。"小沙弥继续问："那您现在在做什么？"师父答："还是挑水、砍柴、做饭。"小沙弥非常不解地继续追问："师父，岂不是说这三十年来您一点儿进步都没有吗？""不，三十年前我挑水的时候想着砍柴，砍柴的时候想着做饭，结果什么都做不好；如今，我挑水的时候就想着挑水，砍柴的时候就想着砍柴，做饭的时候就一心做饭，心无旁骛，结果事情都做得很好。"师父意味深长地解答。是啊，专心致志看起来慢，却比三心二意快多了。

故曰：快慢适宜，务必合拍。快慢适宜，则人生收放自如，举手投足间优雅自现。

第一节 "快""慢"结合的辩证依据

一、圣人先哲辩证思维的启迪

唯物主义辩证法思想，就是运用对立统一的观点、方法来认识、分析各种自然现象及其变化。

早在先秦时期，中国的辩证主义思维就已经形成了。其中，最著名的辩证思维观莫过于道家创始人老子在《道德经》中提到的"有无相生，难易相成，长短相形，高下相倾，音声相和，前后相随""万物负阴而抱阳""祸兮福所倚，福兮祸所伏"，也就是说，万事万物不是静止不变的，比如难易、祸福等相互对立的事物在一定条件下是可以相互转化的。

"快"与"慢"也是对立统一的。要辩证地看待"快"与"慢"，没有绝对的"快"，也没有绝对的"慢"，在一定条件下，"快""慢"可以相互转化。"快"与"慢"是两种速度，它们并不冲突，是相互依存的，如能各取彼长，补己不足，效果必定倍增。正如一首乐曲，只有快旋律或慢节奏都是不尽如人意的，"快"与"慢"有机结合才能创造出非凡的音乐，才能博得世人的喝彩。

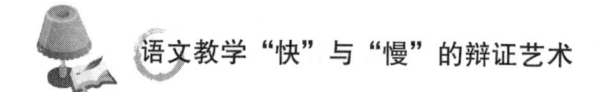

教育教学也是如此，要讲究快慢结合，该快则快，当慢则慢，快慢适度，以成教学。

二、教育名家辩证求索的教益

1. 魏书生：学习不怕慢，只怕站

特级教师魏书生采用"首次慢动，逐渐加速，形成习惯"的方法，创造了许多语文教学的"神话"和"奇迹"。他让学生画语文知识树，然后把学习比喻成歼灭敌人，越打敌人就越少，自己掌握的语文知识就越多。很多教师的教学效率之所以不高，主要原因是没有处理好"快"与"慢"的关系。在引导学生学习的过程中，只要目标明确，慢慢来，稳扎稳打，脚踏实地、一步一个脚印地朝着目标前进，总有成功的一天；站着不动，则永远也不会实现目标。语文学习中，扎实的"慢"形成的语文能力是"厚积"基础上的"薄发"；而冒进的"快"形成的语文能力是"豆腐渣工程"，最终经不起时间和实践的考验。所以，扎实的"慢"比冒进的"快"更快。

2. 王崧舟：磨课千遍也不厌倦

有"慢"的研磨，方有"快"的提升。王崧舟 32 岁时就被评为小学语文特级教师。他应邀在全国小学语文特级教师课堂教学艺术观摩会上作课《万里长城》。这一课成为那次活动中最受欢迎的课，也让他一举成名。

没有人知道，这节"成名课"是王老师历经种种艰辛，在点点滴滴的啃噬反刍中研磨出来的。

《万里长城》的导入原先是这样设计的：先让学生欣赏一组长城的照片，然后说说自己的感受。多次修改后成为：教师动情地朗读英国女王伊丽莎白、西班牙前首相阿斯纳尔、美国前总统克林顿游览长城后留下的题词，然后请学生说说自己的感受。

《万里长城》的结课原先是这样设计的：让学生有感情地朗诵一首赞美长城的小诗。多次修改后成为：启发学生为长城题词。

王老师说："否定、修改、再否定、再修改；每一次否定都是痛苦的，每一次修改都是快乐的；在不断地否定和修改中，课堂教学不断走向圆满。"

第三章　语文教学"快""慢"结合的艺术实施策略

其实，每一次否定都是在慢研深究，都是在迂回曲折中慢慢求索；而每一次修改，都是教学艺术的"扶摇而上"的起飞超越。可以说，没有那慢研深究的"否定"，就没有这起飞超越的"修改"。

3. 窦桂梅：回到慢教育，回到基础

慢教育回归基础，才能快速抵达学生的本真之心。2013年12月，由搜狐网、搜狐教育联合主办的"国之崛起，因教而变"年度盛典在北京举行。清华大学附属小学校长窦桂梅参与讨论了"教育谋变"话题。

曹景行：作为小学校长，您觉得过去一年中推动您进行教育变革的力量是什么？

窦桂梅：今年盛典的题目是"国之崛起，因教而变"，作为小学校长，首先要讲到基础教育。听刚才三位老师讲的几个重要关键词有家教问题、公平问题、考试问题、希望和焦虑问题。社会上所有的现象是否都可以在小学里找到它的根基？作为一个从事小学教育的人，我谈下自己的感觉。教育变革强调改变，强调创新，但我们更需要的是一种"慢"的教育，需要回到基础，回到常识。我觉得，现在的教育对小学的儿童、小学的老师"侵略"太大了，所以会造成家教问题、公平问题、考试问题、希望和焦虑问题等。我做老师、校长很多年了，每天要面对那么多儿童，我一直在想，当今天的儿童到了我这个年龄，或者比我再长的年龄，社会会是什么样子？他们未来的发展会是什么样子？对此，国家要想，小学老师要想，大学学者也要想，因为儿童未来的样子才是这个民族的样子。

在这里，我想说几句话。第一句话是回到根本，回到小学，才是解决问题的根本。一些基础的知识、常识，以及学生的价值观、最基本的兴趣等需要我们帮助其来完成。我们怎么做呢？我们需要静心梳理一些核心价值观，帮助学生打好这个底子，如果底子烂了，说什么都没有用了。

第二句话是回到母语。为什么谈母语，因为我是语文教师。我们要像热爱母亲一样热爱我们祖国的语言。我觉得母亲永远是第一位的，一个亲近母语的人才是一个有根的人。我从事教育工作30年了，原来我做小学老师的时候一周要上15节语文课，而后因为信息技术的加入、英语的加入、健康课程的加入，现在每周我只上5节语文课。母语承载了那么多的文化，没有了它，就没有了一切。我们清华大学附属小学的理念是，让儿童站在

语文教学"快"与"慢"的辩证艺术

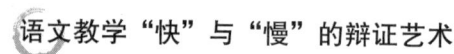

学校的正中央，给他们最好的影响、最好的呵护。所以，我希望我们国家最好的老师来教小学，当小学老师。如果有人来学校应聘，我会问他："你爱孩子吗？"如果他说"不爱"，那么素质再好，我们也不会要的。我觉得一个热爱母语、热爱孩子的人，才是一个热爱教育的人，才是一个真正能够为儿童打下健康身心底子的人。

曹景行：为什么我们的学生写字写得这么差，打字可以，让他写一个字，包括签名，实在很差，你让他练字，他却根本没时间。在这种情况下，到底要怎么办？作为教育工作者，您考虑过吗？该怎样把我们要保护的东西和现代的高科技结合起来？

窦桂梅：做校长这么多年，我一直在琢磨如何亲近母语，做有根的人。我的理念是打造书香校园，让学生做到"三个一"：一手好字，一副好口才，一篇好文章。现代科学技术已经全面"包围"了我们的生活，包括我们现在上课，现代信息技术已经成为我们的工具，但是我们不要忘了自身的那个"童子功"——我们中国人的本分，保持你精神的血脉和底子。

窦校长的话让我们找到了教育变革的方向。

三、课堂节奏辩证融合的体会

亚里士多德说："教育必须基于三个原则：中庸、可能和适当。"雅思贝尔斯说："教育意味着一棵树摇动另一棵树，一朵云推动另一朵云，一个灵魂唤醒另一个灵魂。"窃以为，语文课堂是一种诗意和唤醒，更是一种中庸和适当。在这种唤醒中，对课堂节奏的把握非常重要。语文课堂上应如何把握节奏呢？

1. 简洁明快：转轴拨弦三两声，未成曲调先有情

一个精彩的导入能迅速把学生带入情境中，拉近师生之间的距离。导入宜简洁明快，或推出背景，或介绍作者，或直奔主题。我在引导大家学习《氓》时是这样导入的："当代著名学者鲍鹏山说：'在《诗经》中最完美的女性，我以为便是那位卫国女子。'这个女子具有哪些美好的品质呢？下面我们就一起走近她，欣赏她。"

第三章 语文教学"快""慢"结合的艺术实施策略

在这样简洁明快的导入中,学生对《氓》中的女主人公形象有了个大致的定位,在接下来的学习中也会有意识地关注诗中哪些地方体现了她哪些美好品质。导入是为了酝酿气氛,在"未成曲调"之前,来这么"三两声",能引发一番情愫。

2. 缓急谐韵:大弦嘈嘈如急雨,小弦切切如私语

语文教学过程要张弛有度,节奏急疏交替。教学《囚绿记》一文时,我按照"厘清思路,把握文脉—批文入境,揣摩情感—知人论世,探究意图—拓展拔节,迁移运用"这个疏密有致的结构设计了如下问题:

问题1:厘清思路,把握文脉——文章哪几段写囚绿?囚绿之前、之后各写了什么?请你用与"囚绿"相同结构的动宾短语来概括本文的写作思路。

问题2:批文入境,揣摩情感——作者为什么喜欢"绿"?又为何囚之、放之?找出相关的句段加以概括并诵读。

问题3:知人论世,探究意图——常春藤蓬勃、向阳的品质值得怀念,那么常春藤的"固执"呢?这个看似贬义的特征也让作者怀念吗?为什么?

问题4:拓展拔节,迁移运用——陆蠡和常春藤的精神深深地震撼了我们,其实人生中也不乏这样"向着阳光生长"的事例,请广泛搜集并分享。

课堂上,有独自思考,有热情讨论,有激烈辩论,有思维拔节,也有教师切入及时的点拨提升。整节课,师生均受益良多。

3. 快收慢出:曲终收拨当心画,四弦一声如裂帛

快收,就是在课堂接近尾声时,节奏上紧承前面不拖拉,或升华课堂内容,或呼应开头,语言要简洁。慢出,就是言有尽而意无穷,给学生留下一定的思维空间,让学生余韵在心,回味良久。

在教学《短歌行》时,我是这样结束的:"人生不满百,常怀千岁忧啊!站在历史的关口,每个人都会产生危机感和忧患意识,都会为自己的前途和命运感到彷徨和苦闷。但我们不能沉溺其中,反而要因忧思而迸发出巨大的生命能量,在这个世界上留下属于我们自己的生命痕迹!"

因为诗眼是"忧",所以我的问题设计紧扣"忧"(为何而忧—何以解

语文教学"快"与"慢"的辩证艺术

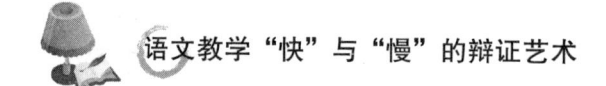

忧—以何写忧）来展开，结束语也以"忧"来引导人生，启发学生自己的人生要自己主宰。

总之，把握课堂节奏是一门艺术，它是优化课堂结构的有效途径，是取得语文课堂教学最佳效果的手段之一。语文课上，学生口、手、脑并用，快慢交替、张弛有度、节奏分明、动静相生、疏密相间，简直就是一支优美的交响乐。

四、情动、心动、脑动辩证规律的认知

清代盛大士在《溪山卧游录》中说："画有三到，理也，气也，趣也。非是三者，不能入精妙神逸之品。"一堂好的语文课，窃以为有"三动"：情动、心动、脑动。"三动"的过程刚好完成从教师主导—学生主体—思维主攻的转变，这非常符合学生的认知规律。

那么，如何在教学中引出学生的"三动"呢？

首先，在诗意的营造中引导学生进入语文课堂。这可以让语文课从一开始就充满张力，激发学生兴趣，促其心向往之，学生情随诗生，意由师引，很容易就能进入亢奋的学习状态。是为"情动"。

其次，在课堂讲解过程中，以线索贯穿诗意。这可以让语文课一直洋溢活力，保持学生的兴奋度，使其自主完成探索过程。是为"心动"。

最后，让学生将学习感悟进行诗意表述，延续诗意课堂的韵味，拓展诗意课堂的空间，凝聚美、升华美。这可以让语文课堂拥有持久的影响力，将诗意引进课堂而又带出课堂，使学科教学因更好地承载了文化的传播而内蕴丰厚，润泽长久，富有民族感和人文性。是为"脑动"。

教者、情引，学者心领，教者、学者心领神会，久而久之就会使学生自觉产生学习的愿望，达到叶圣陶先生所说的"教是为了不教"。由此可见语文教学"快""慢"结合的美妙所在。

我们不妨以《红楼梦》第91回的一段话来印证。

黛玉道："宝姐姐和你好，你怎么样？宝姐姐不和你好，你怎么样？宝姐姐前儿和你好，如今不和你好，你怎么样？今儿和你好，后来不和你好，你怎么样？你和他好，他偏不和你好，你怎么样？你不和他好，他偏

要和你好,你怎么样?"宝玉呆了半晌,忽然大笑道:"任凭弱水三千,我只取一瓢饮。"黛玉道:"瓢之漂水,奈何?"宝玉道:"非瓢漂水,水自流,瓢自漂耳。"黛玉道:"水止珠沉,奈何?"宝玉道:"禅心已作沾泥絮,莫向春风舞鹧鸪。"黛玉道:"禅门第一戒是不打诳语的。"宝玉道:"有如三宝。"

黛玉低头不语。

在这段话中,黛玉一番"宝姐姐和你好"和"宝姐姐不和你好"的饶舌打足了感情牌,可谓深谙"情动"之道。果不其然,宝玉立刻被情打动"呆了半晌",已经"心动",故而大笑着说出了心声;但是黛玉并不轻易放过宝玉的"心动",而是很有耐心地慢慢循循善诱,直至宝玉表明"禅心",并以"三宝"起誓,"心动"的过程可谓一波三折。纵观这段文字,这一番"头脑风暴"很多人并没有真正读懂。为什么呢?"脑动"不够。黛玉却全都懂得,故"低头不语",这不仅是在快速地"脑动"以消化这一番山盟海誓,也是在慢慢地"脑动"回味这一番心路历程。黛玉起于"快",携"情动"一阵狂轰乱炸;攻以"慢",用"心动"将堡垒从内部打破;收于"快""慢"结合,"脑动"无声胜有声,只可意会,不可言传。

五、活、进、新、趣辩证相谐的深味

孔子曰:"学然后知不足,教然后知困。"孟子曰:"师舍是则无以教,弟子舍是则无以学。"陶行知说:"教的方法根据学的方法……怎样学便怎样教。"以上明训,无一不说明师与生的和谐关系。在教学中,只有把学生的被动变为主动,尊重学生的人格趣味,尊重学生的接受规律,才能将教师教学的科学性、艺术性与学生学习的主动性、发展性结合起来,教与学才活,教与学才进,教与学才新,教与学才趣,活、进、新、趣才能辩证相谐。

1. 激师活教,诱生活学,教、学乃活

这是语文教学的"快"的艺术。比如,在语文课堂上使用信息技术,鼠标轻轻一点,画面、音乐、文字纷纷呈现。在这里,信息技术代替了

"言"而有"文",学生不仅接受速度快,而且更容易刻骨铭心,久而难忘。

2. 教约其博,学薄其厚,教、学故进

这是语文教学的"慢"的艺术。苏轼云:"博观而约取,厚积而薄发。"语文课堂给了教师"眼观六路,耳听八方"的自由空间,这就要求教师具备"取其精华,去其糟粕"的能力。于是,博观约取,运思如刀,"处处是创造之地,天天是创造之时,人人是创造之人"(陶行知语),课堂教学随之"潮平两岸阔",更进一层。此进,曰为师者之"精思慢进"。而从学生角度讲,教师虽博观约取,但获得的知识量仍相当大。若教师又相机诱导,广泛开展研究性学习,学生融会贯通、欣然顿悟的机会就会多一些,其学习能力也会更进一步。此进,曰为生者之"广悟慢进"。

3. 新师所教,新生所学,教、学共新

这是语文教学的"快"的艺术。毕竟,谁先掌握新技术,谁就会获得最快的发展。比如,信息技术在语文课堂的应用就有一个鲜明的特点:节省教学时间,及时更新所学,如对板书时间、资料印刷、操作步骤的节省,对教学手段、教学方法、教学内容的更新。

4. 促教生趣,使学有趣,教、学同趣

这也是语文教学的"快"的艺术。陶行知早就提出:"在现状下,尤须进行六大解放:一、解放他的头脑,使他能想;二、解放他的双手,使他能干;三、解放他的眼睛,使他能看;四、解放他的嘴,使他能谈;五、解放他的空间,使他能到大自然大社会里取得更丰富的学问;六、解放他的时间,不把他的功课表填满,不逼迫他赶考,不和家长联合起来在功课上夹攻,要给他一些空闲时间消化所学,并且学一点他自己渴望要学的学问,干一点他自己高兴干的事情。"窃以为,这里的解放便是学生学习的趣味所在。兴趣是最好的老师,它可以解放学生的头脑、双手、眼睛、嘴、空间、时间。这毋庸置疑地表明语文教学的"快"可以让学生的精力高度集中,葆有学习兴趣,从而事半功倍地取得学习效果。

活、进、新、趣,是有机统一的和谐。"快"和"慢"相结合,是实现和谐的关键。《礼记·学记》在论述教学之道时明确指出:"道而弗牵则和。""和易以思,可谓善喻也。"这其实是课堂教学的一种终极状态:和而不同，定位致和。在语文教学中将"快"与"慢"相结合，教师的主导地位和学生的主体地位不仅没有改变，反而变得更加鲜明突出，趋于和谐了。

第二节 语文教学"快""慢"结合的意义

一、语文教学的"快""慢"结合如何理解

语文教学的"快""慢"结合是指在课堂教学中综合运用"快"与"慢"的教学手段和艺术表现形式，通过对课程标准、教学内容、教学目标、学段学情、教学实施等要素的系统把握，调节课堂教学节奏，掌控学生学习的规律，使学生在最佳的合作状态下，快速迸发出涌动的情绪并缓慢滋生纵深的睿思，二者完美交融解读出作品的形与神，实现最大限度的审美愉悦，教学过程张弛有度、劳逸结合、相机有序，教师的教快慢有法，学生的学快慢有度，教学相长，师生身心和谐，达到课堂教学的最佳境界。它注重课堂的有机统一，强调集成与加成，是对教学效果的最佳整合。它基于语文教学的"快""慢"结合的艺术，要求教师在教学中讲究教学方式的间隔变换、有机组合，注重内容安排的疏密相间、错落有致，追求教学节奏的融洽统一、整体和谐。它要求教师在教学过程中遵循"慢"中求"快"多精粹、"快"中求"慢"少缺失、"快"融合"慢"呈完璧三大实施策略。这样的"快""慢"结合，犹如一场长跑比赛，起跑由慢而快，却又不是极致的快；中程由快而慢，也不牺牲速度；最终由慢再快，达到速度极限，奇迹往往在那一刻出现。

语文教学的"快""慢"结合，不仅是两种教学方法的有效磨合，还是两种教学智慧的相互包孕，更是一种水乳交融的课堂艺术。它可以形成丰富多变的过程，呈现波澜起伏的美，引导学生精益求精、日上日妍。唯有真正达到"快""慢"结合的艺术境地，才能由"有我"入"无我"，打开"你中有我，我中有你"的审美新天地；也才能走过"千红万紫安排

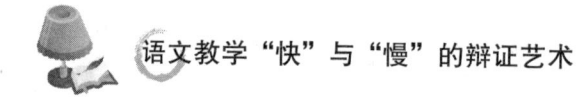

著，只待新雷第一声"的苦苦等待与良好期待，尽享"等闲识得东风面，万紫千红总是春"的悠闲与盎然。

试以人教版高中语文必修 5 第二单元四篇课文《归去来兮辞》《滕王阁序》《逍遥游》《陈情表》的写作素材开发课为例简要说明如何"快""慢"结合。

首先，教师可以一段激情洋溢而又紧密结合文章内容的文字开场，快速激发学生的情感，启迪学生的思维，为写作素材开发打开突破口。如——

隐士归故里，是厌倦了官场腐朽，还是迷恋田园风光？东篱采菊，采得一份淡然。

才子赋佳文，是厌倦了庸碌无为，还是想要以序抒怀？孤鹜伴霞，伴成一种和谐。

鲲鹏上九天，是厌倦了蓬蒿低洼，还是向往万里长空？击水飞升，飞出一片壮丽。

孝子侍祖母，是厌倦了世间冷漠，还是坚守传统美德？为亲拒官，拒得一片孝意。

在学生情感萌发、思维活跃了之后，再慢慢回溯，引导学生分别探究每篇课文的艺术特色，为写作素材开发找好切入点。如学生为《归去来兮辞》作的艺术特色总结——

情为文线景中蕴，或疑惑叹心迹隐。
欲扬先抑起笔沉，卒章显志见精神。
归园田居极铺陈，排比添得气雄浑。
能整能散类散文，词精意畅富音韵。
对比用典语意深，叠词点缀更宜吟。
平淡自然无斧痕，叙议描抒一体存。

然后在艺术的回味涵养中，教师又快速引导学生聚合思维，由形入神，进入到写作素材的开发环节。这时候，教师可以引导学生再回到开场的文字，先放缓节奏进行句段的素材开发，写出动情凝思的文字。如——

凉菊残芳泥，靖节酒语归去兮，乐天命且清心志。
冷阁含紫霞，子安晚唱抒怀兮，赏好景且吐伤情。

巨鹏负苍穹，庄周游想穷界兮，讽小智且凌梦巅。

乌鸟怜私情，令伯独诉忠孝兮，求结草且保刘命。

在句段开发的基础上，趁热打铁，再加快节奏，进行话题素材开发。如学生这样的开发——

有一种芬芳，东篱傲霜，它叫菊香，淡如陶潜。

有一种芬芳，虚心骨藏，它叫竹香，坚如王勃。

有一种芬芳，静幽自赏，它叫兰香，超如庄子。

有一种芬芳，凌寒绮窗，它叫梅香，虬如李密。

这四种君子之香，莫不给人以心性的滋养，让人的心灵家园久久芬芳。

需要说明的是，在艺术特色总结、句段素材开发和话题素材开发阶段，完成习作的展示要快，优秀习作的展示要慢。

最后，让学生快速整合艺术特色总结、句段素材开发和话题素材开发阶段的成果，然后慢下来，进入所开发话题的整篇作文的潜心构思中，最后水到渠成地完成写作。

总之，语文教学的"快""慢"结合，首先，不是简单的加法，而是有加有减，甚至是倍加倍减；其次，不是简单的先与后，而是先后随机，甚至是并期进行；最后，也不是简单的浅和深，而是由浅入深，更是深入浅出。

二、语文教学"快""慢"结合的意义解读

（一）"快"是点燃，"慢"是点亮，"快""慢"结合呈现最美的烟火

苏格拉底曾说："教育不是灌输，而是点燃火焰。"学本课堂环境下，学生的头脑不再是一个等待被填满的容器，而是一个需要被点燃的火把。点燃须快，快速"点燃火焰"，才能快速点燃学习的兴趣，点燃求知的欲望；点亮须慢，点燃求知的兴趣之后就需要通过长期的熏陶逐渐达到点亮心灵、启迪智慧的效果。

首先，学本课堂，鼓励先行，点燃课堂。

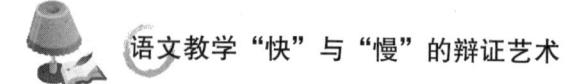

鼓励能迅速调动人内心对自我的认可、对提升自我的渴求、对知识的渴望。具有漯河高中特色的"三维六元"卓越学本课堂，非常注重鼓励在教学中的艺术价值。课堂上的掌声就是一种鼓励，无论对学生还是对教师，鼓励总会带来灵感和创意。适时且适当的鼓励能活跃课堂气氛，让学生得到充分的满足和幸福。让掌声自然地响起来，那就是生命型的课堂。

其次，学科素养要过硬，点燃氛围，启迪智慧。

广博的知识能够让我们快速找到解析教学重难点的途径。教师不仅仅要"传道、授业、解惑"，还要具备广博的知识，且学科素养过硬。比如，语文教师可以穿插数学函数的内容来引导学生理解对联：一角一次一函数，一山一水一圣人；可以运用数学上的排列组合来讲解2017年高考作文新题型；可以将文言文语法现象"定语后置"和英语语法联系起来。

我讲到"太子及宾客知其事者"这个定语后置句时，脑海里突然冒出"a boy in white"这个英语短语，立即引导学生将"白衣少年"翻译成英语，学生的兴趣一下子就被调动起来，此处的英语翻译和文言文语法习惯类似。经过这次碰撞，相信学生对"定语后置"这种文言文语法现象定会印象深刻。

再次，教师充满激情，才能点燃学生，点亮心灵。

要想迅速点燃课堂，点燃学生的激情，教师自己首先得是一团火。燃料在有氧气的环境下才能燃烧，教师只有不断吸收新知识、新思想，才能让燃料充足起来；学校提供的学习平台和学习机会，是充足的"氧气"；教师对教学、对学校和学生的热爱是促使燃料燃烧的温度。具备这些，课堂就会达到"着火点"，师生思维互动碰撞出的火花就容易点燃课堂。

教师从走进教室起，其面部表情、肢体动作、语音语调等都至关重要，能迅速地感染学生、调动学生，这是精彩课堂的良好开端。同时，运用富有感染力的语言，或通过热点问题、课后拓展来点燃课堂也是不错的设计。

总之，快速点燃学生的热情，快速激活学生的思维，学生才会执一盏心灯，照亮学习语文的心路，慢慢感受语文的春和景明，慢慢品味语文的风雨如晦，自然就会喜欢语文、怀有诗意、热爱生活。

（二）"快"是早发，"慢"是健行，"快""慢"结合抵达花开的彼岸

"一直被模仿，从未被超越。"一直特别喜欢这句话。语文教学要想达到如此境界，要想在具有特殊省情、考情的河南省顺利走过"独木桥"，突出重围，就必须快人一步。所以，"快"需要早发，有道是"早起的鸟儿有虫吃"。

具体说来，语文的早发可以从三个方面说起：

一是抓住课前时间，早做打算，早做安排，早做准备，早做研究，如做好教情和学情的提前分析，做好教材和拓展素材的早期研究等。《逍遥游》有言："适莽苍者，三餐而返，腹犹果然；适百里者，宿舂粮；适千里者，三月聚粮。"这时的"快"就是不打无准备之战，在临阵而决时快刀斩乱麻一举奠定胜势。从这个意义上讲，不管是语文教学改革，还是具体的语文教学都要先下手为强：晚下手不如早下手，早下手早受益。

二是语文教学需要做好预设、预判和预估。语文课是需要期待精彩的，不论是教师还是学生，都应该有这样一种责任。谁说美丽不可以彩排？又有哪一场精彩演出可以不预演？让初心带着梦想一起飞，这就是我们早发的依据。这时的"快"就是蓝图必须早日绘就，方向必须坚定在前，语文教学的美丽梦想才能早日实现。如漯河高中早在2009年就在中国教育科学研究院的引领下对语文教学进行了大刀阔斧的改革，并且一直坚持至今，如今已硕果累累，吸引了不少兄弟学校上门取经，早早尝到了早发的好处。

三是语文教学必须有追本溯源的精神，让教学的根须向历史更早处漫溯，向文本的源头发微。特别是对于本真和有争议的问题，如果不及早进行探究，我们在课堂上就会讲不清楚，语文就会再次背负"误尽苍生"之痛。这时的"快"就是早执春秋笔，细作删改功，让语文回归传统而幽深的美。温庭筠有诗云："鸡声茅店月，人迹板桥霜。"言尽早发早归的急切。

在教学中，早发时往往兴致勃发，豪情万丈，但我们要知道，光有激情是不够的。语文教学还需要在"快"的同时以"慢"衬底，书写水滴石穿、绳锯木断的传奇。换句话说，语文教学是一项追求永无止境的事业，如同一场马拉松，必须保持持续的激情和动力才能笑到最后。而"慢"就

语文教学"快"与"慢"的辩证艺术

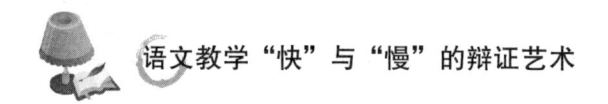

是这永恒的动力,让健行厚积薄发,一以贯之。正因为"快""慢"相携而行,高中语文教学才成为三年一掉头的摆渡,师生美丽的邂逅如一场音韵铿锵的演奏,于疾徐的乐声流淌间升华了语言文字的魅力;而教师在三尺杏坛的久久守候,似一缕传世的茶香,品出更好的自己;最终,一届届师生合奏出最美的乐章,高歌抵达花开的彼岸。

(三)"快"是速描,"慢"是工笔,"快""慢"结合绘就绝妙的丹青

速描和工笔都是中国画的表现方式。速描是利用第一印象抓准速写对象的特点,快速地将其描绘下来,而工笔是以精谨细腻的笔法描绘事物。在语文教学中借鉴速描和工笔的绘画方法,不仅出于审美与创造的需要,还有语言与思维的考量。

如解读一篇文章,速描法就是要尽可能快地去把握文章的整体思路和写作脉络,甚至清晰地画出文章的思维导图,用简洁的语言加以概括说明。这样,语文教学就变成了一种别样的绘画艺术。一图在手,既有纵览全局、登顶俯瞰的快感,又有快速定位、按图索骥的便捷与高效。而工笔法,则是慢慢地细细揣摩、鉴赏生成、审美创造,一步步、一层层,直至将具体而微、言简意赅的描绘从谋局布篇中挖掘并展示出来,整个过程就像是工笔作画,引导学生真正融入文章的情境,状难写之景于眼前,笔笔有真意,点滴皆妙意。速描法和工笔法的结合,可谓一收一放,收拢时如一枚果,放开时如一朵花,各尽其美。从宏观和微观两个方面、快和慢两个角度解读一篇文章,让我们的解读能更好、更全面,也更细致和深入。

更具体点说,比如古诗词的阅读赏析,就可以采用速描法快速地画出这首诗词的感情曲线图,这样不仅可以快速厘清主旨,还可以一览无余地欣赏诗词的起承转合之美。在此基础上,采用工笔法,细致解读,慢工出细活,赏析出表现手法、修辞手法、抒情手法、描写手法、写作手法、表达方式等独具特色的美来,特别是涵泳炼字之美,让诗词真正彰显出多姿多彩的艺术魅力。

综上所述,速描就是粗笔勾勒,快速浏览,是教学中的快节奏;工笔就是精笔点染,慢慢细赏,是教学中的慢节奏。二者结合,粗细相融,快慢相适,能更好地促进教学相长,共同绘就绝妙的丹青,让我们领略语文的魅力。

（四）"快"如春风，"慢"如细雨，"快""慢"结合化育灼艳的桃李

在中国这片广袤的土地上，有亿万持笔静心、渴望登上象牙塔的学生，与他们同样摩拳擦掌的，还有他们的父母。"虎爸"的风头未过，"狼妈"的热潮又起。令人咋舌的"棍棒教育"过后，我们开始反思：语文教学该用怎样的方式培养出更加娇艳的祖国花朵？

岑参诗云："忽如一夜春风来，千树万树梨花开。"让语文教学快起来，如春风倏至，一夜之间花香无差别、无遗漏、无贵贱地飘遍千家万户，温柔地褪去"棍棒教育"的凶恶外表，让孩子们看见"天下父母心""殷殷师长情"，这是一件多么艺术而美妙的事。

语文教学"快"如春风，首先在于角色转变快。教师一旦走进语文课堂，就要扫除一切的阴霾，心如春水，春风满面，言出如花，真正变成一个温煦如春的谦谦学者。就像言辞犀利的鲁迅先生和木心老人，当他们遇到虔诚的学子，就会立刻改变严肃面容，掏出一片赤诚之心来。以至于鲁迅的文学，温暖了众多"在灯下扑火"的"花心精致的英雄们"；而木心的关切之语，也让许多学子真正感受到"春风化雨"的温暖和细腻。语文教育"快"如春风，不是靠一时的恐吓暴力，而是靠长期的温暖陪伴、轻柔抚摸，这样才能让学生真正感到教化的力量。

语文教学"快"如春风，其次在于情感契合快。陶行知言："捧着一颗心来，不带半根草去。"语文教学是需要情感力量的，这情感的前提是爱心和感动。用满满的爱心和浓浓的感动开路，课堂上，教师就会轻易叩开学生的心扉，从而快速走进作者的情感世界并与之共鸣，在如沐春风中受益匪浅。

语文教学"快"如春风，最终落脚在效果实现快。如冯延巳所说："风乍起，吹皱一池春水。"这话用在语文课堂上，就是说，每一阵教师主导的风来过，都应该泛起一道语言文字的涟漪。这风，需要教师的充分酝酿调动，需要学生的群情响应，它既可预料又不可预料，却总是不经意间一下子就吹进心灵深处，开出一朵美丽的花；于是一节课下来，每一个人心中都成了一座花园，而课堂教学效果自是"千树万树梨花开"了。

"快"如春风，催绽心灵之花、课堂之花，然而最让人回味的还是润物细无声的雨养出的香甜果实。中国古典文学研究专家叶嘉莹女士，就是一个慢如细雨的温和的语文人。她的学生们回忆："叶先生字迹娟秀工整，谈吐温和，气度不凡。和她争论问题，她也总是不疾不徐，慢慢回答。让人虚而往，满而归。""细雨"一如叶先生本人，慢则慢矣，却给人莫大的心灵鼓励和思想启迪，也正是这种细雨般的慢，犹如灌浆，孕育出更大更香甜的语文果实。

语文教育要让每个学生都既享受春风一度鲜花无数的快速提升，享受"风乎舞雩"的温暖成长；又收获细雨滴滴硕果累累的慢慢润泽，积累"久久为功"的丰厚体验；并且在"快""慢"结合中要风得风，要雨得雨。如此，他们自会灼灼其华，艳妆高韵，成为最耀眼的桃李。

（五）"快"如沸水，"慢"如文火，"快""慢"结合烹调美味的佳肴

语文课堂上应该流动着师生的智慧，洋溢着热烈的真情。教师不但要授之以渔，而且要具有授之以"渔场"的思想，巧妙延伸课堂，引领学生在大自然中学习，在生活中学习，在学习中思考，在思考中创新，在实践中成长。如果把语文教学比作一场盛宴，那么，"快"就如沸水，干净利落地把学生带入学习的宴席中；"慢"如文火，师生共同放慢节奏，静下心来，待丝丝火苗"炖"出"舌尖上的美味"，领略语文的丰富与精彩。"快""慢"结合，烹调出的才是美味佳肴。

李白的《蜀道难》，以浪漫主义的手法，展开丰富的想象，艺术地再现了蜀道峥嵘、突兀、强悍、崎岖等奇丽惊险和不可凌越的磅礴气势，借以歌咏蜀地山川的壮秀，显示出祖国山河的雄伟壮丽，充分体现了诗人的浪漫气质和热爱大自然的情感。全诗文句参差，笔意纵横，豪放洒脱，感情强烈，一唱三叹。要想领略其中的山之高、水之急、连峰绝壁之险，以及那逼人之势，借助"快"的沸水，可以更好地助力学生的理解和感受。教学时，教师可单刀直入，用自己沸腾的情感翻滚起学生思想上的波涛，使学生欣赏到李白"笔阵纵横，如虬飞蠖动，起雷霆于指顾之间"（清代诗评家沈德潜评语）的气势。

"慢"在反复咏叹，"蜀道之难，难于上青天"反复出现，像一首乐曲

的主旋律一样激荡着读者的心弦。这咏叹就是那文火，慢慢炖煮，以感情强烈的咏叹点出主题，为全诗奠定了雄放的基调。

　　文火的力量不容小觑，从"上有六龙回日之高标"至"使人听此凋朱颜"，极写山势的高危，山高写得愈充分，愈见路之难行。那突兀而立的高山接天，挡住了太阳神的六龙车；山下则是冲波激浪、曲折回旋的河川。诗人不但把夸张和神话融为一体，直写山高，而且衬以"回川"之险。唯其水险，更见山势的高危。诗人意犹未足，又借黄鹤与猿猱来反衬。山高得连千里翱翔的黄鹤也不得飞度，轻疾敏捷的猿猴也愁于攀缘，不言而喻，人行走就更是难上加难了。用虚写的手法层层映衬后，再具体描写青泥岭的难行。这其中的意境与气氛，非文火难以成就！

　　蜀道的难行似乎写到了极处。随着诗人笔锋一转，我们再用沸水的激昂去领会诗人借"问君"引出旅愁，以忧戚低昂的旋律，把读者带进一个古木荒凉、鸟声悲凄的境界。再来缕缕文火——那杜鹃鸟空谷传响，充满哀愁，使人闻声失色，更觉蜀道之难。"悲鸟号古木""子规啼夜月"等，渲染了旅愁和蜀道上空寂苍凉的环境气氛，有力地烘托了蜀道之难，这渲染和烘托，不正是"快""慢"结合的教学艺术带来的美味佳肴吗？

　　语文教学是用心的艺术，教师有时需要给学生一盆沸水——用饱满的热情、真挚的情感牵引着学生步入文学殿堂，激发他们的学习兴趣，领着他们去发现美、认识美。在教学中，教师既要用沸腾的情感翻滚起学生的情感，重视学生的个体感知体验，又要适时选用文火，放慢教学的步伐，静下心来，重视学生的理性分析、口头表达。课堂上，要求学生描绘美的形象、美的意境，分析作品美的结构、美的语言，分析文学形象的社会意义和得到的思想启迪。通过表达，使存在于学生头脑中的模糊的、不大鲜明的文学形象，经过梳理后变得更清晰、更鲜明。在分析鉴赏的基础上，推荐有关评论文章让学生阅读，让学生了解他人对该作品的评价，参考他人的见解，以启发学生的思维。"快"如沸水，"慢"如文火，"快""慢"结合才能烹调出美味佳肴。

语文教学"快"与"慢"的辩证艺术

第三节 语文教学如何做到"快""慢"结合

一、语文教学"快""慢"结合的宏观要求

课堂如一首歌，好的课堂是在教师的指挥下，师生共同演奏的一首有着节奏变化的动听的歌。如果课堂一味是慢节奏，学生就容易产生视觉与听觉的疲劳，在课堂上打不起精神。只有教学的节奏调控得当，教师的教和学生的学才能达到和谐共鸣。因此，教师在课堂上要把握好教学节奏，使教师的教和学生的学相得益彰，从而构建高效课堂。

把控好课堂教学节奏，能使课堂教学保持最佳状态，从而提高教学质量。具体到一节课的安排，要在教学设计上考虑怎样根据学生的现有水平和认知特点，采用多种教学手段，以快慢相宜的节奏取得最佳的教学效果：在非重难点和学生已知处要快，不能拖沓，否则会使学生厌倦；在重难点之处要慢，要给学生充分吸收内化的时间，否则一味求快，学生跟不上，反倒增加了心理负担，就会降低学习兴趣，影响学习效果。教师要在快慢之间找到合适的度，并且善于适时变化，这样才能使课堂教学呈现快慢有度、徐疾有法、舒缓有致的节奏。

（一）调控教学语言的轻重隐显、疾徐张弛

苏霍姆林斯基曾说："教师讲话带有审美色彩，这是一把最精致的钥匙。它不仅开发情绪的记忆，而且深入大脑最隐蔽的角落。"可见美的语言对学生的影响很大。在这方面，语文教学比其他任何学科都表现得更为突出。教师教学语言的美，一方面来自语言表达的准确、恰当和生动，另一方面则来自教学语言中速度快慢、节拍强弱、力度大小等的交替变化，以及句子长短、语调升降的有规律变化。这种抑扬顿挫、富有韵律感的教学语言使教学具有鲜明的节奏，能给学生的学习效果带来积极的影响。生理学研究表明，人在一种单调的声音刺激下，大脑皮层会很快进入抑制状

态,而抑扬顿挫、具有节奏感的教学语言能有效地打破大脑的抑制状态。所以,教师必须加强语言调控,讲究对教学语言的巧妙编排与合理搭配。

如何控制教学语言的轻重隐显和疾徐张弛?应重点考虑教学内容和学生实际。一般来说,讲解重点和比较深奥抽象的内容时,应放慢语速,提高音量;讲解浅显易懂或本身节奏明快的内容时,应加快语速,降低音量;表现急切、震怒、兴奋、激昂、壮烈等基调的内容时,可用快节奏的语言;表现宁静、优美、沉郁、悲哀、沉思等基调的内容时,可用慢节奏的语言。如教学《大堰河——我的保姆》一文,介绍大堰河的身份、经历时,可用中速平调;讲到大堰河对"我"的养育之恩时,要用慢速降调,表示思念之情;讲到大堰河的悲惨命运时,要用快速升调,表达激愤之情。这样快慢交替,急缓相间,能渲染出与课文内容相吻合的课堂气氛,激起学生相应的情感。

(二) 讲究教学方式的间隔变换、有机组合

教师在课堂上不仅要迅速调动学生的学习积极性,还要快速选择有效的教学方式,改变学生久而生厌的心理状态,使其持续保持学习的新鲜感、愉悦感。教学方式的交替变换,有助于消除学生的疲劳,使学生保持注意力。教师在组织教学时,要巧妙选择教学方式,讲究教学方式的间隔变换和合理搭配,使之有动有静,动静结合,使教学活动在动静交替中有节奏地进行。如教学《林教头风雪山神庙》一文,先用讲授法,介绍与课文有关的背景资料和导读提示;接着运用练习法,一是让学生通过填表对比分析林冲肖像、语言、动作等方面的变化,引导学生把握林冲这一形象的特征及意义,二是完成课后练习,体味该文语言精练、深刻、含蓄的特色;然后运用讨论法,让学生思考讨论造成林冲悲剧的社会根源,把握"逼上梁山"这一小说主题。这样安排,使得整堂课讲练结合、动静相生,表现出一种节奏变化,使学生持续保持学习的兴趣。

(三) 注重内容安排的疏密相间、错落有致

信息量的疏密也是影响教学节奏快慢的重要因素,疏给人舒缓、轻松的感觉,密则使人感到急促和紧张。一味地密而不疏,会给人以堆积感,

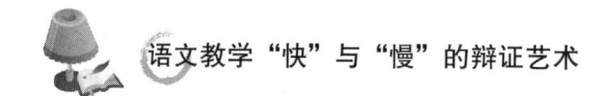

学生长时间处于紧张的状态,容易感到疲劳;一味地疏而不密,则会使人产生空疏感,学生情绪过于松弛,注意力就难以集中。只有疏密相间,才会给学生带来有张有弛的心理节律,使其保持旺盛的精力。所以,教学内容的安排要区分详略并进行合理组合与布局,讲究信息量的疏密相间。一般来说,重难点要重锤敲,使学生高度集中,积极思考,以体现一个"张"字。学生易懂的非重难点内容,则可体现一个"弛"字。张而不弛和弛而不张,都是不讲究节奏美的表现。只有在紧张之中见松弛,激越之中见舒缓,学生才能在张弛相济、起伏有致的富有美感的节奏变化中轻松愉快地获得更多知识。

(四)追求教学节奏的融洽统一、整体和谐

语文教学的节奏追求整体之美。教师在教学中不能仅关注某些环节,还应综合考虑,全面安排,使各要素搭配合理、穿插得体、衔接自然、融洽统一,以构成整体节奏的和谐美。

教学《父母与孩子之间的爱》一课,我以《母爱》和《写给父亲》两首诗作为导入,为学生营造了感受母爱与父爱的氛围。在接下来的环节中,我按照整体感知"爱的成长—感受母爱—体验父爱—品味成熟的爱"这样层层深入的原则,引导学生理解母爱与父爱的本质,引导学生把对"爱"的认识由感性层面上升到理性高度。

此外,板书也是调整教学节奏的重要手段,对此,教师应给予足够的重视。板书能从视觉上刺激学生,增加学生信息接收的渠道。这种信息渠道的转换,会给学生的心理和行动带来变化,使学生由听变看,由听变写,或边听边看边写等。也就是说,教师可通过板书引导学生,使整个教学进程保持适当的节奏。这里的关键是把握板书的时机。教学时,有的教师是先把全部内容讲完再板书,或者先抄好板书后再讲内容。这样都会不同程度地影响教学的流程和效果。最理想的应是板书与教学语言、教学内容密切结合,边讲边写。板书与教学语言的配合严密精巧、妙趣横生,可吸引学生的注意力,激发学生的学习兴趣,使文本思路、教师思路和学生思路合拍共振。同时,板书还要讲究出现的频率和书写的速度,频率过大或书写太慢,都会影响教学的节奏。

著名美学家斯托洛维奇曾说:"在每个领域中出现的凡是值得被称为艺术性的活动,都必定具有审美意义。"作为语文教学艺术重要组成部分的"快""慢"节奏艺术,本身就是一种重要的审美因素,有着不可忽视的美育功能。因此,我们应当把它提升为一种美育方式,"快""慢"结合,充分发挥其在整个教学活动中的美育效应。

二、语文教学"快""慢"结合的实施策略

《礼记·乐记》有言:"节奏,谓或作或止,作则奏之,止则节之。"节奏,指有规律的变化的运动重复,由两个重要因素构成:一是运动过程,二是强弱变化。把运动中的这种强弱变化有规律地组合起来,加以反复,就形成了节奏。一切艺术都蕴含节奏,如音乐、文学等。试想,没有节奏的音乐如何给人以美的享受?缺乏节奏的文学怎能冲击读者的心灵?语文课堂教学也蕴含节奏,如果我们在语文课堂教学中也创造节奏,和学生自身的内在节奏产生共振,就一定会创造出美感,而这充满节奏旋律的课堂一定会让学生流连忘返,取得良好的教学效果。

教学是一门艺术。好的课堂,不是教师让学生整节课都保持高度紧张,那样太累,学生坚持不了,也不是课堂节奏拖沓松垮,那样提不起学生的兴趣,使学生昏昏欲睡。好的课堂应该像一曲美妙的音乐、一篇优美的文章,是有节奏美的。内容的讲解、问题的设置、学生的反馈、课件的使用等都需要掌控好轻重缓急。恰当的节奏才能始终吸引学生的注意力,让学生在课堂上积极地回应教师。

课堂有起有伏,张弛有度,可以给学生带来美感,让学生体验到学习的快乐,从而提高学习效率,更好地完成任务。"快""慢"结合,让语文课堂充满律动的节奏感,能使学生更好地明确教学目标,把握教学重难点。

(一)"慢"中求"快"多精粹的策略

教学中的节奏,主要指教学结构的张弛起伏、教学内容的虚实详略、教学速度的快慢行止等,是教学的"紧张度"、教学内容的"难易度",是

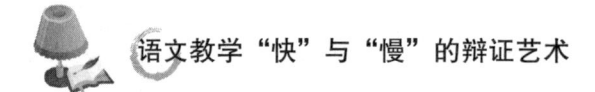

教学过程中富有美感的有规律的变化。快与慢指教学的速度，太快如疾风骤雨，学生无法消化；太慢如老牛破车，学生没有学习的劲头。所以速度也是非常重要的，教师要掌握好教学的速度，根据学生的实际情况来决定教学节奏。

如果一节课45分钟都是一个调子，学生会感到乏味。在新课程背景下，语文教学应改变教学节奏过慢、单调呆板的现状，通过教师的机智调控，使教学节奏张弛得法、疏密得当、错落有致、起伏和谐，让整个课堂富有朝气和活力，让学生获得艺术的享受。

1. 慢备课——深入把握重难点

教师的业务能力突出表现在钻研教材、把握教材的能力上，要想钻研教材、把握教材，就需要"细嚼慢研"。首先，教学要以深入理解教材为前提，教师在深入钻研、理解的基础上，形成独特的教学思路，这是打造高效课堂的前提条件。备课、钻研教材，绝非走马观花地翻看教参、熟背名家教案，而应静下心来反复阅读教材，深刻理解和把握课文内容，了解教学目标，确立教学方案，这样才能更好地驾驭课堂，把各类资源转化为"教学营养"。其次，了解学生。教师要根据学生的实际水平和具体需要，有的放矢地进行教学，高质量地完成教学任务。

2. 快展开——紧密串联各环节

现阶段，随着信息技术、网络的发展和新课改的推进，我校学本课堂开始融入建构主义、多元智能、结构主义、差异教学、自主、合作、探究、互动等新课改倡导的重要理念。"三维六元"卓越学本课堂教学模式就是我校这一阶段的实践成果。下面以我校的实际做法来说明各环节如何快速有效地展开。

该教学模式的最终目标是实现"自主、个性、特长、创新型卓越人才"的培养，其中，"卓越"是核心，"自主、个性、特长、创新"是特征，包含问题导学、思维构建、个性发展三个发展维度和自学、议学、探学、展学、点学、练学六种发展元素。其具体实施步骤包括结构化预习、对话探究和回归评价。过程中使用的基本工具是问题生成评价单、问题解决评价单、问题拓展评价单，包括问题生成发现课、问题解决展示课、问题拓展提升课三种常态课。

第三章 语文教学"快""慢"结合的艺术实施策略

该教学模式,将课前、课中、课后三个阶段有机浓缩为一节精品课。教师在课中用"减法",课前、课后用"加法"。课前精心编制"一案三单",课中循序渐进使用"三单",课后及时重组拓展问题,在学习过程中始终贯穿学、议、探、展、点、练六种学习能力的培养。这一应用,在强调自主学习科学文化知识的同时,树立了以学为本的理念,加强了人文教育和个性化教育,促进了学生的发展,从而使学生的综合素质获得整体提高,逐渐走向卓越。

具体来说,该教学模式不再是传统的"课堂制造",而是适应新课改的"课堂创造"。它以提高学生的自主学习能力为出发点,以学生在课堂教学中得到个性化的情感流露、态度展现、价值观养成等为着力点,以学生的大胆质疑探究、小组合作竞争为创新点,以学生的人人卓越为第二起跑线,各个环节环环相扣,步步展开,真正实践了以课程促解放、促发展、促成长、促成才的目标。

3. 慢中求快——按时实现满载之

在课堂中,有生生互动,也有师生互动;有学生的精彩发言,也有教师的巧妙引领;有琅琅的书声,也有默默的沉思。多种画面结合起来,课堂才会生动、丰富。在这慢节奏的语文氛围中,才能更快地提高课堂的有效性,促进学生的发展。

(二)"快"中求"慢"少缺失的策略

歌曲有美妙的旋律,文章有内在的脉络,语文课堂也应有其独特的韵律美。作为一门艺术,教学本身有着独特的节奏。有的语文课堂节奏太快,有的又过于拖沓,学生或忙忙碌碌,或无所事事,教学效率都不高。在课堂教学中,教师应把握好课堂教学节奏,使课堂教学跌宕起伏、张弛有度,从而增强教学的艺术感染力,把学生的精力都集中在课堂上,使学生乐学、好学,语文素养随之逐渐提高。

1. 快思维——立足师生多元互动

新课程背景下的课堂教学中,师生互动形式应更加多元。除了传统的教师与全体学生、教师与学生个体的互动,教师还应注意与学生小组进行互动。当然,生生间的互动同样重要。这种快节奏的师生多元互动,让不

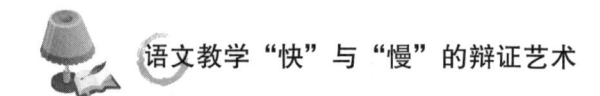

同层次的学生通过各种形式参与进来，犹如各种乐器随着旋律默契配合，共同奏响一支美妙的交响乐。

2. 慢对话——拓展师生深入对话

师生间的对话不应只停留在表面，而应触及学生的心灵。一位教师教学《一剪梅》时，围绕重点句子"一种相思，两处闲愁"和一个"愁"字，进行师生对话、生生对话、生本对话，在慢对话中如抽丝剥茧般带领学生逐步深入文本，使学生触摸到文本的灵魂。

3. 快中求慢——把控教学节奏之美

在教学中，教师要做到快慢相宜。当快则快，宜慢须慢。主要注意以下几个方面：重点要突出，则反复地讲；难点要分散，则缓慢地讲；一般内容要交代，则简明地讲；需要学生记笔记的地方，则适当放慢速度讲；学生易懂的问题一带而过，学生易混的内容要重锤敲打。同时，快与慢不是绝对的，在使用快节奏时，要保证学生的思路能跟上课堂的进度，不致出现掉队现象；在使用慢节奏时，要能保证学生适度紧张的学习活动，使他们不致觉得无事可做，注意力涣散；快慢节奏交替要有"柔性"转换，使教学环节如行云流水，顺畅自然。

课堂教学的节奏必须遵循学科的内在规律、学生的认知规律和审美教育的一般规律。把握课堂节奏要综合考虑，合理搭配，穿插得当，衔接自然，融洽统一，以构成整体节奏的和谐。要努力营造富有节奏美的语文课堂，让课堂闪耀智慧的光彩，展现文学的魅力。

（三）"快"融合"慢"呈完璧的策略

1. 慢锣快鼓，收放自如五味窖藏

语文学习不仅是识字、阅读，还有对文化的传承。语文学习就像一场盛宴，色香味俱全的各种菜肴，必须经过厨师的精心烹饪才能完成。将语文教学中的各个板块、元素合理地组织、加工成学生喜爱的精神大餐是我一贯的追求。下面我就语文教学"厨艺"体悟和大家分享几点。

（1）慢融"人文味"，让语文教学有血有肉

语文是最能体现一个国家、一个民族人文价值的学科，语文是一个载体，能将人类的文化成果通过文字的形式进行传播，在传播中慢慢使人们

受到熏陶，让人们逐渐将这种某个国家或民族特有的人文吸收并转化为个人的气质、修养，最终内化为优秀的品质。

所以，语文教学首先要体现的就是人文，只有将人文作为语文的灵魂、教学的主旨，教师在教学过程中才会有方向、有主导，所以在语文教学中融入语文的人文价值至关重要。人文价值就像语文的灵魂，指导着语文教学的方向。

（2）快注"人情味"，让语文教学情深义重

语文教学内容本身就蕴含丰富的感情，每一篇文章都是作者感情的抒发，每一篇文章都在表达丰富的思想感情，所以在学习文章时，必须重视"人情味"。这种"人情味"一方面体现在教学过程中。教师应充分抓住每篇文章的思想感情，如教学《记念刘和珍君》一文，不仅要引导学生快速学习作者的写作技巧，更要使学生快速体会到文章所表达的感情，学生只有感同身受，才会真正对课文有所理解。教师先要深刻理解文章的"人情味"，然后才能将这种感情带给学生。

另一方面体现在教师和学生课上课下的互动中。教师在教学过程中要时刻关注学生的感受，不能一味为完成教学任务而不顾学生的反应，"填鸭式"教学产生的效果会适得其反。教师要多站在学生的角度去看问题、看课堂，如此打造出来的课堂必然会充满"人情味"，必然会受到学生的喜爱。

（3）快植"文学味"，让语文教学韵味十足

语文的文学味体现在每一篇文章、每一首诗词中，体现在字里行间，能使语文更加有韵味。但是在当前应试教育模式下，语文的文学味几乎被各种知识点、考点、重点所淹没，那些优美的意境，或凄美或温婉或明媚的词句都被分割开来，变成一道道模式化的题目，失去了其美丽的光泽，只有背不完的知识点、考点、重点，导致学生根本无暇体会作品的意境和作者的心境，这使原本美好的语文变得枯燥乏味，所以要求教师在教学中一定要将语文的文学味快速植入课堂中，打造有文学味的课堂。

有文学味的课堂，才能使语文生动起来、美丽起来，净化学生的心灵，陶冶学生的情操；才能使学生提高审美能力，形成阅读习惯等。

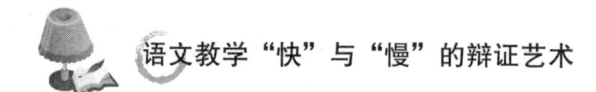

(4)慢品"生活味",让语文教学贴近生活

语文教学不仅仅是在课堂中的,我们要让语文教学生活化,让语文融入生活,只有这样,学生才能学以致用,才能喜欢上语文。我们的经验都是源于生活的,语文也不例外,那些伟大的思想、优美的文章,皆是源于对生活的热爱。教师要把语文教学与生活相结合,打破以往课堂和生活脱节的现象,学生只有明白了生活才是真正的课堂,才能知道如何去获取知识,才能主动去发现生活中的美,并从中培养自己的观察能力、思考能力、自主学习能力等,才能在动手做、动脑想等实践活动中把抽象的知识转化为具体的能力。在语文课堂上,教师不能拘泥于教材,还要关注时事,关注当前的社会热点等,并搜集具有代表性的新闻资讯,引导学生关注社会、关注民生,鼓励学生辩证地看问题,培养学生认识世界的能力和批判精神,让语文课堂这个小天地成为学生人生的导航标,让社会这个大课堂成为学生品味生活味道的就餐区。

教师要学会让语文教学鲜活起来,让语文课堂充满激情,与生活相结合绽放出生命的光彩,使课堂成为学生向往的乐园,让学生享受到丰盛无比的精神大餐。这样,语文课堂才会独具魅力,充满生命活力。

2. 快慢适宜,诗意盎然神采飞扬

语文教学的过程应该是诗一般的审美创造过程,是用教师的诗心去感染学生的情绪、陶冶学生的情操的过程。诗意语文教学是语文教育、语文课程发展的走向,是新课改的一个突破口。只有让语文课堂诗意盎然,才能让学生充满审美情趣,才能让学生热爱生活,才能让"传道、授业、解惑"的教师拥有"采菊东篱下,悠然见南山"的惬意。但是在现实中,语文教学依然存在着诗意缺乏或诗意难寻的情况。

如何快速地品味语文的诗意?

慢慢欣赏,才能快速抵达真语文。语文的诗意就是这样,着意闻时不肯香,香在无心处。越急于去体验那些美好的东西,往往越难得到,这就是欲速则不达。

在探索中,我们形成了高中诗意语文教学模式,该模式融高中语文课文诗意教学模式、高中语文作文诗意教学模式于一体,贯穿教学的课前、课中、课后(即高中诗意语文教学模式的"三段"),教师遵循"释诗意—

凝诗意—拓诗意"的过程原则，学生遵循"感诗意—萌诗意—修诗意"的过程原则。

（1）高中语文课文诗意教学——"三段五味"教学模式操作过程

第一"味"：课前诗味导入。

结合课文，联系相关知识，以趣为基，快速进行诗味导入，让学生"未见其文，已闻其味"。诗味导入有三种形式：一是诗歌导入，二是诗句导入，三是诗化语言导入。

如教学《念奴娇 赤壁怀古》，可以联系刘禹锡的"淮水东边旧时月"，李白的"至今惟有西江月"，萨都剌的"秦淮一片明月"，白居易的"行宫见月伤心色"，温庭筠的"十二楼中月自明"等诗句，于历史沧桑中品味这不尽明月，自然过渡到苏轼的"一尊还酹江月"，诗人慨叹，不难理解。

诗味导入解决"知"的培养，既可拓展学生的知识面，又可强化要学的知识，同时能使教学活泼、富有诗意。

第二"味"：课中趣味赏读。

在诗味导入的基础上引导学生对课文赏读生趣，"亲其文而信其意"。一是示范诵读，二是配乐朗读，三是指导赏读，四是师生趣读。

趣味赏读调动的是学生眼、耳、口等多种感官，对学生来说实际上是接受了一次综合性培养和养成训练，同时使课文教学由"知"的层面向"技""能"的层面过渡。

第三"味"：课中真味对决。

在教师引导下由学生自主完成对课文的理解与分析。真味对决是将课文学习与高考结合起来，在知识积累、技巧训练、能力培养三方面相得益彰；并且打破"填鸭式"教学看似面面俱到而实际上面面不到的局面，变其为以点带面、中心突破的教学局面。

第四"味"：课中美味探析。

学生在理解了课文主题的基础上，对行文特点、写作特色进行探究性分析。教师适时点拨，学生深入合作，最后将每篇课文的艺术特色总结为4~8句押韵的小诗，在班级交流。

如学习《边城》时，学生总结如下："草灰蛇线"妙连缀，巧借歌声爱情飞。不事雕琢白描美，渲染烘托写心理。

又如学习《祝福》时，学生总结如下：表现灵魂"画眼睛"，渲染气氛"写环境"。同样话语"换语境"，斟字酌词"炼字"精。

第五"味"：课后回味迁移。

在完成前四"味"的基础上，让学生针对课文某一点进行情景作文训练；学完每一单元最后一课时，让学生对该单元几篇课文的标题进行连题作文训练。

回味迁移是对"知""技""能"的巩固和提高，并将听、读、说、写结合起来，使课文资源得到最大限度的开发与利用，有助于学生全面提高语文素养。

（2）高中语文作文诗意教学——"三段五环"教学模式操作过程

第一环：课前诗意感受。

在课前选取典型诗意作文让学生阅读欣赏，使学生获得初步的审美感受，为进一步感知诗意打好基础。

第二环：课中诗意研讨。

把课前选取的典型诗意作文交付学生讨论，从表达和发展两个方面对诗意特色进行总结，并结合高考满分作文进行对比研究，进一步提炼诗意作文的艺术特色。

第三环：课中诗意总结。

把诗意作文的艺术特色总结成要点，成为可以参照写作的具体标准，为下一步具体仿写提供依据。

第四环：课中诗意仿写。

一是课前下发问题导读单，个人撰写"我的问题栏"。二是每个小组评出1～2份范例。三是批改选优，全班评出2～3份范例。四是由获优者展写并适当展讲。

第五环：课后诗意赏析。

在课后对体现诗意的作文进行评优，可以采用以下几种方式：一是辑录成册，班内传阅共赏；二是单面印发，支持剪贴独赏；三是对外张贴，积极进行展赏；四是疑义相析，同学开展评赏；五是熟读成诵，适时组织赛赏；六是量化记录，进行阶段奖赏。

第三章 语文教学"快""慢"结合的艺术实施策略

人生如同一场马拉松,速度固然重要,耐力也不容忽视,需要我们学会快慢适宜,以慢成就快。歌德有言:"人生的真谛,不在于像火山一样爆发,而在于像大海一样包容和持重。"叶圣陶先生也说过:"教育是农业,不是工业。"工业生产追求快节奏、大容量、流水线和标准化,它的对象是无生命的物质;而农业生产的对象是有生命的作物,作物生长是有季节、有时令、有规律的,需要适时播种、浇水、施肥、除草、喷药,还需要适宜的土壤、水分和阳光,当然更需要等待。于慢中静候,感受那诗意语文倏地入怀,倾听一朵花的快速绽放,何乐而不为呢?

第四章

语文教学"快""慢"结合之
案例分析与点评

第四章 语文教学"快""慢"结合之案例分析与点评

杜甫诗云:"为人性僻耽佳句,语不惊人死不休。"其精益求精的创作态度由此可见一斑。《红楼梦》里,在林黛玉推荐给香菱的诗学老师中,杜甫就排在第二位。即便是对律诗一直持否定态度的胡适,也在《国语文学史》里评价说"杜甫是唐朝的第一个大诗人"。杜甫的诗歌受人推崇的深层原因在哪里?

原因就在于,杜甫将诗歌的触角深入地探到了社会底层,目光却始终牢牢地盯着那场属于庙堂之高的梦,如此难以磨合的情绪竟在杜甫的心里花开并蒂,不能不说,那沉郁顿挫、气势雄浑的歌行本就是从作者伤口深处极速迸发出的声音。生命的砥砺就像是贝中的沙子,让杜甫的诗歌如此美丽。读杜甫的诗,你必须让身体尽快做好所有的准备,然而即使如此,它还是会深深地击中你,让你的眼泪无可逃避地在脸颊约会。

高贵而独特的艺术精神常常和高贵而独立的人格联系在一起,杜甫用生命而不像李白一样用酒,这样的艺术诠释方式,真是对文化莫大的歆享。所以,我总认为杜甫才是最具"苦吟"资格的诗人。他的感情如出闸的激流一路鸣咽着从洛阳而下,经襄阳而巫峡而巴峡,而那扇对江的柴门不知藏匿了多少诗人的久蕴孤悲啊!

由此说来,学习和欣赏杜甫的诗,是必须"快"入"慢"出的;杜甫诗歌的教学,也是最契合"快""慢"结合的教学艺术的。我想,林黛玉从实践角度指导香菱学杜甫的诗,可以说是"案例教学"的一个例证了。因此在本章,我将从教学第一线精选十节案例,具体分析"快""慢"结合的教学艺术。

执教 27 年来,我始终坚守在教学第一线。我明白,教学一线的案例呈现可以让我们时刻保持清醒:再"高大上"的理论如果经不起实践的检验,那也是虚无的。也正是这 27 年如一日的坚守,让我体味到语文教学有挥写不尽的浓墨,也有捡拾不尽的碎金。第一线,已不仅仅是一种占位,更是一种态度和砥砺、虔诚和期冀、情怀和欢愉……在课堂教学中的每一次沉浸,都是一种心灵的返青,学生睿智激烈的思维火花总能点燃我张扬的自信。所以我认为,语文其实也是一种或"快"或"慢"的"表白"的艺术,或者因为口吐莲花、刹那香阵直达灵魂,我俘虏了你的思绪,或者因为针锋相对、持久"杀伐"感人肺腑,我奉献给你思考。我口我心,其

乐何极！从这个意义上说，"快"一点也好，"慢"一点也罢，掌控白莲，收放尽意，翻覆云雨，扫阴布霁，"快""慢"结合方能更好地将课堂变成情与情的互燃、声与声的和鸣、心与心的交融、智与智的共延，呈现大美的艺术。

  不仅如此，通过潜心学习，我发现著名的特级教师如于漪老师、钱梦龙老师、赵谦翔老师、李镇西老师、程红兵老师等的教学案例中都有"快""慢"教学智慧结合的体现，这更坚定了我继续奋然前行的信念。既然努力的方向正确，师生们又热情高涨，那就撸起袖子加油干吧！

抓住诗眼，解读诗情

——中原名师王海东《短歌行》教学案例

课堂实录

师：西方有一句谚语，（课件出示）Speak of the devil, and he appears. 谁能说说它的意思？

【评析】于漪老师曾说过："课的第一锤要敲在学生的心灵上，激发起他们思维的火花，或像磁石一样把学生牢牢地吸引住。"语文教学为什么要"慢"？这就源于对语文诗意本源的探究，对文学本质的理解，是教师个性本我的展示。以一句西方谚语导入，而且是英文的，成功吸引了学生的注意，激发了学生的思维，这是"慢"的教学艺术的精彩！

（有学生小声地说出了答案）

师：请我们班英语课代表来回答吧。

英语课代表：我觉得是"说曹操，曹操到"。

师：你说对了，也就是说"devil"这个单词是"曹操"的意思，是吗？

英语课代表：不知道，我是根据大意推测的。

师：很好，你很注重词的语境。老师来告诉你，其实"devil"这个词是"魔鬼"的意思。

（学生发出惊叹声后似乎又理解了）

师：那么你们认为用"devil"一词形容曹操合适吗？

【评析】语文教学如何做到"慢"？在这里采用启发式提问，引导学生积极思考、自由表达、各抒己见，正符合了语文教学的"慢"的宏观要求：静待花开，让教与学完美合拍。

生：合适，因为曹操是个奸臣的形象，他"挟天子以令诸侯""名为

语文教学"快"与"慢"的辩证艺术

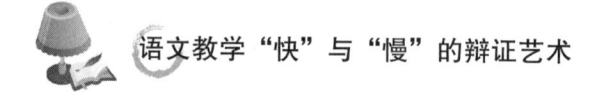

汉相,实为汉贼",所以称他是"魔鬼"。

生:我知道一个关于曹操的小故事:他在逃跑途中因为多疑误杀了救他性命的吕伯奢一家,知道真相后他不但没后悔,还说"宁教我负天下人,休教天下人负我"。由此看出,他是个心狠手辣的"魔鬼"。

师:我们所了解的曹操的"魔鬼"形象大都来自一部影响深远的作品——

生:《三国演义》。

师:《三国演义》第一回就引用了许劭的一句话评价曹操,非常经典,大家知道是什么话吗?

生:治世之能臣,乱世之奸雄。

师:"能臣""奸雄",看来这个"魔鬼"还有英雄的一面。哪位同学了解曹操英雄的一面呢?

【评析】对人物形象进行分析和鉴赏,是语文教学的一个主要内容,可以提高学生的艺术鉴赏能力和创作能力,这对语文教学有着重要的意义。带领学生对曹操这一人物进行分析和鉴赏时,启发学生,引导学生辩证地认识这一人物形象,是建立在语文教学为何要"快""慢"结合的基础上的,"快"是教学节奏的要求,"慢"是教学内容的要求,"快""慢"结合是艺术的选择。

生:他曾经刺杀董卓,可见他很勇敢,能舍生取义。

生:曹操还是个文学家,我们在初中时学过他的《观沧海》。

师:能否回顾一下《观沧海》这首诗?

(学生齐背)

师:这首诗表达了作者怎样的思想感情?

生:作者通过写沧海,抒发了建功立业的抱负,表达了胸怀天下的进取精神。

师:也就是说曹操不仅是个会写诗的文学家,还是一个胸怀大志的政治家。那么你还了解他的哪些事呢?

生:曹操还是个军事家,历史上著名的官渡之战就是他领导的以少胜多的著名战役。

师:曹操到底是个怎样的人物呢?下面让我们客观、全面地认识一下

曹操。(课件出示曹操简介)

师：下面请一名同学给大家读一下屏幕上关于曹操的简介。

(一学生大声朗读)

师：曹操当之无愧是个英雄，今天我们就来听听这位英雄的慨叹，学习他的《短歌行》。(板书课题)

师：课前我给同学们留了预习作业，就是熟读这首诗，大家在读的过程中注意把握诗歌的感情基调。你们认为这首诗的感情基调是怎样的？

生：忧。

师：哪位同学能根据你对诗歌情感的把握给大家示范朗读一下？

(学生举手并朗读，读完同学鼓掌)

师：我们来点评一下他的朗读吧。

生：我觉得他读得很好，声音洪亮，感情投入，节奏把握得很好。

师：我和同学们的感受一样，他朗读得很好。能否指出美中不足之处？

(学生沉默片刻)

生：我觉得他读得过于忧伤。

师：那你认为应该怎样把握"忧"的程度呢？

生：我也说不好，就觉得不应该读得太忧伤了。

师：同学们和他有同感吗？

(大多数学生回答"有")

师：到底该怎样理解作者的"忧"呢？我们需要先来回答一个问题：作者到底为什么而忧？下面同学们就来深入探讨一下这个问题。

(学生讨论)

师：现在我们来交流一下讨论的成果吧，哪位同学首先发表一下看法？

(学生纷纷举手，教师指一生回答)

生：我认为作者主要是为得不到众多的贤才而忧愁。

师：用一个成语概括就是——

生：求贤若渴。

师：求贤若渴(板书)。你是从什么地方看出来的？

语文教学"快"与"慢"的辩证艺术

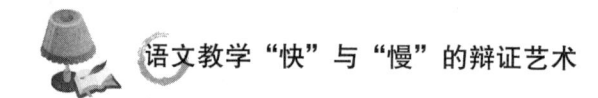

生:"青青子衿,悠悠我心。""呦呦鹿鸣,食野之苹。我有嘉宾,鼓瑟吹笙。""周公吐哺,天下归心。"这些句子都表达了作者求贤若渴的心情。

师:作者在这里是用什么手法来告诉我们他忧愁的内容的呢?

【评析】课堂教学中采用合理的提问方式,可以更好地引导学生发现问题、分析问题、思考问题。教师当"快"则"快",提问干净利落,是"快"的教学艺术。

生:用典。

(教师板书)

师:引用典故是诗歌中常见的手法,文中共有几个典故?

(学生思考)

生:四个。还有一处是"山不厌高,海不厌深"一句。

师:这些典故都是为了表达作者求贤若渴的心情吗?

生:是的。

师:那是否重复了呢?

(该生沉默)

师:请坐,其他同学帮他解决一下这个问题,共同思考一下文中用这些典故表达作者求贤若渴的心情是否重复。

(学生静静思考之后纷纷举手)

生:不重复,这几个典故所表达的具体情感是不同的。

师:你能否给同学们具体解释一下呢?

生:"青青"二句原诗是写一个姑娘思念情人,作者在这里应该是表达对贤才的思念之情。

师:思念之情(板书)。是呀,求贤若渴的心情必然要日思夜念。其实这两句诗后面还有两句"纵我不往,子宁不嗣音",意思是"就算我没有去找你,你为什么不主动来找我呢"。同学们想一下,作者为什么不主动去寻找贤才呢,如果你是贤才,会不会觉得作者心不诚呢?

生:不会,因为作者不可能一个一个去找,这不现实,只能是他表示出求贤的思想,贤才主动来投奔他。

师:谁能分析一下另外几个典故?

第四章　语文教学"快""慢"结合之案例分析与点评

生：我分析"呦呦"四句。这四句描写宾主欢宴的情景，意思是说只要你们到我这里来，我一定会待以"嘉宾"之礼，我们是能够愉快融洽地相处的。这里表现了作者对待贤才到来的热情。

师：热情（板书）。先是表示思念，接着表示热情欢迎，接下来呢？

生："周公吐哺，天下归心"的典故，是说周公为了接待天下之士，一餐饭要多次吐出口中食物。这里表现了作者对渴望贤才到来的热切殷勤态度。

师：热切殷勤（板书）。

生："山不厌高，海不厌深"化用《管子·形势解》中的话，用比喻的手法说明自己渴望多纳贤才。

师：比喻（板书）。很好，作者用了这些典故，从不同的角度来表达自己求贤若渴的心情。这还不够，在用典的同时，作者还将内心的情感形象化、具体化，用了比喻的手法，这样就使感情表达得更充分了。

【评析】以典入诗，是历代诗人常用的表现手法。作为诗歌的一种修辞手法，用典可避免一览无余的直白，可给读者留下联想和思考的余地。巧妙、恰当地用典，可以使诗词简洁含蓄、意蕴丰富，使表达更加生动形象，诗句更加凝练，言近而旨远，含蓄而婉转，从而提高作品的表现力和感染力，达到"力透纸背，掷地有声"的效果。但也因为用典而增加了诗歌的阅读难度。为了让学生真正掌握用典这一手法，采用"慢"的教学艺术，体现了教师精耕细作的教育教学理念。

师：文中是否还有其他诗句运用比喻的手法呢？

生："明明如月，何时可掇"一句运用了比喻的手法，将贤才喻为明月，表达渴望贤才来归的心意。

师：能不能说具体些，这是一种怎样的情感？

生：从"忧从中来，不可断绝"可以看出作者对贤才的执着情感。

师：执着（板书）。很好，我们接着分析。

生："月明星稀，乌鹊南飞。绕树三匝，何枝可依？"这四句是曹操以"乌鹊绕树，何枝可依"的情景做比喻来启发贤才不要三心二意，要善于择枝而栖，让贤才赶紧到自己这里来。

师：这四句诗生动地刻画了那些犹豫彷徨者的处境与心情。你认为作

语文教学"快"与"慢"的辩证艺术

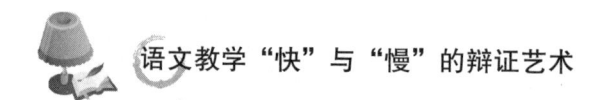

者对那些彷徨的人是怎样的态度？

生：我觉得作者很关心他们，很为他们着想。

师：关心（板书）。是呀，作者的情感如此真挚、热切，难怪在那个"良禽择木而栖，贤臣择主而事"的三国，曹操手下能聚集众多天下名将谋士。曹操的确是个爱才之人，他在政治上主张唯才是举，并多次下"求贤令"。

师：看来作者求贤之忧随着贤才的到来会得到解决，作者是否还有其他引起忧思的事情呢？

生：我觉得作者还为人生苦短而忧。

师：人生苦短（板书）。何以见得？

生：作者在开头就说"对酒当歌，人生几何！譬如朝露，去日苦多"，由此看出他还因为人生苦短而忧。

【评析】在详细解读前面内容的基础上，对诗歌进行整体把握，对诗歌情感进行多层次解读，对后面的教学内容进行疏密相间、错落有致的安排，做到了语文教学"快""慢"结合的辩证要求。

师：作者在这里用了哪种手法？

生：比喻。作者将人生比喻成早晨的露珠，以此来说人生短暂。

生：我觉得作者还因为天下不能统一而忧。

师：统一天下，或者叫建功立业（板书）。你给大家分析一下。

生：我是根据作者"忧"的内容和作者的身份、性格推测的。作者是个政治家，他"挟天子以令诸侯"，是有政治野心的，所以他求贤若渴，又说人生苦短，其实就是想让这些贤才赶快来帮助他完成大业。

（学生鼓掌表示肯定、赞同）

师：能够知人论"诗"，很不错，分析得很深刻。

【评析】教师快速提问后，给学生时间和空间进行思考和讨论。在"快""慢"结合的教学策略中，"快"是点燃——点燃了学生的思维火花；"慢"是点亮——点亮了充满激情的课堂，由此形成了课堂教学的高潮！

师：据说这首诗写于一次大战前夕，作者宴请将士。当时"月明星稀，乌鹊南飞"。作者想到自己年过半百，功业未建，于是"酾酒临江，横槊赋诗"，表达当时的心境。

师：（指板书）现在我们了解了作者为什么而忧，作者忧的是人生苦短，忧的是求贤不得，忧的是建功立业何时完成。那么，朗读时应怎样把握这首诗的感情基调"忧"呢？

生：我觉得虽然诗的感情基调是"忧"，但忧而不伤，读时应该体现一些英雄的豪壮之气，也就是作者说的"慷慨"。

师：哦，原来作者在诗里早有暗示，"慨当以慷，忧思难忘"。好，你能给大家示范朗读一下吗？

（该生犹豫，其他学生掌声鼓励；该生朗读，学生掌声如雷）

师：这位同学朗读得入情入境，使我们仿佛走进了曹操的内心。英雄的足迹告诉我们，忧愤能使人迸发出巨大的生命能量，使人在困境中毅然前行。

教学反思

教学相长，快慢相宜

本单元学习中国古代诗歌，这也是高中生学习的第一个古代诗歌单元。虽然初中时也接触了不少诗歌，但学生对于怎样读懂诗歌还是不甚清楚，所以我把本课的重点放在了引导学生对诗歌鉴赏方法的掌握上。

要想更好地理解诗歌，必须先读懂诗歌，扫清基本的障碍。我习惯让学生进行"不动笔墨不读书"的预习，要有阅读痕迹，要像毛主席阅读《二十四史》那样去预习，到处都是密密麻麻的批注；要像狄仁杰、包青天审理案件那样去处理文本，不放过任何蛛丝马迹。我的学生的语文课本和习题本总是有密密麻麻的勾画和记录，看似费时间，坚持下来，却是多快好省、受益匪浅的。

为了更好地体现有效教学，以慢促快，我设计了几个一环套一环的问题，课前布置给学生，引发大家思考，以便课上能产生思维碰撞：本诗的感情基调是怎样的？作者为何而"忧"？何以解"忧"？何以写"忧"？学生因有了课下的独立思考、小组讨论，才有了课上的激烈讨论、

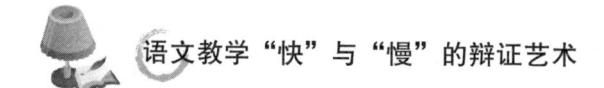

争论,甚至辩论。学生的思维能力在这样的讨论中得以提高,学生的语文素养在这样的品鉴中得以沉淀,课堂的高效也在这样的铺垫和预设中得到了体现。

这节课也存在一些不足之处。当学生的表达欲望被激发出来,不少学生有豁然开朗之感,有很多话要说时,却接近下课了。问题出在哪里呢?看了教学录像才发现,有些地方我的补充和点拨有些啰唆,如果再言简意赅些,留给学生的表达时间可能就会充裕些。作为教师,总是担心学生说得不到位,耽误太多时间,就会忍不住总结出来,其实这很考验教师引导的智慧和艺术。沉住气,再沉住气,最慢的或许就是最快的。

分析点评

学本课堂,激情飞扬

王海东老师是首届中原名师,而且是河南省教育厅学术技术带头人,漯河高中在他的带领下率先开始了课堂改革,成绩斐然。工作中我们交流较多,因此我对他比较熟悉。其课正如其人,收放自如,激情飞扬。

首先,趣味导入,让学生迅速进入角色。"好的导入是成功的一半。"王老师恰到好处地把中英文结合在一起,既有趣味性,又有知识性,相信学生们已经记住了"Speak of the devil, and he appears"。

其次,精准预习,打造高效课堂。漯河高中一直走在河南省乃至全国课改的前列,一直坚持践行学本课堂,将知识问题化、问题前置化,因此课前学生对文本的预习是非常深入的。针对预习单上的问题,学生课前已经进行了思考,课上再进行小组讨论,因此展示相当高效。再加上教师及时的介入、精彩的补充,整节课是非常有趣而高效的。

再次,等待拔节,慢也是快。听过很多次公开课,看似行云流水,无比流畅,实则有作课嫌疑。一节好课的评价标准是看学生的知识内化了多少,思维拔节没有。学生的静思和沉默是酝酿的过程,这是最宝贵的。王老师就很注重学生的思考,在问到"文中用这些典故表达作者求贤若渴的心情是否重复"时，我观察到，学生是在静静思考之后才纷纷举手的，可见王老师给学生留足了思考的时间。

总之，每次听王老师的课都有一种欲罢不能的感觉。相信漯河高中在他的领导下定会乘风破浪，再创新高！

(点评人：河南省教研室申雪燕老师)

在合作探究中打造高效课堂

——全国百佳语文教师张荣谦《李逵负荆》教学案例

课堂实录

师：同学们，请大家看我手里的这本书（《十万个为什么》），看过的同学请举手。（几乎所有学生都举起了手）很好。大家为什么都喜欢这本书？

【评析】开篇借助问题导入，并以自己的见解和解释慢慢铺展开来，做到了语文教学的"慢"导入，这样的精耕细作，满足了语文教学"慢"的宏观要求。真是精彩的导入！

生：突破了教科书的编辑思路。

生：打破了当时科普读物非薄即少的现状。

生：是专门为小学高年级和初中学生编写的自然科学"百科"。

师：大家回答得都很好，但大家都忽略了一个最直接的原因——书名。我们最初是不是也是被"十万个为什么"所代表的打破砂锅问到底的探究精神深深吸引了？

课件出示：

这种探究精神，催生了元好问的"问世间情为何物，直教生死相许"。

这种探究精神，催生了贺铸的"试问闲愁都几许？一川烟草，满城风絮，梅子黄时雨"。

这种探究精神，催生了李煜的"问君能有几多愁？恰似一江春水向东流"。

这种探究精神，催生了王观的"欲问行人去那边？眉眼盈盈处"。

这种探究精神，当然也催生了阿鲁威的"问人间谁是英雄？有酾酒临江，横槊曹公。紫盖黄旗，多应借得，赤壁东风。更惊起南阳卧龙，便成名八阵图中。鼎足三分,一分西蜀,一分江东"。

……

师:今天,就让我们带着这种探究精神,去认识《水浒传》中着墨最多、刻画最为成功的人物之一——李逵,去探究一下他到底是不是真的英雄;如果是,又是怎样的英雄。

(板书:李逵负荆)

【评析】语文教学的"慢"的实施策略告诉我们,课前要精备慢雕精琢。张老师的课前导入足见备课下了功夫,难能可贵!

一、预习反馈,扎实基础

【评析】基础知识的学习是一个重点,对于基础知识,我们切实需要掌握扎实,不"慢"不行。

1. "水浒"知识快浏览

体裁:一部描写中国封建社会农民起义的章回体长篇小说。

作者:施耐庵。

人物:一百单八将。

内容:逼上梁山、招安。

结构:以人物为中心、以事件为线索。

情节:人遇事、事找人、人找事。

主题:官逼民反。

故事梗概:打打杀杀,起起落落,生生死死;大碗喝酒,大块吃肉,大秤分金银;英雄气短,英雄崛起,英雄末路。

2. 基础知识快巩固

(1) 读准字音

搅(jiǎo)得睡不着 攧(diān)翻 绾(wǎn)头发 丫髻(jì)

朴(pō)刀 跷(qiāo) 蹊(qī) 尪(wāng)羸(léi)

定眼瞅(chǒu) 弩(nǔ)弓 绰(chāo)根杆棒 箭疮(chuāng)

香沁(qìn) 蹙(cù)秋波

(2) 品准词语

暗地教人出来接纳:接待。

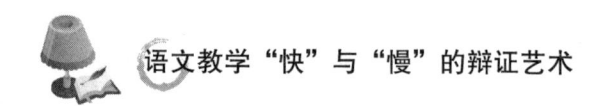

巴到天明，跳将起来：盼。

年方一十八岁，吃人抢了去：被。

大哥莫要造次，定没这事：鲁莽，轻率。

他在东京兀自去李师师家去：独自。

这厮又来作怪：古代对人的称呼。

哥哥听禀一路上备细：详细情况。

我闲常把你做好汉：平常。

宋江的把与李逵收了：交给。

那老儿睁开矇羸眼：形容老眼昏花。

我教你一个法则，唤做负荆请罪：认错赔礼，请求原谅自己。

我去，瓮中捉鳖，手到拿来：比喻要捕捉的对象无处逃遁，下手即可捉到，很有把握。

走了一两日，绝不见些消耗：音信。

小人只是这里剪径：拦路抢劫。

（3）把准异义

暗地教人出来接纳（古义：接待；今义：接受，采纳）

我们前去时，又怕有跷蹊。（古义：嫌疑；今义：奇怪，可疑）

走了一两日，绝不见些消耗。（古义：音信。今义：精神、力量、东西等因使用或受损而渐渐减少）

二、扫清障碍，道路畅通

【评析】张老师根据教学内容的实际要求，采用"快"的教学策略，既是对教学节奏的掌控，又是高效教学的要求。教师应该当"快"则"快"：有一个权变的思维，课堂节奏的调整才能"快"；有一个及时的拔节，课堂效果才会好。

1. 厘清思路主线明

师：小说只有具备情节生动、条理清晰的特征，才能迅速感染读者，产生引人入胜的强烈效果。下面请大家快速浏览课文，为本文划分层次并写出层意。

提示：分析文章思路，一要抓住主要人物，二要抓住主要事件。

师：来，下面请第1组和第2组各派一个代表展示一下。

(学生板书，教师点评，最后规范答案)

课件出示：

第一层（第1自然段）：黑李逵骂叫。

第二层（第2~4自然段）：大闹忠义堂。

第三层（第5~7自然段）：黑李逵负荆。

第四层（第8~12自然段）：勇救刘姑娘。

第五层（第13自然段）：忠义堂庆功。

师：不管怎样总结，都要体现主要人物的主要事件。

2. 情节特征及作用

师：根据文本的划分，故事的开端、发展、结局都很好确定，但是故事的高潮部分该如何确定呢？根据层意来看，李逵大闹忠义堂，愿赌服输，以命相抵，要想解决危局，必须救刘家女儿，所以"勇救刘姑娘"应是高潮部分。那么，"黑李逵负荆"这一部分是不是多余，应该删去呢？

师：请同学们以小组为单位，认真讨论，等一会儿我洗耳恭听每个小组代表的高见。

(3分钟后，教师请各小组代表回答)

师：根据大家的回答，我发现大家对"黑李逵负荆"情有独钟，都觉得不该删掉。那好，下面我们一起来探讨一下。

【评析】对待文学，我们应该有一个辩证的思维，在解决这个问题的时候，张老师采用"快""慢"结合的策略："慢"，探讨出真见解，"慢"，让思维放射出光芒。问题提出要快，问题讨论要慢。

课件出示：

请在文中画出以下语句并思考：你认为宋江真的会杀掉李逵吗？为什么？

1. 只见黑旋风脱得赤条条地，背上负着一把荆杖，跪在堂前，低着头，口里不做一声。宋江笑道："你那黑厮怎地负荆？只这等饶了你不成？"

2. 众人都替李逵陪话。宋江道："若要我饶他，只教他捉得那两个假宋江，讨得刘太公女儿来还他，这等方才饶你。"

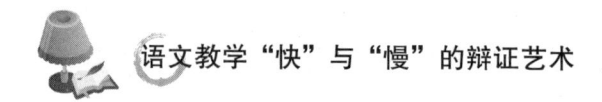

（以上为第 3 组任务）

3. 宋江道："他是两个好汉，又有两副鞍马，你只独自一个，如何近傍得他？再叫燕青和你同去。"

4. 燕青道："你没来由寻死做甚么！……"

（以上为第 4 组任务）

5. 燕青道："……他自然不忍下手。……"

6. 宋江对李逵道："这里不和你说话，你回来寨里，自有辩理。"

（以上为第 5 组任务）

7. 宋江道："你且不要闹攘……你这厮没上下，当得何罪？"

8. 便叫铁面孔目裴宣写了赌赛军令状二纸，两人各书了字。

（以上为第 6 组任务）

9. 李逵道："只是我性紧上做错了事。……"

10. 李逵道："好却好，只是有些惶恐，不如割了头去干净。"

11. 李逵没奈何，只得同燕青回寨来负荆请罪。

12. 李逵听了，跳将起来说道："我去，瓮中捉鳖，手到拿来。"

（以上为第 7 组任务）

第 3 组分析如下：

宋江口里说着"黑厮"，眼里却全是壮实威猛的"黑旋风"，李逵这一背一跪一低，又不做一声，着实让宋江既心疼又觉好笑，所以才会笑着说"只这等饶了你不成"。果真，众人一说求情的好话，宋江就立马"放羊"了，只教李逵一捉一讨，自然饶过。捉假宋江、救刘太公女儿，这对李逵来说还算是什么难事吗？由此可见，不是宋江"不会杀"，而是"根本没准备杀"这个黑旋风。

第 4 组分析如下：

第 3 题：讨贼大计八字还没一撇呢，这里先担心上了，所谓爱之深，责之切，由此可见一斑。

第 4 题：明明立了军令状，却说没来由，看来燕青并不认为宋江会杀李逵。

第 5 组分析如下：

第 5 题："自然"就是理所当然，燕青看准了宋江不忍下手，所谓旁观

第四章 语文教学"快""慢"结合之案例分析与点评

者清，李逵是肯定没有生命危险的。

第6题：这句话的言外之意太明显了。其一，这里不是家里，有外人不方便，先不和你理论；其二，寨里的大门开着，你随时可以回来；其三，你完全自由，可以随便说理。哪里有一点儿杀气？

第6组分析如下：

旗也砍了，人也骂了，杀人的话都说出口了，宋江却轻飘飘地说这是"闹攘"。宋江说李逵的罪名是什么？没上下！可见，宋江压根儿就没有杀李逵的心。那为什么还要立下军令状呢？李逵一向鲁莽，立军令状只是为了警告他此后说话应谨慎，使他有所改变。

第7组分析如下：

第9题：前后都是我有理，前后都是我说了算，前后都是一句话也听不进去，现在脑子清醒了，把责任一股脑儿地推给了"性紧"。

第10题：当燕青让他负荆请罪时，天不怕地不怕的李逵也会惶恐。

第11题：可见李逵不是不怕死。

第12题：当宋江让他捉假宋江才饶他时，李逵对形势的判断煞是乐观，认为捉假宋江是"瓮中捉鳖，手到拿来"。而且，你见过输掉一条命的人会兴奋地跳起来说话吗？

师：负荆请罪情节里的宋江和李逵，怎么看怎么像是在演一出"双簧"，表现得要多默契有多默契。宋江只是想借此机会立立威，杀一杀李逵没大没小的冒失劲。

所以，"黑李逵负荆"这一情节是不能删的。在本文中，各个环节是环环相扣的。李逵大闹忠义堂，立下军令状，从刚才大家的分析中可以看出，宋江并不想杀他，负荆请罪给了宋江不杀他的理由。同时，"黑李逵负荆"这一情节无论是语言描写还是动作描写都很精彩，细致入微，准确传神，与人物性格和心理相得益彰，可谓全文的一个小高潮。而在这个小高潮之后又安排李逵凶性毕露、月夜杀人、营救刘太公女儿的大高潮，从而给人以高潮渐起、波澜起伏的艺术享受。因此有人把"黑李逵负荆"这一情节理解为全文的命运高潮、性格高潮，而把"勇救刘姑娘"的情节理解为感情高潮、打斗高潮。二者统称主题高潮。见解甚妙！

这样安排小说情节的手法可以称为设置悬念，抑扬结合。它的作用就

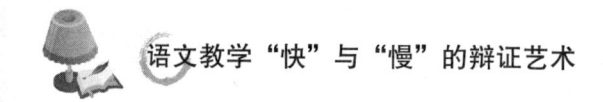

是推动故事情节的发展，使结构更加紧凑，情节更加曲折，引人入胜；丰富人物形象，使人物性格更加鲜明；铺垫蓄势，使主题更加突出。特别是李逵的形象，正因为有了这一情节的设置，才更符合英雄的定义。

3. 分析形象看言行

【评析】小说的核心任务就是通过刻画人物、塑造典型人物形象来揭示社会生活的本质，从而表现作品的主题。所以，要评价小说中的人物形象，就要认真分析作者对人物的描写，从而评价人物的性格特征，进而发掘出其善恶美丑的精神世界。此处，对人物形象的分析采用分组方式进行，既提高了课堂效率，又能让学生进行深入探讨从而获得真知。"快"是速描，"慢"是工笔，"快""慢"结合绘就绝妙的丹青。对人物形象的探究，很精彩。同时，这也是课堂教学的一个高潮！

师：下面大家结合课文内容分析一下几个主要人物。

（学生分组讨论，第1组负责展示燕青的人物形象，第2组负责展示宋江的人物形象，第3组负责展示李逵的人物形象）

第1组：燕青是一个机智勇敢、武艺精通、细心周到、能说会道、值得信赖的好汉形象。

第2组：宋江是一个重义气、重朋友、有肚量、有才智，守诺轻财、深受爱戴的领袖形象。

第3组：李逵是一个喜剧性的英雄形象。

师：那么如何理解李逵的喜剧性英雄特征呢？

（学生分组讨论，各小组派代表展示）

生：一是粗，粗鲁（鲁莽）、粗蛮（蛮横）、粗心——一个缺乏教训的孩子；二是真，率真（直率、敢担当）、纯真（单纯、直脾气）、认真（认死理）——一个没有长大的孩子；三是聪，聪慧（一点就透）、聪觉（能够自省）、聪听（选择性耳聋）——一个不愿长大的孩子。

师：大家不妨结合他的外貌特点体会一下。

课件出示：

黑熊般一身粗肉，铁牛似遍体顽皮。交加一字赤黄眉，双眼赤丝乱系。怒发浑如铁刷，狰狞好似狻猊。天蓬恶煞下云梯。

师：其实，这里描述了李逵的部分形象，并不是作者想要表现的全部。

师：大家想一想：为什么李逵敢于这样大闹梁山、肆无忌惮呢？无外乎他听了所谓"色狼"行径，便自觉得了"正义"，认为自己是在维护宋江和水泊梁山所倡导的"道义"。所以，李逵的形象特征里还有一个"义"字。

师：为什么李逵明知宋江是首领，还要这样拼死相犯、决不罢休呢？无外乎他觉得自己受了骗，被蒙在鼓里，觉得自己的"偶像"（宋江）不再和自己一条心了。他认为拼死相犯是在尽自己的本分，在维护领袖和偶像的光辉形象，是在尽自己的一份忠心。所以，李逵的形象特征里还有一个"忠"字。

总结如下：

粗：粗鲁、粗蛮、粗心。（一个缺乏教训的孩子）
真：率真、纯真、认真。（一个没有长大的孩子）〉义、忠
聪：聪慧、聪觉、聪听。（一个不愿长大的孩子）

师：这才是完整的李逵，透着喜剧性的忠义英雄李逵！

师：我们总结一下今天所用到的赏析人物形象的基本方法。一是小说精心设置的故事情节可以丰富人物形象，使性格更加鲜明，我们可以通过情节分析法来赏析人物形象。二是人物的行动描写和语言描写可以表现人物的情感态度和精神风貌，我们可以通过言行推敲法来赏析人物形象。

【评析】教师及时做出总结，让学生得到一致见解，是"快"的教学艺术。

三、认识英雄

师：结合李逵英雄形象的赏析，请你向大家推荐一位你最喜欢的英雄人物。

（各组讨论汇报）

探究活动：《王者荣耀》手游中穿越历史、英雄对决的桥段设计风靡未成年人群，你如何看待这一现象？

课件出示：

语文教学"快"与"慢"的辩证艺术

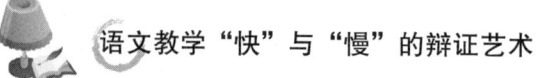

2017年3月29日,《人民日报》在微博以《荆轲是女的？小学生玩〈王者荣耀〉还能学好历史吗？》为题,批评《王者荣耀》手游从角色形象到游戏内容都与历史完全不符,而且连小学生都在玩。博文一经发表,立刻在网络上引起疯传。有网友随即扒出《战国策·燕策》和《史记·刺客列传》都有记载的"荆轲刺秦王"故事,证明荆轲因"刺秦"而存在,也因"刺秦"而流芳千古,成为人们心目中的第一刺客和孤胆英雄。据悉,《王者荣耀》设定了6类57个中国历史英雄,他们在游戏中能穿越时空一同"混战",吸引了包括小学生在内的过亿手游玩家,2016年年收入为68亿元,占2016年手游总收入的17.7%。在《人民日报》痛批游戏厂商只为利益误导小学生、影响小学生的认知这种行为极其恶劣后,《王者荣耀》游戏厂商也仅仅是将荆轲改成了阿轲,阿轲摇身一变成了荆轲的妹妹……

师：结合课件出示的材料,谈谈你对英雄文化、英雄价值等的理解。

【评析】叶圣陶先生说"语文教本只是些例子"。这句话体现出正确的教材观。所以,教师有必要思考一下,如何多维解读文本,充分利用教学资源。语文学科的多元化和开放性决定了不同个体对其解读的多样性。语文教师要按照一定的规则约束、引导学生,使其品味语言、整体把握内容,提高文化品味、发展思维、陶冶情操,带领学生以灵活多样的形式,解读文本,发挥教材的例子作用。这和语文教学"快""慢"结合的宏观要求具有一致性。张老师依据教学内容引导学生进行疏密相间、错落有致的多维解读,达到了教学节奏的融洽统一、整体和谐。

生：英雄的价值不能靠物质衡量,其精神才是最大的资产。"人不能只靠吃米活着。"物质的丰厚和精神的富有孰轻孰重？《王者荣耀》傲人的收入,让我们不得不去思考应该如何通过游戏宣扬正确的英雄观、历史观。

生：英雄文化的熏陶必须长期坚持不懈。英雄的教育同样需要从娃娃抓起,面向现代化,面向世界,面向未来。《资治通鉴》曰："德者,才之帅也。"只有从灵魂深处滋生和培养出来的道德力量,才能最终成为个人的价值基础,并与国家和民族的核心价值观一脉相承。历史英雄人物的最大作用便在于其架起了通向充满民族自尊心和自豪感的美丽中国梦彼岸的桥梁。

生：就现在来说,英雄可指才能过人的人,可指具有英雄品质的人,可指无私忘我、不辞艰险、为人民利益而英勇奋斗的人。英雄有其深刻的内涵，英雄是祖国的荣光，是民族的历史，是人们灵魂的坐标。英雄不仅是一个时代的符号，更是一个国家和民族宝贵的精神财富。英雄是民族追求文明的记忆，是民族继往开来的基石。

师：每个人心中都有一个英雄梦。它像火焰，燃烧着你的激情和人生，终有一天会使你成为真正的王者。但这份"王者荣耀"一定不是玩出来的。珍惜吧，同学们，青春只有一次，让英雄梦成为最纯洁的种子，生根发芽，开花结果，只有这样，你才能实现自己的英雄梦。

四、课堂小结

师：好了，同学们，这节课，我们带着勇于探究的学术精神，"走入"又"走出"，与英雄有了亲密接触，在感受了书中人物知错能改有担当、宽容大度有气量、大局为重退让、和则双赢有眼光的品质的同时，学会了赏析小说的情节、语言及人物形象，收获良多。

五、布置作业

1. 阅读《水浒传》中关于李逵的其他回目，进一步分析李逵的形象特征。
2. 比较《李逵负荆》和《鲁提辖拳打镇关西》，体会李逵和鲁智深的不同性格。
3. 讨论并总结《水浒传》小说的主题和塑造人物的主要方法。
4. 完成课后"扩展"第3题。
5. 预习《孙悟空大战红孩儿》。

师：最后，让我们一起满怀深情地朗诵这首诗，作为献给英雄的赞歌和这一节课的结束。

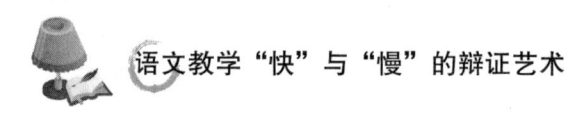

从四月开始，匍匐（节选）
——谨以此诗献给那些"心怀先烈，志效祖国"的人

从四月开始，匍匐
我期待一场蔓延
不受季节的局限
发生的不一定都被铭刻
遗落的，犹如种子
已在大地生根
这个时候，以这种姿势
寻根
耻辱就是醒着的
正义就是醒着的
国家就是醒着的
民族就是醒着的
和平就是我们的

从四月开始，匍匐
用青春做出保证
躺着的心就不会寂寞
他们用柔软的身躯
换来坚硬的站立
那是一种品格
中华的品格
难道这还不足以
让我们交出敬仰的灵魂

师：下课！
班长：起立！
生：老师辛苦了，再见！

第四章　语文教学"快""慢"结合之案例分析与点评

> **教学反思**

放慢脚步，等待合拍

在这节课上，我基本上做到了听、说、读、写、思相结合。这节课促进了学生综合能力的发展，凸显了新课改的理念，践行了我们学校提倡的高效课堂，也有意识地把语文教学"快"与"慢"相结合的艺术融入其中。

在课堂上，我带领学生从以下三个层面解读"英雄"。

一是说英雄论英雄。李逵是这节课所确立的中心英雄人物，也是这节课中培养学生批判性思维的任务起点。我带领学生深入分析了李逵这一人物形象，认识了这位英雄。

二是问人间谁是英雄。引导学生说出自己心目中的英雄人物，分析其吸引自己的深层原因，并将《王者荣耀》置于聚光灯下进行"解剖"。英雄的含义是亘古不变的，我们必须很好地传承并尊重，不能随意篡改。到这里，可以说已经完成了培养学生的批判性思维的任务。

三是对英雄放开喉咙。课堂最后是对英雄的缅怀，完成了情感的升华。

我一直认为，教学贵在有激情，语文教学更是如此。当情感与情感的碰撞汇集成智慧的河流，所有的徜徉都是非常愉悦的享受。只有珍惜每一次情感的碰撞与交汇，对文本的理解才能够达到融会贯通、举一反三的美妙境界。但问题是，一旦感情被激发到不可约束的地步，我们引导学生对文本进行理解时是否会感情用事呢？这样是否会导致学生做出不理智的分析呢？一旦失去理性，我们的思维便会走向片面和主观，甚至是错误。列宁说："只要再多走一小步，仿佛是向同一方向迈出的一小步，真理便会变成谬误。"如果在错误的基础上谈个性的发展以及学科素养的提升，便会成为一种笑话。我时时以此为戒，努力做到以理智驾驭情感，同时放慢脚步，等待学生的合拍。

语文教学"快"与"慢"的辩证艺术

分析点评

深入浅出，举重若轻，思辨之光频现

我认为语文核心素养应包括语言能力、思维能力、审美情趣和文化修养。所谓"核心素养"，一定是最基础、最主要、最本质的素养，是具有生长力的素养，是种子素养。新时代的高中生应该具有这样的素养，新时代的教师应该具备培养学生具有这种素养的素养。

首先，张荣谦老师教学的《李逵负荆》一课很明显有这样的价值考量。李逵的英雄主义有其所在时代的特定内涵，它是历史的产物，是否符合我们现在的价值观，这必须首先弄清楚。我们这个时代同样需要英雄，需要英雄主义的滋养，需要英雄引领着我们爱国，引领着我们积极进取。探究《水浒传》中那个时代背景下和现代社会中英雄共同的含义，应该是这节课需要解决的一个难点问题。

其次，整节课深入浅出，思辨之光频现，在对李逵这一人物形象的鉴赏中，学生的欣赏、鉴别、评判美丑的审美情趣都得到了提升。难能可贵的是，张老师非常善于等待、乐于倾听，即使学生回答得不是很完善，也不急于马上做出补充，而是静待其他学生发现问题并解决问题。思维的拔节本来就是一个需要等待的过程，急不得、躁不得。从这个意义上来说，"慢"就是达到"快"的最佳途径。

再次，本节课敢于触碰难点，既立足教材、解读教材，又走出教材、联系现实，做到了学以致用。特别是批判性思维的培养，非常有利于帮助学生形成客观公正、冷静严谨的评价观。从严格意义上说，这节课似乎更趋近于一节作文课。学生在课堂中得到了真正的"生长"和"拔节"。

综上所述，这节课没有作课痕迹，其对主题的深刻挖掘和对英雄的别样架构，值得我们反复品味。语文课就是要通过学生的课堂学习，解决学生日常生活中的能力养成问题。这节课不失为很好的尝试，是符合新课改精神的。

放手，让学生成为课堂的主人

——中原名师张旭《雨霖铃》教学案例

课堂实录

（教师：张旭；每日一诗：宋明军；课堂主持：卢秋实）

每课一诗，由宋明军同学介绍宋代词人晏殊的作品《蝶恋花》。教师稍加点拨，要求学生熟读成诵。

展示同学：许傲，郭英杰，张之晗。

【评析】语文教学讲究持之以恒的态度，讲究水滴石穿的精神，讲究日积月累的收获。张老师的每课一诗正是真实的语文教学课堂，是难能可贵的语文教学课堂。语文教学的"慢"的艺术就是静待花开，涵泳积淀！

师：今天我们要学习的是一首宋词。请大家看一下我们的学习目标。

【评析】语文课堂教学研究已逐渐成为语文教学研究的热点，教学目标决定着课堂教学的走向，是评价课堂教学的重要依据，也是提高课堂教学有效性的重要抓手。在教学过程中，教师要对教学目标进行准确定位，要关注其价值所在。进行教学设计时，教师要对教学目标的设计反复进行斟酌，考虑其实效性、可操作性、合理性。同时，语文教育研究者在评课时，也应关注教学目标的科学性、有效性、达成性，从而积极引导教师重视教学目标的优化设计。张老师以呈现教学目标开始课堂教学，是语文教学"快"的艺术，体现了其高效性原则，教师把控课堂，我的效率我掌控！

课件出示：

1. 通过学习宋词婉约派代表词人柳永的作品《雨霖铃》，对宋词有进一步的了解。

2. 在诵读、赏析诗作的同时，把握诗作的景与情，运用联想和想象，探究它的意境，并体会婉约词的风格特色。

师：下面，就请卢秋实同学来主持这节课。

【评析】要想在教学中提高学生的语文素养，教师应组织学生开展探索性、研究性的学习活动，采用"以学生为主体"的教学方式，使课堂教学既有利于学生打好基础，又有利于学生形成健全的人格，更有利于学生去探索、创新。把课堂交给学生主持是一种积极的探索及尝试。

卢：老师们，同学们，大家早上好。很高兴我能有这样一个机会，来主持这节课。刚才，宋明军同学给大家介绍了宋代词人晏殊脍炙人口的名作《蝶恋花》，下面我们要学的同样是一首千古流传的好词。说到词，它究竟是怎样一种诗体呢？请大家看大屏幕。

课件出示：

词，是诗歌的一种，萌芽于隋唐之际（一说萌芽于南朝），形成于唐代。到了宋代，经过长期不断的发展，进入全盛时期。

卢：下面请大家谈一谈自己所了解的有关于"词"的知识。

生：词最初称为"曲词"或者"曲子词"，别称有乐府、乐章、琴趣、诗余等，是配合宴乐乐曲而填写的歌词，词牌是词的调子的名称，不同的词牌在总句数、句数、每句的字数、平仄上都有规定。

生：我来补充。到了宋代，词发展到鼎盛状态，成为一种完全独立并与诗体相抗衡的文学形式。在文学史上，词以宋称，体现了宋词的重要文学地位。北宋词的主流沿袭了晚唐五代，吟风弄月，注重词的抒情性与音乐性，代表人物如晏殊、晏几道、张先等。他们刻意求精，使词的形制更加丰富、语言更加精炼、意境更加深婉、风格更加细腻，特别是使词的音律更加精美合乐。

生：但是，北宋还有另一些词人，如苏轼、柳永等，他们从词风、词境入手，着意词体的变革。北宋初年，范仲淹的《渔家傲》和王安石的《桂枝香》，词调慷慨苍凉，境界开阔悲壮，感情抑郁深沉，揭开了以苏轼、辛弃疾为代表的豪放派词作的序幕。之后，苏轼有意利用词在语言形式上的某些特点而自由畅达地表现生活情趣、生活感慨，不仅把本来属于诗歌的"言志"内容写到词中，而且把诗里已经出现的散文句式、语词也用在词里，使词的内容更加丰富，形式、创作技巧发生了变化。

生：在苏轼之前，音乐是词的生命，音乐的特性重于文学的特性，因

第四章 语文教学"快""慢"结合之案例分析与点评

此协律合乐是填词的首要条件。而苏轼使词从重音乐的框框中摆脱出来,使词与音乐初步分离,成为一种文学体裁,在文学史上有了独立存在的地位。

生:北宋南渡对词的影响也比较大,南渡后,词人们在各自不同的创作道路上,以各自不同的态度与方法进行创作,为宋词的继续发展发挥了各自不同的作用。李清照的词是由北宋向南宋发展的过渡。李清照经历了由北而南的社会变革,生活际遇、思想感情发生了巨变,相应地,她创作的词的内容、情调乃至色彩等也发生了变化,由明丽清新变为低回惆怅、深哀入骨,但词的本色未变。她的创作为南宋词人如何以旧形式表现新内容树立了榜样。之后,辛弃疾和姜夔等人使得宋词呈现了又一个繁荣时期。尤其是辛弃疾,其作品不仅代表了南宋词的最高成就,而且在整个中国文学史上也占有相当重要的地位。

师:同学们谈得都很好。开禧北伐的失败,是南宋词的一个转折点。这时词的创作题材多为吟咏日常生活和自然风光,情调转为带有伤感的恬淡。但这并不是简单地对传统的归复。词经过长期的发展和许多词人的探索,在吸收了诗歌及散文的表现手法后,又面临着一次总结的时机。南宋后期的词人在这方面起了很大的作用。他们虽然比较注重传统,但同时也对过去各种表现手法进行了筛选整理,在词的形式、语言技巧方面做出了新的总结。他们的作品虽然气势不够雄大,境界不够开阔,但对于词的发展,却做出了重要贡献。

师:概括来说,宋词是我国文学史上的又一座高峰。宋词习惯上分为婉约和豪放两派:婉约派以写闺情、离绪为主,代表作家有柳永、李清照等;豪放派扩大了词的题材,对社会生活的种种感受皆可入词,代表作家有苏轼、辛弃疾等。

【评析】对于基础知识的学习,不能是在学生头脑中昙花一现,此处对宋词相关知识的介绍,有学科主持人的分享,有多名学生的发言补充,还有教师的总结,很有必要。这也符合语文教学"慢"的艺术,是巩固性原则的体现。

卢:我们知道,宋词与唐诗一样,是我国文学史上的一朵奇葩。后人习惯上把宋词分为婉约和豪放这两种风格迥异的派别,前者往往以清丽柔婉见长，而后者则大气磅礴，飘逸洒脱。需要指出的是，这种划分是针对作家创作风格的主要倾向而言的，并不是绝对的。历史上的许多词人既有豪放的词作，亦不乏婉约的作品。如苏轼，我们对他的"大江东去，浪淘尽"的词句相当熟悉，但他的作品中也有"十年生死两茫茫，不思量，自难忘"的词句。这是我们在鉴赏过程中要注意的一点。今天学习的这首词的作者是婉约派的代表人物柳永。

课件出示：

柳永（约987—约1053），北宋词人。原名三变，字景庄，后改名永，字耆卿，福建崇安（今福建武夷山市）人。排行第七，官屯田员外郎，故世称"柳七""柳屯田"。为人放荡不羁，终生潦倒。其词多描绘城市风光和歌妓生活，尤长于抒写羁旅行役之情。创作慢词独多。其词作铺叙刻画，情景交融，语言通俗，音律谐婉，在当时流传很广，对宋词的发展有一定影响。《雨霖铃》《八声甘州》《望海潮》等颇为有名。著有《乐章集》。

【评析】这里采用"慢"的语文教学艺术，知人论世，对作者进行相关介绍，有利于学生更好地了解诗人和诗作。

师：关于词人柳永，同学们还有补充吗？

生：我在一本书中了解到，北宋词人柳永，字耆卿，原名三变。在家中排行第七，所以后世也有人称他为"柳七"。因他官至屯田员外郎，故也被称作"柳屯田"。柳永年轻时到汴京应试，常常和歌妓们一起生活，为人狂放不羁。当时的皇帝宋仁宗听到柳永这个人之后，说："此人任从风前月下浅斟低唱，岂可令仕宦！"所以柳永落第了。到了景佑元年（1034），也就是柳永50岁左右，才进士及第。柳永终生潦倒，据说死后家中没有钱来安葬他，是几个歌妓一起出钱将他葬了。

卢：感谢你的分享。柳永的词作音律谐婉，词意妥帖，多描绘城市风光和歌妓生活，尤其擅长抒写羁旅行役之情。词作中铺叙刻画，情景交融，语言通俗，在当时流传很广，对宋词的发展也有一定的影响。但在他的一些作品中，时有颓废思想和庸俗情趣，这是我们应当剔除的。

课件出示：

第四章 语文教学"快""慢"结合之案例分析与点评

雨霖铃
宋·柳永

寒蝉凄切,对长亭晚,骤雨初歇。都门帐饮无绪,留恋处,兰舟催发。执手相看泪眼,竟无语凝噎。念去去,千里烟波,暮霭沉沉楚天阔。

多情自古伤离别,更那堪,冷落清秋节!今宵酒醒何处?杨柳岸,晓风残月。此去经年,应是良辰好景虚设。便纵有千种风情,更与何人说?

卢:今天我们要学习的这篇《雨霖铃》,可以说是柳永词作婉约风格的集中体现。【雨霖铃】这一词调,本来是唐代教坊曲名,一作【雨淋铃】。相传唐玄宗因安禄山之乱迁蜀,到了斜谷的时候,霖雨连日。他经过秦岭栈道,耳闻铃声,勾起了对往事的回忆,于是创作此曲来悼念杨贵妃,以寄托哀思。大家可以想见这一词调悲怆低回、凄楚欲绝的情味。当时的柳永由于仕途失意,心情十分压抑,决定离开汴京。但一想到从此将不能与心爱的人生活在一起,失去了爱的慰藉,更是觉得痛苦万分。这首词就反映了柳永当时的这种复杂心情。下面请大家听一听课文的朗读。

(播放课文朗读音频)

卢:从刚才的朗读中不难发现,这首词的基调格外低沉。词人运用了"切""歇""噎""阔""别""月""设""说"等十个入声韵,不押韵的地方也多以仄声来收句,如"绪""处"。大家都能感觉到,入声字短促急迫,容易传达悲切痛楚的情绪,加上又用了双声的齿音,如"凄切",令人想到那种抽泣哽咽之声。由于充分发挥了词的音乐性能,使得作品形象的凄美和声音的凄凉相统一,增强了艺术效果。此外,我们在朗读的时候还应注意保持乐句的完整性。下面就请大家一起朗读《雨霖铃》。

(主持人领读)

师:同学们,好的诗词,要多读多背。在诵读的过程中,推敲字、词、句的意思,体会词人在作品中所要表达的感情,这是十分重要的。

【评析】诵读是一种有声的语言艺术。诗歌这一文学艺术,其感情之充沛、意蕴之深广、声韵之和谐、音调之铿锵、辞藻之华美、气势之流荡,非诵读不能品其味,非诵读不能见其美。张老师对诗歌的教学就切入了诵读这一角度。他告诉学生朗读的重要性,让学生通过朗诵体会作品所要表达的情感,这是语文教学"慢"的艺术。在不同形式的诵读中,再现

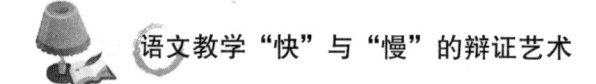

诗歌意境，突出形象，渲染感情，这对培养学生的语感和口头表达能力是不无裨益的。这是一种平和的教育心态，是一种静待花开的选择，终能获得芬芳四溢的教学效果。

卢：张老师讲的，我们大家一定要记住。有句话说"书读百遍，其义自见"，讲的不就是这个道理吗？下面给大家3分钟时间熟读这首词，并在此基础上，争取把它背会。3分钟以后，我们以小组为单位，检验大家背诵的效果。同时也可以比较一下，看哪个小组中的成员记得最好。大家现在可以开始背诵了。

（大家各自轻声朗读，边读边背）

卢：好，时间到。让我们先从第一小组开始，前一位同学在背诵时"卡壳"或错背，就请坐下，由下一位同学接着背。我们一起来看一看，哪一组用最少的同学来完整背下《雨霖铃》。

【评析】杨再隋教授强调阅读教学要读，多读，反复地读，理解地读，以达到熟读成诵。那么如何能让学生读进去，记得住呢？在课堂教学中激发学生的学习兴趣，让学生主动参与、主动学习、主动记忆，如果指导得当，大部分学生在课堂上就基本能把课文背诵出来。学生津津有味地赏读整段，感悟会之于心，诵读出之于口，口诵心惟，相得益彰。背诵任务，落实到课堂，既可以为学生节约时间、提高课堂效率，又可以当堂反馈背诵效果、减少课后的无效劳动。长期坚持，必能达到减负增效的目的。

（隐去投影幕上的全文显示，四个小组依次背诵）

卢：从刚才各小组的背诵情况来看，大家都用心去读、去背这首词了。《雨霖铃》这首词的字面意思并不复杂，课文的注解也比较详细，大家理解起来不会有太大的问题。接下来的几分钟时间留给大家提问，不管是字面上的，还是词作理解上的疑惑，都可以举手发问，我们一起来讨论解决。

（课件出示词作全文）

生：主持人刚才说，柳永是婉约派的代表人物，其词作多曲折委婉。《雨霖铃》中有"念去去，千里烟波，暮霭沉沉楚天阔"一句，我觉得此句应当出现在豪放派的词作当中，而现在出现在婉约派词人的代表作之中，是否有些矛盾呢？

卢：我认为不矛盾。这句话表现了词人在离开汴京、离开心爱的人之前，对今后的前途感到茫然，楚天辽阔却不知路在何方，抒发了一种凄婉哀怨的情感。另外，在前面介绍宋词时，我提到过豪放派和婉约派的划分不是绝对的，同一个词人既可以有婉约风格的作品，也可以有豪放风格的作品，所以即使这句话被视为"豪放"，也与他是婉约派代表人物没有冲突。

师：我再补充一下：我们现在所说的豪放也好，婉约也罢，都是后人评论的，是后人根据词人的作品风格给出的判断。而且，有的词人的创作风格并不是完全一致的，一个典型的人物就是著名词人李清照，她的前期作品和后期作品的风格差异就非常大。所以我们在鉴赏宋词时，需要体会和比较这两种不同的风格，没有必要拘泥于风格的划分，做非此即彼的判断。

【评析】张老师适时的补充，对学生来说是一个"快"节奏的推动，能使学生在课堂教学中快速形成认知。教师及时的拔节，明确而高效。

生："都门帐饮无绪，留恋处，兰舟催发"这句话是什么意思？作者写这句话，有什么用意？

卢："都门帐饮"意思是在都城汴京的城外设帐饯别，"无绪"指心情不好，"兰舟"就是木兰木造的船。整句话可以这样理解：在都城汴京的城外设帐饯行，词人和他的爱人心里都不好受，就在两人依依不舍时，船夫却不停催促他赶快上船。我们不妨想象一下：好友在机场送你，两人相视无语、难舍难分的时候，机场的广播里传出你乘坐的航班马上就要起飞的消息，此时你也许会希望时间就在这一瞬间停下脚步。词人当时就是这种感受。

生：这首词的开头有"对长亭晚"一句，由此我们可以知道词人是在晚上乘船离开汴京的。据我所知，限于古代航行技术的落后，晚上一般不会开船。词人在这里是不是故意说成"晚"呢？

卢：在古代晚上不能开船吗？你认为这里是词人有意把离别的时间定在晚上，这倒不见得。依我看来，两人相对而坐，畅饮饯行，一直到日落西山，只好在夜间出发，这也是顺理成章的。

生：我记得唐朝诗人张继的《枫桥夜泊》中就有"夜半钟声到客船"

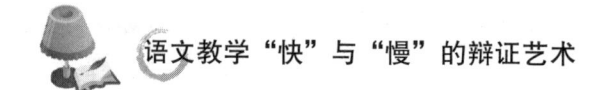

一句，可见在晚上开船不足为奇。

师：能够联系以前学过的课文和知识，并灵活地加以运用，很好。其实在我们刚学过的白居易的《琵琶行》中就有"浔阳江头夜送客"一句，不正说明了晚上开船的事情吗？

卢：读完全词之后，相信大家一定感受良多。词中也一定有让你觉得非常精彩的句子。下面就请大家说说自己觉得该词中写得最美的句子，并且一起来讨论一下为什么这句话会给人这样的感觉。

【评析】在整体感知的基础上，对诗歌进行逐句揣摩，是"慢"的教学艺术。唐朝诗人司空图认为，诗词创作要做到"思与境偕"，指出意境是由一系列意象营造出来的艺术境界，是诗人的主观情感与客观物象交融的产物。高中语文教材中节选的诗词大都是诗中有画，画中有情，如何引导学生跨越时空限制，根据古诗词中的景物描绘、感情抒发或事件叙述，结合自己的想象，感受诗人创造的意境，是需要慢慢品味和体会的。借助"慢"的教学艺术，立足语文课堂，让学生逐句品味诗句，在诗歌的海洋里荡漾，接受艺术熏陶，是一种美妙的体验。

生：我最喜欢的一句是"念去去，千里烟波，暮霭沉沉楚天阔"。"千里烟波"让人联想到烟波缥缈的江面，想到江面上的一叶孤舟。黄昏已过，暮色沉沉，词人在黑暗中前行，前途不定，将漂泊到广阔无边的南方，却不知道自己下一步该走向哪里。词人忧伤、无望、彷徨的复杂心情，跃然纸上。

生：我最喜欢的是"执手相看泪眼，竟无语凝噎"。首先，我认为这句话生动地刻画了离别时两人的恋恋不舍，很是传神。另外，"无语凝噎"的描写极能打动人。试想，在这样一个离别的时刻，"无语"明显要比互道珍重的效果好得多。白居易有"此时无声胜有声"，苏轼有"相顾无言，惟有泪千行"，和这一句有异曲同工之妙。

生：我觉得全词的第一句"寒蝉凄切，对长亭晚，骤雨初歇"很有味道。一个"寒"字点出了送别的季节，凄切的蝉鸣使人想到离人的哽咽，"长亭"长久以来被视作离别的象征，一开篇就勾起了读者阵阵离愁；"骤雨初歇"交代了送别时的天气，烘托出深秋的寒意，也为"兰舟催发"做了铺垫。全句之中，"凄切"一词是关键，也是整首词的重点所在，为全词奠定了悲凉的基调。

卢：前面几位同学提到的，我都颇有同感。我个人以为，"今宵酒醒何处？杨柳岸，晓风残月"这句十分精彩。我们知道，举杯的目的在于浇愁，而结果往往使人愁更愁。无论今宵酒醒何处，离愁总是有的。睁开眼，佳人已不在身旁，倒也罢了。但词人睁开眼，却偏偏目睹勾人离愁之物——深秋的风寒气逼人，给人透骨的寒意，使得整个环境更显凄楚；而这晓风中飘动的柳枝，让人想起赠别时的折柳相送；空中的一轮残月，更是叫人想到苏轼在《水调歌头》中的名句"人有悲欢离合，月有阴晴圆缺，此事古难全"，使人陷入一种人世聚散离合的深深感叹之中。此刻，词人的离愁之感可谓是达到了顶点。对两情依依的凄凉回味，营造出《雨霖铃》这首词凄美清丽的境界。一叶孤舟，夹岸杨柳，天边残月，这样的画面，布置萧疏错落，显现出烟水凄迷的阴柔之美，淋漓尽致地体现出词作婉约的风格特色。

师：清初的著名诗人王士禛有诗云："江乡春事最堪怜，寒食清明欲禁烟。残月晓风仙掌路，何人为吊柳屯田？"由于柳永的墓地在真州城西的仙人掌，所以诗中有"仙掌路"三字，而"残月晓风仙掌路"则说明《雨霖铃》、"晓风残月"和词人的名字，这三者已经难以分拆了。

生："此去经年"四句，构成了另一种情境。上面是用景语，此处则改用情语。他们相聚之日，每逢良辰美景，总感到欢娱；可是别后，纵有良辰美景，也引不起欣赏的兴致了，只能徒增怅触而已。"此去"二字，遥应上片"念去去"；"经年"二字，近应"今宵"，在时间与思绪上均环环相扣，步步推进，可见结构之严密。"便纵有千种风情，更与何人说"，益见钟情之殷，离愁之深。归纳全词，犹如奔马收缰，有住而不住之势；又如众流归海，有尽而未尽之致。以问句作结，更留有无穷意味，耐人寻绎。

卢：同学们，让我们在这位同学对后四句理解的基础之上，再将《雨霖铃》齐读一遍，注意要把词人的感情融入其中。

（大家再次朗读词作）

卢：通过刚才的再次朗读，相信大家对《雨霖铃》这首词多了一分体会。词，无论是虚写还是实写，总离不开写景、写情。该词的景是"清秋

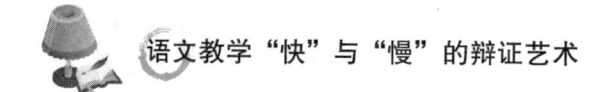

节"，情是"伤离别"，以清秋之萧瑟，写离别之凄恻，即景抒情，融情于景。这首《雨霖铃》乃是写景、抒情与叙事的统一，并蕴含说理成分。词人于离别的场面中写景、抒情，笔下自是由眼中景包罗了景中人、人中事、事中情、情中理。词人别开生面的写景、写情，是其在词的艺术表现上的杰出创造。清代词人冯煦曾这样评价柳永："耆卿词，曲处能直，密处能疏，鼇处能平，状难状之景，达难达之情，而出之以自然，自是北宋巨手。"

（下课铃响了）

师：感谢宋明军同学的"每日一诗"的分享！感谢卢秋实同学的主持！感谢我们自己完成了《雨霖铃》的背诵和鉴赏。此词上片细腻刻画了情人离别的场景，抒发离情别绪；下片着重摹写想象中别后的凄楚情状。全词遣词造句不着痕迹，绘景直白自然，场面栩栩如生，起承转合优雅从容，情景交融，蕴藉深沉，将情人惜别时的真情实感表达得缠绵悱恻，凄婉动人，堪称抒写别情的千古名篇，也是柳词和婉约词的代表作。相信通过这一堂课的学习，大家一定都收获满满！

【评析】在课堂的最后，教师用简洁精练的语言，艺术地对课堂内容进行梳理归纳和提炼升华。这是一门教学艺术，是教师"慢"的教学智慧的重要体现。一节好的语文课，不仅要有引人入胜的导入，还要有精彩有序的教学过程与科学有效的教学总结。科学有效的教学总结可以起到画龙点睛、提炼升华、延伸拓展的作用。张老师精心设计教学总结，不仅能巩固学生本课所学的知识，加强对学生学法的指导，帮助学生掌握学习规律，还能进一步激发学生的学习兴趣，使其开拓思路，提升语文素养，可谓"慢"而能深！

师：好，今天的课就上到这里，下课！

生：老师再见！

第四章 语文教学"快""慢"结合之案例分析与点评

教学反思

教学，不完美的艺术

课堂教学是一门遗憾的艺术。我不奢求完美，大胆把课堂还给了学生。

古诗词是语文教材中一类特殊的课文：从语言文字上看，它用的是古汉语；从表现形式上看，它含蓄、凝练、节奏强、跳跃大；从叙写的内容上看，它离我们的时代较久远。因此，对古诗词的教学，教师要在创设自由、和谐、开放的学习环境的基础上，以层次性的朗读、吟诵为重点，引导学生自主探究，活化古诗词的形成过程，重新焕发古诗词的活力和人文精神。

在语文新课标中，对诗歌教学的要求是能够阅读、鉴赏诗歌，培养学生鉴赏诗歌的能力。因此，在中学阶段能初步理解、鉴赏、评价古代诗歌就成为高中生必修的内容。

对于如何开展诗词教学，我在教学《雨霖铃》时做了大胆的尝试。

第一，"慢"：静待花开，让教与学完美合拍。在教学的安排上，我设计了"每日一诗"，并长期坚持，效果令人满意，学生收获满满。

第二，"快"：学科特点，博杂精专，不快谁行。让学生主持课堂，需要教会学生查阅资料，让学生像老师一样备课。这样主持人在课堂上才能像老师一样，给同学们呈现丰富的知识，带领同学们完成学习任务。

第三，"快""慢"结合：慢锣快鼓，收放自如五味窨藏；快慢适宜，诗意盎然神采飞扬。教学中，给学生思考、讨论、展示的时间和空间，依据教学任务，适度把握进度，呈现了思有所得、论有所见、展有所成的课堂精彩！

古人说："不学诗，无以言。"一首好诗能增长人的见识，熏陶人的思想，陶冶人的性情，净化人的心境，提高人的文化修养。诗歌教学路漫漫！

语文教学"快"与"慢"的辩证艺术

分析点评

导学达标，快速高效

听了张旭老师的这节课，不，准确地说，是听了张旭老师"导演"的这节课，于我心有戚戚焉，看到了我们学校改革的初步成果。

"自求自得"是我国传统教学论的精华之一。孔子就曾说过："不愤不启，不悱不发，举一隅不以三隅反，则不复也。"孟子曾强调："君子深造之以道，欲其自得之也。自得之，则居之安；居之安，则资之深；资之深，则取之左右逢其原，故君子欲其自得之也。"张老师就是很好的践行者。

整节课不见老师在讲台上挥洒激情，只见学生学得兴致盎然、乐此不疲；不见老师忙碌，只见学生在行动；不见启而不发，只见自主高效的运转，这才是真正的学本课堂。教师要该放手时就放手！

学生主持，看似耗时，尤其是遇到疑难点时会相持不下，争得脸红脖子粗，这看似"慢"的过程却是学生的思维快速拔节的过程，"慢"有所值，"慢"得有理，不"慢"不"快"，"慢"是为了"快"，这是最值得呵护和珍视的。

当然，张老师也说了，在这样的课堂上老师并不是"甩手掌柜"，没有存在的意义了，在课前、课中、课后都有老师这位"导演"忙碌的身影。只有课前下足功夫，该培训的培训到家，该点拨的点拨及时，该总结的总结到位，才能把课堂打造成"知识的超市""生命的欢乐场"。

抓住主要事件，深入探究人物

——河南省骨干教师程克勇《鸿门宴》教学案例

案例背景

《鸿门宴》是《史记》中的名篇，讲述了刘邦、项羽在推翻秦王朝后，为了争夺胜利果实而展开的一场惊心动魄的斗争。文章描述了刘邦从被动中争取主动、变劣势为优势、化险为夷的过程。

在本文的常规教学中，褒刘贬项的倾向是很分明的。大多数读者认为项羽"政治上无知，自大轻敌，刚愎自用，不善用人，又带有直率的赳赳武夫的性格"（人教版《教师教学用书》），而刘邦则是"善于用人，能言善辩，善于应变"。虽然这种评价由来已久，但质疑之声从未停止过。经过2个课时的学习，学生大多掌握了文章中主要实词和虚词的意义及用法，同时掌握了重要句式的翻译，对主要内容有了比较清晰的认知，对主要人物刘邦和项羽的形象也有了整体感知。在此基础上，第3个课时我打算从作者的态度入手考量文本，以求得出一个相对合理的结论。在师生探究的过程中，我们对作品的主题将会有新的认识。

课堂实录

师：同学们，这节课我们继续学习《鸿门宴》这篇古文。文中刘邦、项羽皆有王者之气，二人都可谓盖世英雄，但命运迥异。项羽在文中非常自大，瞧不起刘邦，面对刘邦的俯首称臣，竟然轻易地说出了告密者曹无伤，置他人的性命于不顾，对刘邦的中途离席也没有过分追究，惹得范增破口大骂其"竖子"。刘邦的逃离为他日后的胜利奠定了基础，项羽最终失败了。可见文章在抬高刘邦，贬低项羽。可是司马迁还是客观地记录了

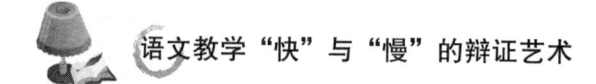

项羽的生平功绩，并把他列入帝王才能进入的"本纪"，这在《史记》中堪称特例。我们知道，被称为"史家之绝唱，无韵之《离骚》"的《史记》一向是表现作者情感倾向的展示厅。那么，我们该如何解读作者这种似是而非的思想倾向呢？

【评析】导入环节，有对刘邦、项羽的初步评价，有对《史记》和司马迁的相关介绍，单刀直入，涵盖面广，综合性强，是"快"的教学艺术。面对学科特点，这是适宜的选择。

（学生很茫然，面面相觑，不知该从何谈起）

师：（突然意识到这个问题太大，没有切入点）哦，题目太大了，是我的疏忽。我们不妨从这一问题入手，文中刘邦是凭借什么化被动为主动的？有什么法宝？

（学生立刻依据课文，热烈讨论起来）

生：刘邦很聪明，他到达霸上后，并未称王，而是与当地名士约法三章：杀人者要处死，伤人者要抵罪，盗窃者也要判罪。这一做法深得民心。所以当项伯劝张良逃走时，张良坚决留下，"亡去不义"，还帮刘邦想办法，这多难能可贵啊！

生：刘邦还虚心接受别人的意见。面对张良的客观分析，"沛公默然"，并真心求教，才有了"鸿门宴"这一故事。张良厉害，而刘邦更厉害，能正确用人。

生：刘邦能够自降身份，在项羽面前服软。与项羽对话时，自称"臣"，而称项羽"将军"，还说自己不小心先进入关中，无意称王，让项羽放心。

生：刘邦最能忍。鸿门宴的座次安排明显是在羞辱刘邦，"沛公北向坐；张良西向侍"。他俩都被安排在不重要的位置上，但是刘邦不动声色，继续宴饮。

生：刘邦身边的人都对他很忠心，比如樊哙，冒着杀头的危险，闯进去救他。

师：大家讨论热烈，都能结合文本谈出自己的感受。不知道大家注意到没有，我们谈到现在都是在说刘邦好，好得都不像人了，而像神。（学生偷笑）可是，人都是多面的，单一的形象特征是不足以让刘邦具备长久的艺术生命力的。请大家再读文本,找找刘邦的不足之处。

【评析】反弹琵琶,激发学生兴趣。如何评价刘邦?让学生学习客观地评论历史人物,培养学生欣赏历史散文的能力,使学生形成思辨能力,通过对人物、事件的赏析,加深学生对人物的理解,锻炼学生的开放性思维,这是语文教学"慢"的艺术。

(学生仔细研究文本,很快就发现了一些线索)

生:刘邦城府颇深。项伯不忍朋友张良身陷危机之中,"私见张良",却被张良利用,刘邦听说可通过项伯传话给项羽化解危机时,立刻巴结讨好,"吾得兄事之",刚见面就"奉卮酒为寿,约为婚姻",并信誓旦旦说守关是"日夜望将军至",明显是在撒谎,可见他颇有城府。

生:刘邦两面三刀。张良问"谁为大王为此计者",答曰"鲰生"。此前让他言听计从的人,现在却变成了他口中浅陋无知的小人。比变色龙变得还快啊!(其他学生大笑)

生:我觉得他不讲义气。宴会上刘邦和樊哙一起离席,准备回去,却让张良留守:"度我至军中,公乃入。"有没有考虑过张良的安全呢?拉拢项伯解决危机还是张良出的主意呢!

师:好!从同学们的发言中,老师感受到了你们敏锐的思维力和洞察力,你们能从细节处探究,由表及里,非常难得!看来,作者对刘邦的人物塑造是全面而复杂的,我个人认为甚至是贬斥多于褒奖的。那么,最后为什么刘邦胜利了?(停顿)是命中注定吗?

(学生集体摇头)

生:(若有所思)他身边的人都蛮狠的。

师:关键就在这里,之前大家对张良这一人物形象就分析得很好,张良自私地利用好友项伯来帮助刘邦,陷项伯于不义,是相当圆滑的一个人。除了张良,樊哙也是。大家都认为樊哙既勇猛又机智。(课件出示)周振甫先生在《〈史记〉集评》中说,"《萧相国世家》云:'沛公至咸阳,诸将皆争走金帛财物之府分之。'然则曹无伤之言,未尽虚妄。谢项羽之玉璧与范增之玉斗,高祖何从得之,可知非毫无所取也。"也就是说,樊哙在宴会上的那番话也不全是真话,所谓"英雄"行为,不过是在张良安排下的一次大胆的冒险!

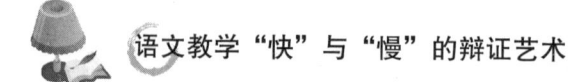

师：相对于刘邦及其身边人的精明，项羽和他身边的人则显得傻气。大家能不能从文中找出证据？

【评析】对于刘邦胜利的归因，程老师的教育机智体现在不急于给出自己的论断，而是启发学生，让学生进行深入的思考，并给学生时间和空间，让学生畅所欲言。课上师生共同进行细嚼慢咽的品读，这必须借助"慢"的教学艺术。

（学生快速阅读相关段落，归纳）

生：项伯很善良。他不想朋友张良有事，于是去找张良，却反被张良利用。

生：项羽本人也很傻气，刘邦随便几句谦卑的话就让他放下了戒备之心，把敌人当作朋友，范增几次示意他杀掉刘邦，他都视而不见，而对樊哙的胡扯却大加赞赏。当领袖哪能这样子！（众生点头）

生：项庄也不行，犹犹豫豫。面对要刺杀的人，一剑刺过去不就完了吗？在自家的阵营里，还怕什么？

生：范增很聪明，却也错失了机会。示意项羽不成，就要赶紧自己行动，弄什么项庄舞剑，应该找一批人过来杀死刘邦，后来刘邦出去，他也没有动作，一招不成就放弃了吗？最后刘邦还是跑了。

师：所以说，项羽和刘邦这两大阵营的差别是很明显的。刘邦一方，用谎言掩盖事实真相，君臣联手，化被动为主动。项羽一方，明知对方是与自己争夺天下的敌手，此时是斩草除根的绝佳机会，却因为心中存有情谊和信任，存有对"义"的敬畏、对"礼"的守让，而令攻守易势。如果我们把刘邦一方的所作所为称为"灵活""机敏""善于用人""善于应变"，把项羽一方的所作所为称为"政治上幼稚、无知""轻信、无能"，那就真是忘了仁义道德，而这正是作者司马迁最为忧虑、最为痛心疾首的。现在大家应该明白为什么司马迁会把项羽列入"本纪"了吧！

师：今天，我们的探讨就到这里。我相信，今天的这节讨论课，大家一定从中获得了全新的阅读感悟，也体会到了一些做人的道理。希望同学们在今后的学习中也像今天这样尝试用新的眼光、发散性的思维去理解文章，你将大有收获。

【评析】教学论认为，课堂教学是由各个部分或要素有机联系后所构

第四章 语文教学"快""慢"结合之案例分析与点评

成的统一体,各个部分既要受到与之相关的其他部分的作用、影响和制约,同时又要受到各个部分所构成的统一体的影响与制约。良好的开端是成功的一半。导入设计得巧妙,能起到先声夺人、引人入胜、激发学生主动学习的作用。那么,良好的课堂总结,可再次激起学生的思维高潮,如美妙的音乐一般耐人寻味。追求课堂总结的高效,最大限度地发挥课堂总结的作用,需要教师进行积极的探索。程老师的总结虽来得快,但寥寥几语,便激起了学生求知的欲望、活跃了学生的思维,给出了"慢"的思考和探索!

教学反思

放手要大胆,出手要迅速

这节课是我尝试引导学生进行深度探究的一次实践,应该说效果是不错的。多数学生积极思考,踊跃发言,课堂气氛活跃。在掌握了相对枯燥的文言知识的基础上,我通过有效引导,让学生去寻找人物身上的闪光点,还原了人物形象,忠实于作者的写作意图,也让我们自己获得了一种积极的人生体验,这是我们学习语文的终极目标。

反思之后,我明确了今后努力的方向。

首先,该放手时就放手。虽然整节课很流畅、很圆满,但我觉得我还没有大胆地放手,总担心学生主持不到位。其实真正的课堂应该是"学"的课堂,教师要真正地把课堂还给学生,做到课堂教学真正意义上的回归,像程红兵老师那样收放自如。钱梦龙老师说:"其实,上课就是要给学生提供一个探索、质疑、讨论、创造的平台。"教师有时需要"残忍"一些,让学生劳心劳力,自己去与教学内容"搏斗",不要怕浪费时间,这是学生自我成长的过程。

其次,该出手时得出手。学生们的讨论轰轰烈烈,发言争先恐后,但教师要用心观察他们的思维有没有偏差。如就刘邦和项羽二人的形象分析,大家七嘴八舌地发言,二人的形象逐渐丰满。但有些学生大力称许刘邦,而耻笑项羽幼稚无能,这时如果教师还不出手厘清,更待何时?

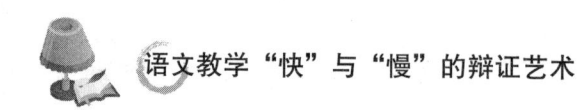

以后我将继续深入文本，带领学生研究探讨，控制课堂教学节奏，努力让单调乏味的书本知识变成可亲可感、鲜活的人生体验，激发学生的学习兴趣，让学生认识到真正的语文原来是这样学的，语文原来如此可爱！

分析点评

智慧从容，举重若轻

程克勇老师初登教坛，我有幸成为他的师傅，所以，毫不谦虚地说，我是其快速成长的见证人。程老师博览群书，思维敏捷，文采斐然，众口交赞。他的课更是激情澎湃，智慧频现，这也是我颇为欣慰自得的事。对于程老师教学的《鸿门宴》一课，我有以下观课感受。

首先，及时调整，快速归位。虽然我们强调备课要备学生，但课堂是一个动态的过程，总会有一些意想不到的情况发生。一些超出预期的情况，最能考验教师的智慧。程老师发现学生对自己提出的问题茫然不知所云后，迅速做出反应和调整，及时把学生的思维拉到正常轨道上，才有了课堂上激烈的碰撞。

其次，不愤不启，不悱不发。教学是一门艺术，语文教学尤其如此。学本课堂环境下，虽然强调教师要大胆放手，"一帮二扶三退四隐"，但作为这节课的"总导演"，教师必须密切关注整个课堂的状况，引导整个课堂的进程。当学生的讨论和展示出现了僵局或龃龉的时候，教师该出手时就出手；当学生正在潜心思考的时候，教师不要去提醒，因为这时的提醒可能就是一种干扰，教师要静待时机，该出手时再出手。程老师很好地做到了这一点。

诗情画意歌昭君，激烈辩论明真理

——河南省骨干教师胡卫党《明妃曲二首（其一）》教学案例

【课堂实录】

师：上课。同学们，我们的学习口号是——

生：一班一班，课改争先；学议结合，探展点练；听说读写，全面发展！

【评析】课前的学习口号，喊出满满的热情！

一、课后与课前衔接活动

师：很好。下面掌声有请今天的课堂主持人——学术助理甲和学术助理乙。

学术助理甲：亲爱的同学们，精美的诗韵流淌——

学术助理乙：绝美的诗意汤汤——

学术助理甲：大美的诗情张扬——

学术助理乙：华美的诗语芬芳——

学术助理甲：这让我们怎能不更加生出——

合：景仰诗人的愿望？

学术助理乙：欢迎走进高二（1）班的语文课堂。首先请第8和第5组为我们展讲。

【评析】交流展示是整个课堂的主旋律，学生的展示活动贯穿于整节课。让学生通过展示学习成果，达到活跃思维、锻炼勇气、培养能力、塑造人格的目的。教师面向全体学生，调动更多学生的学习热情，让学生无拘无束地"动"，随心所欲地"说"，在零干扰的状态下主动求知，以学促教。教师鼓励学生大胆阐述与别人不同的见解，让学生在课堂上放射无限

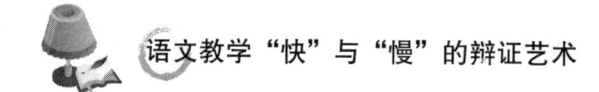

光芒，这体现了发展性原则。

1. 课后拾萃

第8组主持人：大家好，我们上节课的课后拾萃为：岑参多修辞多句式语段仿写。

课件出示：

一位奇男子。其行若侠，其气干云，其笔千钧，其言赛金。诗意奇出不囿矩，慷慨恣肆情如喷。纵引豪迈奉西征，身随干戈振精神。挥橄六韵，天然军曲，字字奇成，锐势咸震。好一个诗藏军魂的边塞诗派领军人物！

【评析】重视仿写训练，让仿写成为创新的手段，成为提升学生写作水平的有效手段。古人谓学文有"三偷"：浅者偷其字，中者偷其意，高者偷其气。真正的仿写不是简单的机械模仿，不是依葫芦画瓢，而是在充分分析、仔细品味、认真研习基础上的"临摹"，其核心是充分暴露范文在立意、构思、结构、表达方法及语言处理过程中的思维。正如胡适所言："模仿熟了，就是学会了，工具用的熟了，方法练的细密了，有天才的人自然会'熟能生巧'，这一点功夫到时的奇巧新花样就叫做创造。"直接给出仿写题目是"快"，是点燃；让学生进行思考和展示是"慢"，是点亮。给学生思考的空间、展示的舞台，是让学生在"快""慢"结合中真正得到发展。

第8组主持人：请仿照例句，为高适或李颀写一多修辞多句式语段。

第5组主持人：下面由××和×××为大家精彩呈现。

（两名学生呈现自己仿写的句段）

合：我们的展讲完毕，谢谢大家。

（掌声）

学术助理甲：感谢两个小组的展讲。接下来请第1和第2组展现"诗外功夫"。

2. 课后拾趣

第1组主持人：大家还记得"旗亭画壁"的故事吗？

生：记得。

第1组主持人：故事讲的是唐代"四大边塞诗人"中的王昌龄、高适、

第四章　语文教学"快""慢"结合之案例分析与点评

王之涣("四大边塞诗人"说法不一,对王之涣有争议)在旗亭(即酒楼)闻歌诗而画壁的文坛逸事。

第2组主持人:在那样的时刻,岑参在哪里呢?

第1组主持人:原来,他在边塞的风雪大漠中。岑参意气风发,胸怀壮志,常征战驰骋在大漠边关,往来于天山、轮台、雪海、交河等地。

第2组主持人:岑参的经历还挺有意思的。

第1组主持人:更有趣的是,"铁汉子"岑参竟然也爱"玩反串"。接下来,请欣赏几位同学的展示。

生:首先请看岑参所作的《春梦》:"洞房昨夜春风起,遥忆美人湘江水。枕上片时春梦中,行尽江南数千里。"

生:看吧,如此单纯的儿女情长,如此缠绵的一往情深,如此相思的一梦千里,真不敢相信,这是以奇峭豪放、金戈铁马、宏大气魄著称的边塞诗人岑参写的。

生:我只讲两点:第一,"洞房"指幽深的内室,而不是"洞房花烛夜"中的洞房;第二,"美人"指离别中的伊人或故人,并非"美女"之意,也不一定是女子,有专家就认为这里是指男子,而第二句另有版本为"故人尚隔湘江水",亦可作旁证——所思者确乎是男子。

生:请欣赏翻译加朗诵。

生:昨夜春风吹进幽深的内室,遥想远在湘江边的伊人。在枕头上眯了会儿,睡着了,还做了个梦,梦见来到千里之外的江南了。

第1组主持人:这首诗妙就妙在借梦境来写思念之深沉、迫切,梦境恍惚而感情诚挚,一虚一实,亦真亦幻,妙意无限。

第2组主持人:这岂不是"别有幽愁暗恨生,豪放岑参亦柔情"?谢谢大家,我们的展讲完毕。

学术助理甲:接下来,请继续步入诗歌殿堂,感受别样的美丽。

学术助理乙:禹锡叹乌衣,旧燕家居;长吉有鬼才,诗境瑰奇;半山法青苗,颇有政绩。这一课,我们将为大家开启一段历史之旅。

学术助理甲:这一课,我们将共同学习《明妃曲二首(其一)》。

二、课前拾"疑"

学术助理乙：通过这一课的学习，我们将解决哪些问题呢？请看大屏幕——

（课件出示教学目标及教学重难点）

三、课中拾慧

学术助理甲：首先公布学习任务。

课件出示：

活动名称	展讲（演）内容	展讲（演）小组
课中拾慧之 《明妃曲二首（其一）》	1～4 句	2、4
	5～8 句	7、8
	9～12 句	1、3
	13～16 句	5、6

学术助理甲：接下来请各小组组长主持小组进行 5～7 分钟的探究。

（各小组在组长的主持下就本小组的任务进行探究）

学术助理乙：好，时间到。首先大家放松一下耳朵，请听《北方有佳人》。

（播放歌曲《北方有佳人》）

学术助理甲：这首歌仿佛是为王昭君量身而作。王昭君身上究竟有什么动人的故事呢？我们一起来认识一下王昭君。

【评析】一曲《北方有佳人》激活了语文课堂，激发了无限热情，"慢"歌一曲，"快"向主人公靠拢，设计新颖。

课件出示：

王昭君，名嫱，字昭君，乳名皓月，中国古代四大美女之一的"落雁"，晋朝时为避司马昭讳，又称为明妃。

学术助理乙：再来了解一位王昭君的"粉丝"。

课件出示：

第四章　语文教学"快""慢"结合之案例分析与点评

王安石,字介甫,号半山,封荆国公。北宋杰出的政治家、思想家、文学家、改革家,"唐宋八大家"之一。被列宁誉为"中国十一世纪的改革家"。

学术助理甲:下面请听配乐朗诵。

(学生配乐朗诵)

明妃初出汉宫时,泪湿春风鬓脚垂。低徊顾影无颜色,尚得君王不自持。归来却怪丹青手,入眼平生未曾有。意态由来画不成,当时枉杀毛延寿。一去心知更不归,可怜着尽汉宫衣。寄声欲问塞南事,只有年年鸿雁飞。家人万里传消息,好在毡城莫相忆。君不见咫尺长门闭阿娇,人生失意无南北。

学术助理乙:谢谢。下面请听第2组和第4组的展讲。

第2组主持人:首先请看前四句。根据内容,我们共提出了三个问题。

第4组主持人:我们的第一个问题是,前两句作者是从什么角度写的?

生:经过讨论,我们认为答案主要有三点。其一,是从时间与空间的角度写的。"初"点名时间,"春"点名季节。"汉宫"具体而微,是小空间;"春风"无处不在,是大空间。时间悠远,空间广阔,人在多情之春远离,更显渺小和孤单,为"泪"字做了很好的铺垫和渲染,表明这是一个既古老难忘而又让人哀叹爱怜的故事,情感蕴藏丰富,开篇不凡。

生:其二,是从视觉与触觉的角度写的。"泪""鬓"写出了王昭君给人视觉上的青春悲苦之感。"春风"既指春风一样的面庞,又指自然的春风。"湿春风"可见落泪之多,而湿了的春风在触觉上又给人无限哀伤之感。都赞"梨花一枝春带雨",可又有谁知"梨(离)儿腹中酸"呢?前两句为下文埋下了极好的伏笔。

生:其三,是从人物动作角度写的。"出""湿""垂"三个动词,按时间先后,一写离别,一写伤心,一写沉重,可谓字字有力,给人压抑低回的感觉,极好地传达出人物的心理感受。三个字写出了一部人物的心路历史,生动传神。

第2组主持人:好一个悲情泪美人!对第一个问题,大家还有什么疑问吗?没有问题了。好,下面请看第二个问题:"低徊"一词在诗中有何作用?

生:其实,这个词应该当作两个词来理解。"低"即低头,照应了上

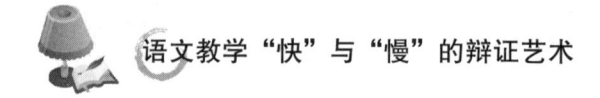

文的"垂"字，具有承上启下的作用。"徊"即徘徊，与上文的悲情一脉相承，具有故国难离的厚重意味。

第4组主持人：真是简洁明了。大家还有什么疑问吗？没有。那好，下面请看第三个问题：第三、四句运用了什么写作手法？请分析其表达效果。

生：运用了对比手法。昭君一出场，低徊顾影，满含悲戚，自己也觉得"无颜色"。即使如此，却惊得"君主不自持"。要写昭君的美，却从她的"不美"之时落笔，并用君主的反应来表现其美，委婉含蓄，不由得让人感叹她的美。

第2组主持人：我想，汉元帝一定后悔莫及——到哪里去找那么美的人呢？大家还有什么疑问吗？

（其他学生都说没有疑问）

学术助理甲：感谢第2组和第4组的精彩展演。下面请第7组和第8组接着展讲。

【评析】这一串的展演，节奏快，内容丰富。学生经过这样的长期训练，解决问题时会干净利落，这是语文教学"快"的艺术体现。

第7组主持人：所谓"爱江山更爱美人"，汉元帝肯定不会放弃自己的追问。这不，他来了——

（五位学生表演情景剧《元帝杀寿》）

第8组主持人：对于第5～8句，经过讨论，我们只提出了一个问题：毛延寿被杀是偶然还是必然？请阐述理由。

第7组主持人：大家觉得呢？赞同偶然的请举手。（赞成偶然的学生举手）赞同必然的请举手。（赞成必然的学生举手）

第8组主持人：到底是偶然还是必然呢？相信你看了下面的讨论——"毛延寿之死"，自会明了。

【评析】语文教学为何要"快"？时间紧迫，任务繁重，不快难行。下面对偶然和必然的展讲内容，有理有据，均能自圆其说。准确而明了地呈现出来，属于"快"的教学艺术。如果在我们的课堂上，时时有这样的交流和碰撞，那么学生的收获一定是很大的，语文素养的提升一定是实实在在的。

认为是偶然的学生的观点如下：

（1）根据诗意，昭君初出汉宫有个送行仪式，但并没交代皇帝必须参加，所以只能理解为皇帝今日的参加实属偶然，后面的一切便都是偶然的，毛延寿之死自然也属偶然。

（2）既然昭君已嫁于匈奴，木已成舟，覆水难收，况且作为大中原的一国之君，岂非没有大肚量？故"归来却怪丹青手"是偶然发生的事，由此推知毛延寿之死实属偶然。

（3）"画龙画虎难画骨"的道理汉元帝应该懂得，"画不成"和"画不好"是两码事，汉元帝也应该知道。所以只能说汉元帝杀毛延寿是一时情急，由此看来，毛延寿之死当属偶然。

（4）"枉杀"二字很清楚，是偶然的结果嘛。

认为是必然的学生的观点如下：

（1）昭君出塞的结果是谁造成的？汉元帝。汉元帝又是一个什么样的人？是皇帝。因为毛延寿，导致自己与昭君无缘，皇帝能不生气吗？所以，毛延寿的死是必然的。

（2）一个不找主观原因和根本原因，动不动就把责任推到别人身上的君王，有事一定会找人当替罪羊，由此来说毛延寿之死是必然的。

（3）"入眼"一词写得多清楚！入眼，就是汉元帝判断一切的标准——我明明看入眼了，而你毛延寿却不让我入眼，这就是挑战权威，那必须杀头的。因此毛延寿必死。

（4）"当时"特别强调了事情的不可逆转性，在昭君的美色俘虏了汉元帝的情形下，皇帝又掌握着生杀予夺权力，毛延寿之死必然不可逆转。

第7组主持人：大家倾向于哪一种观点？（学生有说必然的，有说偶然的）看来大家的意见还没有完全统一。我们不妨问问老师的意见。

师：我觉得大家的讨论很充分，也很细致、深入。但在整首诗歌还没有赏析完的情况下，我建议先不要急于知道答案。一切盖棺再定。

【评析】常言道："教学有法，但无定法。"教学是一种创造性活动，教师恰当地选择并创造性地运用这些教学方法，使教学取得实效。此处胡老师不是快速给出一个既定的答案，而是选择让学生继续赏析文本，体现了其教育的机智。

学术助理乙：难道说昭君真的是祸水吗？带着这个问题，我们请第

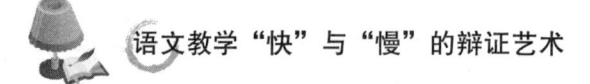

1组和第3组继续展讲。

第3组主持人：对于第9～12句，经过讨论，我们有了一个重大发现：单于的后宫，一定有一个超大的汉服收藏室。要不然，怎么保证昭君能"着尽汉宫衣"呢？

第1组主持人：除此之外，我们还有两个问题和大家探讨。第一个问题："可怜"一词如何理解，体现了作者怎样的情感态度？

生："可怜"一词有两层意思。一是可爱之意，表现了作者对昭君穿上汉服之后越发美丽的赞美和着汉服行为的肯定；二是值得哀怜之意，表现了作者对昭君思念故国家园的理解和同情。

第3组主持人：大家还有什么疑问吗？没有了，那我们看第二个问题：如何理解"只有年年鸿雁飞"一句的含义？

生：理解此句，"鸿雁"是关键。"鸿雁"在古代指代书信。按常理推，既然可以"寄声"询问，说明这里的"鸿雁"应当是实指。然而年年如此，说明"寄声"之人并无回音，"鸿雁"便又是昭君的牵挂了，它又代表着书信。这似乎很矛盾。然而这之中自有深意。既然"寄声"他人了无音信，说明他人靠不住，但昭君仍有可以信赖之人——自己的家人。昭君本欲通过官方询问故国家园音讯，可愿望落空，只有家人对她的问候值得期盼。一寡情，一温情，这四句，实则写出了政治婚姻的冷酷无情。

第3组主持人：大家还有什么疑问吗？

（学生说没有）

学术助理甲：感谢第1组和第3组的展讲。下面有请第5组和第6组继续展讲。

第5组主持人：对于最后四句，经过讨论，我们共有两个问题和大家分享。

第6组主持人：第一个问题：诗中以阿娇为例意在说明什么？

生：大家都知道"金屋藏娇"的典故吧？一个青梅竹马、两小无猜、始乱终弃的凄惨故事。即便贵为皇后，奈何皇帝朝秦暮楚，所以也会一朝冷落无人顾。这是家人对昭君的担忧和开导，皇权不可违，尽快忘掉不快，安心过好自己的生活才是最实际的。

第5组主持人：第二个问题：最后四句的主题是什么？

生：来看这几个关键词（春水—覆水—祸水—弱水—冷水）。从第5~8句诗中可以看出：汉元帝很清楚，曾经泪如"春水"的王昭君出了汉宫就是一滴"覆水"了；至于我们所认为的"祸水"，那其实是汉元帝在警告，皇权是不可侵犯的；而作为匈奴一分子的王昭君，充其量就是一枚棋子，甚或是一滴小到不能再小的"弱水"，乃至可以忽略不计；到了最后，王昭君就只能成为饱受北域寒冷和寂寞侵袭的一滴"冷水"了。

生：最后四句，诗人借家人的劝慰和皇帝的决绝，揭露了朝廷的黑暗、宫廷的冷酷，抒发了人生失意的感慨。

生：我再补充一点。本诗本就不是为了写昭君美貌的，至于因貌杀人，王安石当然也就不可能赞同了。对于王安石为何独选昭君失意的主题，我们查看了王安石的生平资料，发现他1042年考中进士，其后长期未得重用；1058年上万言书，提出变法主张，结果泥牛入海，毫无结果；本诗就是在这样的背景下于1059年写的。

生：我们不妨求一下王昭君和王安石的交集——王昭君∩王安石＝都姓王＋有资本（一美貌一才华）＋皆失意。这就是王安石在四大美女中专挑王昭君写的原因。因此，王安石的这种写法也叫借人喻己。

【评析】此处的精心设计，把开头交代王安石的相关信息拓展开来。在语文课堂上，道德的养成、艺术的熏陶、素质的教育，唯慢可当。该教学设计，前后相连，一脉相承。

第5组主持人：大家还有什么疑问吗？没有了。我们的展讲结束。

学术助理甲：感谢第5组和第6组的展讲。其实，这也正是咏史怀古诗的共同特点——对历史人物、事件进行叙述、评价，或对国家沧桑、兴旺抒发慨叹，都是为了寄托个人情感、胸怀。

学术助理乙：所以，在鉴赏此类诗歌时，一要弄清作品所涉及的历史事实、有关人物和典故；二要揣摩历史，了解古人的意图所在，要联系作者的身世和时代背景，推敲作者对此的态度。

学术助理甲：另外，还要熟悉咏史怀古诗的主要情感和主要手法。

课件出示：

主要感情：

（1）沉思沧桑，国运衰微，昔胜今衰，怀古伤今。

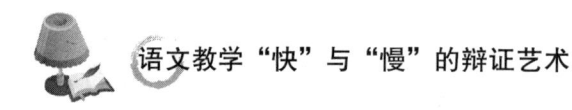

(2) 讽喻当政，以资政道。

(3) 怀才不遇，壮志难酬，忧国伤时。

(4) 追慕古贤，表达敬仰，渴望建功或功业无成。

(5) 理性思考，发表见解，归纳规律。

主要手法：用典、对比、借古讽今、吊古伤今、联想、虚实、比喻、比拟。

学术助理乙：下面请老师点评。

师：第一，大家各显其能，集思广益，把这首诗分析得很精到，学术助理的总结也很及时，掌声表示感谢！第二，现在请大家回答：毛延寿之死是偶然还是必然？（学生回答）昭君尚且落到如此地步，毛延寿算得了什么？招惹这样的皇帝必死无疑。第三，作者写昭君，还存在一个爱国的问题。北宋备受辽、夏袭扰，很多朝臣投降。而诗中的昭君，最可取之处便是爱国，她对汉朝念念不忘，年复一年，忠心不变。所以，作者不仅写了昭君和自己这两颗心，背后还藏着一颗爱国心。点评完毕，谢谢。

学术助理甲：感谢老师的点评。下面进入课堂练习阶段。请大家快速浏览试题，并逐一回答。

【评析】语文新课标中强调："语文课程是实践性课程，应着重培养学生的语文实践能力，而培养这种能力的主要途径也应是语文实践。"这说明了语文练习的重要性。练习不仅可以加深学生对基础知识的理解，而且有助于学生形成熟练的技能、发展思维能力。其中作为课堂教学重要环节之一的课堂练习，其效果直接关系到教学的质量和人才培养的实际价值，只有提高了课堂练习的有效性，才能提高课堂教学的有效性。课堂练习是语文课堂教学必不可少的环节，它承担着巩固知识、训练技能、培养能力、发展思维的任务，是语文课堂教学的重要组成部分，也是培养学生语文实践能力的主要途径和主要策略之一。课上精讲细嚼慢咽，课堂练习徐徐展开，为了取得更好的教学效果，慢一点也是合理的。

(1) 阅读下面这首唐诗，然后回答问题

春日秦国怀古

周 朴①

荒郊一望欲消魂②，泾水③萦纡④傍远村。

第四章 语文教学"快""慢"结合之案例分析与点评

牛马放多春草尽,原田耕破古碑存。
云和积雪苍山晚,烟伴残阳绿树昏。
数里黄沙行客路,不堪回首思秦原。

【注释】

①周朴(？—878):字太朴,吴兴(今属浙江)人。②消魂:这里形容极其哀愁。③泾水:渭水支流,在今陕西省中部,古属秦国。④萦纡:旋绕曲折。

本诗表现了诗人什么样的感情?请简要分析。

答案要点:怀古伤今。

(2) 阅读下面这首词,然后回答问题

菩萨蛮·北固题壁

郭　麟

青天欲放江流去,青山欲截江流住。侬也替江愁,山山不断头。片帆如鸟落,江住侬船泊。毕竟笑山孤,能留侬住无?

简析末句中"住"字的修辞手法和含义。

答案要点:比喻手法,抒发词人壮志难酬的感慨。

(3) 阅读下面这首唐诗,然后回答问题

登金陵凤凰台

李　白

凤凰台上凤凰游,凤去台空江自流。
吴宫花草埋幽径,晋代衣冠成古丘。
三山半落青天外,二水中分白鹭洲。
总为浮云能蔽日,长安不见使人愁。

"总为浮云能蔽日"一句用了何种修辞手法?尾联表达了诗人什么样的思想感情?

答案要点:比喻手法。①忧君王为奸邪蒙蔽;②忧自己不得任用。

(4) 仿写:请为王安石写一多修辞多句式语段(下一节课展示)

【评析】语文教学"慢"的原则:渐进性原则,切忌狼吞虎咽。和开头环节相照应。

为王昭君写的多修辞多句式语段:

一滴悲情弱水。颜超丹青,命比纸薄;琵琶声咽,雁飞不过。当年千

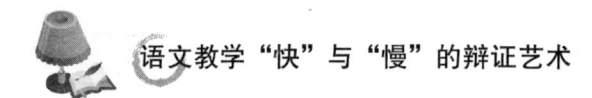

里断肠梦，今夕荆楚有余情。柔躯虽纤，能安大好河山；诗意多怜，须知更应点赞。明月一轮，青山同瞻，纵逝犹生，仪态万千。啊，好一位巾帼阿娇美囡囡！

学术助理甲：好，各位老师——

学术助理乙：亲爱的同学们——

学术助理甲：半山昭君沦落境——

学术助理乙：一脉相承爱国情——

学术助理甲：我辈岂能不服膺——

学术助理乙：志存高远争为雄——

学术助理甲：况复漈高英才众——

合：奋发共圆中国梦！

学术助理甲：感谢大家，这节课我们就为大家主持到这里，谢谢。

师：非常感谢两位学术助理的精彩主持。让我们用最热烈的掌声表示感谢！本节课到此结束，下面我布置一下作业。

四、课后拾零

1. 课后拾读（扩展阅读自主赏析）。

2. 课后拾训（拓展训练）。

3. 课后拾萃（为王安石写一多修辞多句式语段）。

4. 课后拾趣（请将《明妃曲二首（其一）》译为句式整齐的押韵诗歌）。

5. 欣赏歌曲《昭君出塞》。

师：下课。

（学生起立）

师：我们的学习口号是——

生：一班一班，课改争先；学议结合，探展点练；听说读写，全面发展！

（鼓掌解散）

第四章　语文教学"快""慢"结合之案例分析与点评

教学反思

"快"进"慢"出，完成任务

在设计本课的教学时，我充分考虑到高二学生的学习情况，建立在高一学习的基础之上，有必要对学生进行适度拔高，所以进行了适当的拓展，在学习诗歌鉴赏的同时进行了写作训练。在教学过程中，我尽可能依照语文教学"快"与"慢"相结合的辩证艺术来完成教学任务。

在教学过程中，我立足我校的"三维六元"卓越学本课堂教学模式，以学习小组为单位，对教学重难点进行分析和探究。

第一，由诗人导入，把主人公王昭君带入学生的视野，为了激发学生的学习兴趣，利用王安石这位北宋著名文学家，并且给他冠以王昭君"粉丝"的名号，吸引学生的眼球，同时为下面的学习埋下伏笔。

第二，第2组和第4组提出的三个问题形成了课堂的第一个高潮。前两句作者是从什么角度写的？"低徊"一词在诗中有何作用？第三、四句运用了什么写作手法？这是对文本的基础分析，我让学生自主学习、讨论，完成对诗歌的初步鉴赏。

第三，利用文本引导学生进行炼字、炼句。诗歌鉴赏，炼字、炼句是常规题型。在教学中，学生通过对"可怜"一词的理解达到了炼字的目的，通过对"只有年年鸿雁飞"的理解达到了炼句的目的。

第四，依托文本，适度提升，适当拓展，提高学生的诗歌鉴赏水平。学生通过分析以阿娇为例的用意，归纳最后四句诗的主题，总结咏史怀古诗的共同特点，明确了咏史怀古诗的主要感情和主要手法，切实提高了诗歌鉴赏水平。

课堂应该是学生汲取知识的殿堂，是学生闪烁思想光芒的海洋。所以，我把课堂最大限度地还给学生，让他们积极思考、热烈讨论、激情展讲，在自主探究的过程中学习知识、提升能力、掌握方法，获得情感的体验。在教育的道路上，每每看到学生有一点收获，我便感到万分欣慰。

语文教学"快"与"慢"的辩证艺术

分析点评

"快""慢"结合无痕迹，教育智慧放异彩

在语文教学中，教师应使学生在学习知识的同时提高学习能力，在学习的过程中掌握学习的方法。这一点胡卫党老师做得很好。

一、导入很快

对诗人岑参的介绍简单明了，之后直奔女主人公王昭君，笔锋急转又指向王安石，"快"得很。

二、教学过程中节奏有些慢

让各小组针对本组的任务讨论探究，展讲更是成了课堂的主要内容。这节奏有些慢啊！但是，正是这样的"慢"节奏，让胡老师的教育智慧大放异彩，因为他做到了把课堂最大限度地还给学生，接近了教育的本质。

三、教学行为"快""慢"不定，相互结合妙无痕迹

学生在进行热烈的讨论之后，不能确定毛延寿被杀是偶然还是必然，胡老师虽回答得很快，却慢于给出明确的答案。这充分展现了胡老师的教育机智。

四、"快"进"慢"出，高效教学

胡老师依托文本，又不拘泥于文本，带领学生"快"进"慢"出，总结出规律，丰富了学生的认识。胡老师带领学生由王安石的《明妃曲二首（其一）》得出借人喻己的结论，进而让学生归纳整理，总结出咏史怀古诗

的共同特点，呈现咏史怀古诗的主要感情和主要手法。这是由点到面的教学，是高效的教学。

五、讲练结合，学以致用

在教学的最后环节呈现了练习题，由讲到练，完善了教学内容，让学生把学到的知识通过练习提升为学习能力，十分精彩。

六、听说读写全面结合

课上，让学生自己主持课堂，自己回答问题；诗歌鉴赏之后，让学生进行写作训练，打通了教学内容之间的联系，实现了读写结合的语文教学目标。由课后作业可以看出胡老师很注重对教学内容的拓展，学生只有经过长期大量的训练，才能够在课堂上从容、激昂！

荷塘下的月色，月色中的荷塘

——河南省骨干教师赵孝伟《荷塘月色》教学案例

课前准备

一、背景材料

《荷塘月色》作于 1927 年 7 月，正值大革命失败，白色恐怖笼罩着中国大地。这时，蒋介石叛变革命，中国处于一片黑暗之中。朱自清作为"大时代中一名小卒"，一直在呐喊和斗争，但是在"四一二"反革命政变之后，却从斗争的"十字街头"，钻进古典文学的"象牙之塔"。

作者既做不到投笔从戎，拿起枪来革命，又始终平息不了对黑暗现实产生的不满与憎恶，这使他对生活感到惶惑，他内心是抑郁的，始终无法平静。于是作者写下了这篇文章。

《荷塘月色》是现代抒情散文中的名篇。文章写了荷塘月色美丽的景象，含蓄而又委婉地抒发了作者不满现实、渴望自由、想超脱现实而又不能的复杂的思想感情，寄托了作者向往于未来的政治思想，也寄托了作者对荷塘月色的喜爱之情。

二、作者简介

朱自清（1898—1948），原名自华，字佩弦，号秋实。文学研究会的早期成员，现代著名的散文家、学者。原任清华大学教授，抗日战争爆发后转至西南联合大学任教。他的散文，结构严谨，笔触细致，总能通过细密观察或深入体味，委婉地表现出对自然景色的感受，抒发自己的真挚情感，作品多具有浓厚的诗情画意。主要作品有《毁灭》《踪迹》《背影》

第四章　语文教学"快""慢"结合之案例分析与点评

《欧游杂记》《伦敦杂记》等。

三、准备乐曲片段

《出水莲》《三六》《楚歌》，为课中音乐比较的环节所用。

【评析】课前准备，给人波澜壮阔之感，从时代背景到主观情感，从艺术成就到主题思想，再到作者简介和相关乐曲，充分体现了语文教学的"慢"的实施策略：课前精备慢雕精琢。精心准备，慢雕细琢，课堂中的亮点将会增多，精彩将会不断呈现。坚持下去，便会成为一种素养、一种习惯，稍加提炼，便能从"坚持"中挖掘出自己的风格和特色。

🎧 课堂实录

第一课时

师：同学们，今天我们一起来学一篇写景抒情的散文，朱自清的《荷塘月色》。（板书课题）

【评析】干净利落的导入，真是"我的课堂我导演"，体现了教师的主导性。

师：我们都知道，古往今来有许多优秀的散文家，他们用自己饱蘸深情的笔写下了许多充满诗情画意的篇章，在他们的笔下，一草一木都含有深情，富有灵性，写关于荷花的优美诗句就有许多，如描写荷花色彩和形状的有"接天莲叶无穷碧"——

生：映日荷花别样红。

师：还有描写荷花动态的"小荷才露尖尖角"——

生：早有蜻蜓立上头。

师：描写荷花品格的——

生：出淤泥而不染，濯清涟而不妖。

师：很好。今天我们一起来欣赏一下朱自清的《荷塘月色》，看看他又为我们描绘了一幅怎样的荷花图景。现在请大家听配乐朗读，一起走进

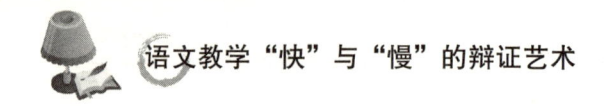

朱自清为我们描绘的荷塘月色之中。

（播放配乐朗读，所配音乐为《出水莲》和《平湖秋月》两乐曲的组合）

师：我们先来回答一个问题：课文哪两个自然段是直接写荷塘月色的？请同学们找一找。

【评析】问题设计直奔主题，并引导学生自主解决，是"快"的教学艺术的体现。

（学生积极找相关文段）

生：第4、5两个自然段。

师：找得很准确。我们一起来读一下。

（学生一起朗读第4、5两个自然段）

（教师板书：处、曲、脉）

师：这几个字有没有别的读音？

生：有。

师：好，哪位同学来说一说？

生：处（chǔ）、歌曲（qǔ）、脉（mài）搏。

师：下面我们来品读这两段直接写景的文字，看看朱自清是用什么方法把我们带入荷塘月色的意境中去的。一般来说，写景抒情的散文，分析的时候要解决三个问题，即写了什么，怎么写的，勾勒了怎样的意境。

【评析】教师结合散文教学的规律性认识直接呈现三个问题，引导学生深入思考，这是语文教学"快"的艺术。这样的提问既节省了课堂时间，又能让学生认识到三个问题的关联性。这是由学科特点——博杂精专决定的，不快谁行！

（教师板书：写了什么、怎么写的、怎样的意境）

师：好，我们先来分析第4自然段，请同学们找一下这一自然段中写了哪些景物。

生：荷叶、荷花、荷香、荷波、流水。

（板书：荷叶、荷花、荷香、荷波、流水）

师：那么这些景物在作者笔下的形态是怎样的呢？我们一起来看一下。荷叶，作者说它像什么？

生：像亭亭的舞女的裙。

第四章　语文教学"快""慢"结合之案例分析与点评

（板书：裙）

师：这个"裙"字说明了荷叶的什么特点？亭亭的舞女的裙，大家看过芭蕾舞女演员舞裙旋转起来的样子吗？整个荷塘里面的荷叶像舞裙转起来的样子，这说明了什么？请大家先看大屏幕——（呈现图片：着舞裙的芭蕾舞女演员）

生：大而高。

师：说明高的还有"亭亭"。另外，荷叶还有什么特点？弥望的是什么？

生：田田的叶子。

师：那么"弥望"说明了什么？"田田的叶子"又抓住了叶子的什么特点？

生：叶子多而且相连。

师：一片一片，很多。我们再来看看朱自清笔下的荷花像什么。

【评析】朱自清先生对荷叶的观察，不是自然观察，而是文学观察，既遵从自然的真实，还遵从求美的原则。他要表现荷塘的静美，没有对荷叶原样刻录，而是进行了有差别的观察与表达。为了使学生体会到作者内心对"荷塘月色"这一世界的渴慕与沉醉，对和谐宁静的境界的向往与追求，在此处采用语文教学"快""慢"结合的策略较为适宜。"快"是点燃——带领学生直接对荷叶进行鉴赏；"慢"是点亮——让学生认真品味荷叶之韵；"快""慢"结合呈现最美的烟火——感受荷叶带来的心灵慰藉。之后的分析环环相扣，层层深入。

生：像明珠，像星星。

师：这两个比喻之间有一个共同点，是什么？

生：共同点是明亮。

师：为什么会是明亮的？

生：因为是在月光下。

师：好，你解释得很合理。我们再来比较一下两个比喻句有什么不同。刚才我们说相同点是明亮，不同点是什么呢？我提示一下，前面一个比喻句是单一的比喻，后面一个比喻句有几个比喻？

生：有两个比喻。

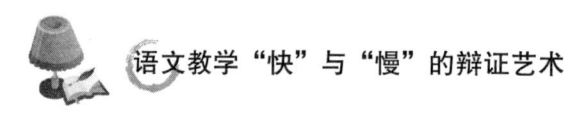

师：哪两个比喻？

生："碧天"和"星星"。

师：请同学们找一下本体。

生：本体分别是荷叶和荷花。

师：这两个比喻把荷花在荷叶的衬托下的那种洁白、明净、光亮的特点描写了出来。我觉得作者在写荷叶、荷花的时候，有些词语可以写得直接一点，如"零星地点缀着些白花"，我把它改成了"零星地出现了一些白花，有已经开了的，有刚刚含苞的"。请同学们比较一下，我的意思和作者的意思一样吗？

生：一样。

师：但是有区别吗？作者的用词有什么特点？

生：区别不大。但是作者的用词更生动一些。

师：生动体现在哪些词上？

生：点缀，袅娜地开着。

师："点缀"与"出现"的区别在哪里？

生："出现"就是整个地出来，"点缀"说明花很少。

师："袅娜"跟"已经开了"有什么区别？

生："袅娜"的形态要美一些。

（板书：形态美）

师：因此作者给我们描绘的是荷的一种形态美。荷的美可以用文字描述，那么荷的香呢？

课件出示：

迟日江山丽，春风花草香。——杜甫《绝句》

一朵忽先变，百花皆后香。——陈亮《梅花》

梅须逊雪三分白，雪却输梅一段香。——卢梅坡《雪梅》

涧松寒转直，山菊秋自香。——王绩《赠李征君大寿》

遥知不是雪，为有暗香来。——王安石《梅花》

秀色粉绝世，馨香谁为传？——李白《长相思》

一抹雕栏，喷清香桂花初绽。——洪升《长生殿·惊变》

折得疏梅香满袖，暗喜春红依旧。——晏几道《清平乐》

第四章　语文教学"快""慢"结合之案例分析与点评

【评析】苏霍姆林斯基曾说:"语文教育的首要任务在于培养学生的语文素养,这是语言教育和文学教育共同承担的不可推卸的责任。"语文教师良好的文学素养是语文教学取得良好效果的前提,教师用自己的文学才华激发学生学习的热情,事半功倍。

师:那么,作者又是如何来写荷香的呢?

生:缕缕清香,仿佛远处高楼上渺茫的歌声似的。

师:这里用到了一个特殊的修辞手法,大家知道是什么吗?

生:通感。

师:很好。让我们一起来了解一下通感的修辞手法。

课件出示:

1. 通感

通感修辞格又叫"移觉",就是把不同感官的感觉沟通、交错,彼此挪移转换,借联想引起感觉转移,将本来表示甲感觉的词语用来表示乙感觉。在通感中,颜色似乎会有温度,声音似乎会有形象,冷暖似乎会有重量。

2. 修辞作用

通感技巧的运用,能突破语言的局限,丰富表情达意的审美情趣,起到增强文采的艺术效果。比如,欣赏建筑的重复与变化的样式会联想到音乐的重复与变化的节奏;闻到酸的东西会联想到尖锐的物体。又比如,朱自清《荷塘月色》里的"微风过处,送来缕缕清香,仿佛远处高楼上渺茫的歌声似的"。

师:那么这一句中是哪两种感觉互通呢?

生:嗅觉和听觉。

师:对,是嗅觉和听觉。同学们考虑一下,"缕缕清香""远处高楼上渺茫的歌声",它们的共同点是什么?

生:淡淡的、隐约的、微弱的、断断续续的。

师:好。词语用得非常好。而且是一阵一阵地过来的。接下来作者又写了荷叶,这时描写的荷叶与前面的荷叶有什么不同?大家先找出文中的句子。

生:像闪电般,霎时传过荷塘的那边去了。

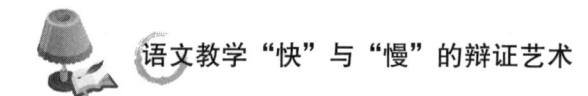

师：这属于什么描写？

生：动态描写。

（板书：如裙、如歌，动态美）

师：荷叶如裙，荷香如歌，作者再一次写荷叶的时候抓住了它的动态美。接下来写荷波、流水又抓住了什么特色？"叶子底下是脉脉的流水"，在《古诗十九首》里有"盈盈一水间，脉脉不得语"，我们常用一个词语叫"脉脉含情"或"含情脉脉"，所以流水是含情，荷波是凝碧，和上面的描写对比来看，又是怎样的美？

生：静态美。

（板书：凝碧、含情，静态美）

师：这时流水是"遮住了，不能见一些颜色；而叶子却更见风致了"。这是怎样的一种表现手法？

生：衬托。

师：很好。下面请一位同学来朗读这一段，体会这三种美。

（学生朗读）

师：接下来写月光这一段，请同学们按照老师的方法来学。学这一段要回答几个问题？

【评析】下面对三个问题的解答符合语文教学的"慢"的宏观要求：精耕细作，让教与学逐步深入；不断拔节，让教与学相长相生。提倡学生广泛进行讨论，支持学生自主发言，教与学相得益彰。

生：回答三个问题：写了什么？怎么写的？勾勒了怎样的意境？

师：大家先互相讨论，然后请同学来分析。

（学生热烈讨论）

师：好，我们先请一位同学来回答这里写了什么。

生：首先写了月光。

（板书：月光）

师：还有呢？

生：荷叶、荷花，然后是青雾。

（板书：荷叶、荷花、青雾）

师：还有呢？

生：倩影。

师：什么的倩影？

生：杨柳的倩影。

师：也就是树影。

（板书：树影）

师：还有吗？

生：光和影。

（板书：光影）

师：第一个问题解决了，下面的问题是怎么写的问题，谁来分析一下？

生：月光像流水，动态描写。

（板书：如水）

生："泻"字用得好。

师：好在哪里？

生：把月光照耀的那种从上而下的态势写了出来。

师：还有吗？

生："浮"字也用得很好。

师："浮"字找得很准。用"浮"字有什么好呢？

生：把轻盈、飘渺的感觉写出来了。

师：还有什么好的写法？

（学生埋头寻找）

生："洗"字用得好。让人感觉叶子和花很干净、清新，水灵灵的。

师：你讲得非常好，在修辞格上有什么特点吗？

生：最后一句是通感。

师：这是一种怎样的感觉互换呢？

生：视觉和听觉，光与影原本是视觉，现在把它比喻成名曲是听觉。这样的描写把抽象、朦胧的感觉具体化了。

师：很好，刚才几位同学的分析都很好，看来大家都已掌握了通感这一修辞手法。文中还有哪些地方用了通感？

生：弯弯的杨柳的稀疏的倩影，却又像是画在荷叶上。

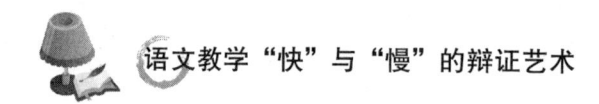

师：是的，就是树影如画。

（板书：如画）

师：青雾似什么？

生：似纱。

（板书：似纱）

生：还有"酣眠固不可少，小睡也别有风味的"。"酣眠"这里是指月光朗照，"小睡"不是朗照。

师：那是什么"照"呢？用作者的话说是什么？

生：淡淡的。

师：这一节主要写月光，对不对？"月光如流水……风味的"，直接写了月光，但"月光是隔了树……名曲"，除了开头提到月光，后面似乎没有了，有没有呢？

生：有。

师：那月光在哪里？

生：塘中的月色并不均匀；但光与影有着和谐的旋律，如梵婀玲上奏着的名曲。

师：这也是写月光，对吗？还有吗？

生：月光是隔了树照过来的，高处丛生的灌木，落下参差的斑驳的黑影，峭楞楞如鬼一般；弯弯的杨柳的稀疏的倩影，却又像是画在荷叶上。

师：回答得很好。前面是直接写月光，这里是间接写月光，如果前面是正面的，那么这里就是侧面的。在写作方法上又是一个对比。我们请一位同学把这一段朗读一下。

（学生朗读）

师：我有三段音乐想要给这两节朗读配音，同学们判断一下这三段音乐，哪一段适合配我们的课文，并说明理由。同学们可以相互讨论。

（教师播放第一段音乐）

师：听清楚了没有？行不行？

生：不行。

（教师播放第二段音乐）

师：行不行？

生：不行。

（教师播放第三段音乐）

师：行不行？

生：行。

师：好，同学们的乐感都很好，一下子就能听出来。下面我们请一位同学来配乐朗读。

（学生配乐朗读）

师：这位同学读得很不错，音色好，普通话也标准。为什么刚才你们觉得第一段、第二段音乐不行，而第三段行呢？

生：第一段音乐的节奏比较欢快、激昂，第二段音乐略有点凄凉的感觉，而第三段音乐比较柔美，更适合本文。

师：噢，本课给大家的感觉是柔美的。还有没有其他意见呢？前两段音乐之所以不行，是因为一段太欢快，一段又太凄凉，而第三段正好跟我们课文的意境相同：既不大喜也不大悲，就像刚才这位同学说的"柔美"。请问同学们还有没有要补充的？

生：和谐。

师：和谐。还有其他的吗？

生：充满了诗情画意。

师：一个"诗情画意"全概括进去了。作者在欣赏这些形态美、动态美，如水的月光、如纱的青雾时心情是怎么样的？能体会出来吗？

生：是一种平静的、淡淡的喜悦。

师：好，略带一点淡淡的喜悦的感觉。那么我们再一起走进这意境中去，想象自己也在观察这月色。老师给你们配乐，一起来朗读。

（学生齐声配乐朗读）

【评析】朗读有音、意、情、美四个层次。音读是最基本的要求，要读准字音，读顺语句；意读，要读懂作品的大致内容，写了什么，要点是什么；情读，要读出作品所表现的情感；美读是欣赏作品的较高层次，要读出作品的语言美、内容美、生活美和意境美。赵老师准备了三段音乐营造氛围，然后让学生进行配乐诵读，使学生在读中悟，在悟中读，不断提升对文本的理解和认识。

师：同学们读得非常好，似乎都走进这种朦胧美的意境中了。刚才我们是通过音乐来感受的，如果要在课文中找词语来感受这种朦胧美，大家能找哪些？

生：羞涩、渺茫、脉脉、轻纱的梦、淡淡的云。

师：所以我们说艺术的语言是相通的。好，这节课我们先到这里，下一节课我们来解决"情"的问题。

第二课时

师：上节课我们学习了月光下的荷塘，知道作者给我们勾勒出一种朦胧美的意境，表现了淡淡的喜悦之情。

【评析】体现了语文教学"快""慢"结合的实施策略："慢"中求"快"多精粹。赵老师安排的教学环节很紧凑，对文本的鉴赏分步骤、分课时进行，条分缕析，既相对独立，又是一个整体。

（板书：淡淡的喜悦）

师：这是作者在观荷塘时的情感。接下来我们看看这篇文章还体现了作者哪些情感。首先我们请第一组的同学朗读第2自然段，第二组的同学朗读第6自然段，在读的过程中请同学们注意一下有哪一句话是一样的。

（学生朗读）

师：第一组同学读得清脆悦耳，第二组同学读得稳健深沉。两个自然段中哪一句话是一样的？

生：荷塘四面。

师：只不过，第6自然段中的这句话中多了一个"的"字。由此老师得出了一个结论：朱自清在这篇文章里有一个败笔——他在观荷塘前写了荷塘的四面，在观荷塘后又写了，是多余的。有没有同学反驳我？比如，在观察荷塘前写了树，在观察荷塘后也写了树，树的情形都差不多。

（板书：前、后）

师：一个是"阴森森的"，一个是"树色一例是阴阴的"。我看着是重复了。删掉不要，可以吗？

【评析】语文课堂是思维碰撞思维的课堂，是师生共同提高的课堂。赵老师提出问题激发学生的思考，引导课堂教学，体现了语文教学"快"

第四章 语文教学"快""慢"结合之案例分析与点评

"慢"结合的实施策略:"快"中求"慢"少缺失。

生:不可以。

师:为什么不可以?要说出理由。大家讨论一下。

(学生积极讨论)

生:我认为,这样写也可以说是一种前后照应。

师:你的说法有道理。还有没有其他说法?

生:前面是作者在为自己独处的环境做铺垫。后面是直接描写,更具体一些。

师:具体体现在哪里呢?

生:后面写了树色、树的形态。

师:还有什么?

生:树梢、树缝。

师:也就是说,作者所写景物的宽度增加了。好的,前面是奠定观荷塘的静环境,后面写得更详细,描写了树的姿态、树梢上、树缝里。也就是说,这里有一个怎样的对比?

生:详与略的对比,远与近的对比。

师:还有其他发现吗?

生:应该跟作者的心情有关系!

【评析】以下对作者心情的分析是语文教学"快""慢"结合的艺术。分析由浅入深,由表及里,师生共同合作,"慢锣快鼓,收放自如五味窖藏",助力课堂,推动形成教学高潮。

师:好,那么这两段中作者的心情有什么不一样呢?

生:前段有一种郁闷的心情,后段比前段更深一层。

师:如何加深一层,能说得具体点吗?

生:树将荷塘重重围住,漏着几段空隙,使得荷塘的景色更幽暗、朦胧。

师:好,这位同学补充了前一位同学的话,第2自然段写荷塘的四面,勾勒作者观荷塘的环境。而第6自然段写荷塘是为了增添一种朦胧美。此外,写景的角度也不同,有远与近的对比,详与略的对比。那么,到底观荷塘的心情怎样呢?下面我们看看第3自然段观荷塘产生的感情与第6自

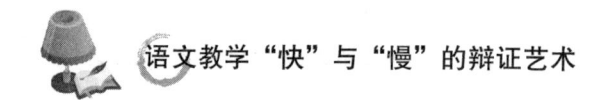

然段有什么不一样。先来看一下第3自然段，请一个声音深沉一点的男同学来读一读朱自清在当时幽静的环境中的内心独白。

（一位男生朗读第3自然段。学生鼓掌）

师：很不错，不仅音色美，而且对朱自清当时的情感把握得很好。好，请同学们回答老师一个问题：朱自清在这段独白中告诉我们他今天是如何的？平日里又是如何的？先概括平日里是如何的。

生：平日爱热闹，也爱冷静；爱群居，也爱独处。

师：什么都爱？是不是自己也搞不清自己爱什么了？

生：不是。那是因为平日受到了一定的制约，所以在不同的时候有不同的爱。

师：你从哪里看出作者平日是受到制约的？

生：从"便觉是个自由的人"这句可以看出，作者现在一个人便是自由人了，那么平日便不是自由人了。

师：平日不自由还体现在哪儿？

生：白天里一定要做的事，一定要说的话，现在都可不理。

师：请你尝试着找出两个一样的词语。

生：一定要。

师：很好，这说明他对当时的现实不满。那么，作者现在出来的目的是什么呢？

【评析】 教学活动进行到此时，触及到文章主旨问题。教师果断提出问题："作者现在出来的目的是什么呢？"这是语文教学的"快"。进行分析、得到答案是语文教学的"慢"，师生深入对话体现了"快"中求"慢"少缺失的策略。

生：暂时逃避现实。

师："暂时逃避"，说得好。那么同学们看一下，"暂时逃避"体现在哪一个字上？

生："且"字。

师：对，"我且受用这无边的荷香月色好了"。也就是说，他出来的目的在于心中充满了一种希望。

（板书：希望）

第四章 语文教学"快""慢"结合之案例分析与点评

师：作者希望暂时怎么样呢？

生：得到自由。

师：再确切点，希望什么？

生：暂时逃避一下。

师：那么接下来观过荷塘以后，作者有没有逃避呢？

生：没有。

师：有没有暂时超脱？

生：没有。

师：大家是从哪里看出来的？

生：因为作者说"但热闹是它们的，我什么也没有"。

师：是的，这正是作者观荷塘前的希望到观荷塘后的失望。

（板书：失望）

师：失望以后引起的情感是怎样的呢？我来读剩下的几个自然段。

（教师朗读，故意将"惦着"读为"记着"）

生：老师读错了。应该是"惦着"不是"记着"。

师："记"和"惦"，我换一下为什么不可以？

生："记"是记忆，而"惦"是一种感情上的怀念。

师：好，我现在再换一下，"这令我想起江南了"，这样可以吗？

生：不可以。"惦"有一种思念，"想"是一般的回忆。

师：作者为什么要思念江南？除了作者自己在江南生活过，在我们搜集的背景资料里面也说，江南当时是革命的策源地，作者写文章时是1927年。1927年发生了什么？

【评析】朱自清先生的《荷塘月色》写于1927年7月。此时，正值蒋介石背叛革命之时。面对这一黑暗现实，曾参加过"五四"运动的爱国知识分子朱自清孤独苦闷，悲愤不满，陷入对现实无法理解的苦闷与彷徨之中。文章借对"荷塘月色"的细腻描绘，含蓄而委婉地抒发了作者不满现实、渴望自由、想超脱现实而又不能的复杂的思想感情。这一深刻意义，唯有借助对写作背景的解析，才可以"慢"中求"快"，让跨越时间和空间的学生得到真切体会，实现满载之目的。

生：蒋介石背叛革命。

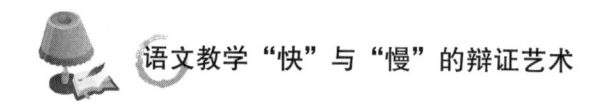

师：不仅仅是这些，还有作者自身"性格与时代的矛盾"，这里面还有作者对友人的思念、牵挂，对时局的无奈，一个"惦"字正体现了作者深切的挂念之情。

师：作者为什么要用采莲的诗句？采莲到底是怎么一回事呢？他说"采莲是江南的旧俗"，有没有谁看到过这样的旧俗？

师：我们想一想，采莲的情景或许是怎么样的？

生：欢快的。

师：是的，欢快的！从《江南曲》中我们可以得知，大家高高兴兴地荡着轻舟、唱着歌去采莲，采莲时突然想起自己的心上人，充满着对美好生活的憧憬和向往。采莲的场景跟荷塘上朦胧美的场景有什么区别？

生：一个是现实，一个是幻想。

师：那么作者超脱了没有？

生：没有。

师：什么声音把他拉回到现实中来的？现实的蝉声和蛙声时时提醒"我"，这毕竟是黑暗的现实，于是，"我"一腔美好的情感只能通过惦念江南来寄托了。还有一个问题：作者出门前和进门后的心情有什么区别呢？

生：内容上差不多，只不过出门前的心情是"颇不宁静"。

（板书：颇不宁静）

师：因为心里颇不宁静，因此要寻找宁静。那么找到了宁静，又回到了现实，最后到家里宁静了没有？

生：没有。

师：怎么没有呢？"轻轻地推门进去，什么声息也没有，妻已熟睡好久了"，很静，我觉得宁静了。

（学生们讨论起来）

师：大家讨论得如此热烈，到底宁静了没有？

生：不宁静。

师：为什么？

生：心里是不宁静的，环境是宁静的。

师：这是一种什么手法？

生：反衬。

师：也就是说，周围什么声息都没有了，内心涌动着的是思念，是茫然，是自己找不到出路的那种彷徨、迷茫的感觉，在静静的月色下，更加显得难以消受。妻也睡着了，也就是"世人皆睡我独醒"。再比如，文章一开头"妻在屋里拍着闰儿，迷迷糊糊地哼着眠歌"，这也是一种以有声来衬无声的方法。由此可见，作者找到宁静没有？

【评析】在前面教学内容有序进行的基础上，继续开展讨论，追求教学节奏的融洽统一、整体和谐，这符合语文教学"快""慢"结合的宏观要求。

生：没有。

师：我同意同学们的观点，仍不宁静。

（板书：仍不宁静）

师：作者除了有淡淡的喜悦，还有什么？

生：淡淡的哀愁。

（板书：淡淡的哀愁）

师：尽管朱自清离我们很远，但是我们通过品味他的语言，了解了他内心深处的情感，把握了这篇文章的思想情感脉络。谁来概括一下这篇文章的两条线索。

生：以情为线索。

师：就是哪一条？

（指着板书：颇不宁静—希望—淡淡的喜悦—失望—仍不宁静—淡淡的哀愁）

师：还有一条线索是什么？

生：以景为线索。

师：有不同意见吗？

生：以游踪为线索。

（板书：出门—观前—观荷塘时—观后—进门）

师：我们用比较的方法搞清楚了这样两条线索，并且解决了这篇课文一个关键的问题——"情"的问题。

（板书：情）

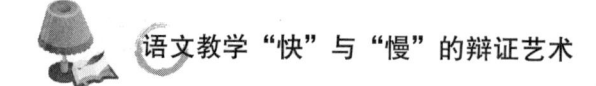

师：第一节课我们讲了"景"的问题，第二节课我们讲了"情"的问题，现在同学们把"景"和"情"联系起来想一想：这篇散文的特点是什么？

生：情景交融。

师：作者写淡淡的忧、淡淡的喜，但并没有在课文中说"我"有淡淡的哀愁、淡淡的喜悦，但是你读到了。这属于——

生：借景抒情。

师：接下来，我们模仿作者的这种写法，通过写一个"景"来体现自己的"情"。老师给你们设置了两种"情"，你们都曾经拥有过这两种"情"。第一种，期末考试考完了，你考得很差，早上走进校园，你的心情是怎样的？你不能直接写"我的心情很差""很不开心"，而要在景物的描写中体现出你的心情。还有一种，今天学校组织秋游，你早上匆匆地赶到学校，看到今天的校园很美，来写一写你的心情。写几句都可以，但不能出现直接描写心情的句子，只能出现景。两个人一组，一个写一个评。另外，写的时候，要像朱自清那样注意动词的运用，比喻的运用，如果能用通感，那就更好了。好，给大家5分钟时间写。

（学生积极思考、书写）

师：下面我请三个同学来读，大家来感受他们是什么心情。

（请三个学生分别朗读）

师：刚才三位同学交流了各自或失落或愉快的心情，用了拟人、反衬等手法，这些方法是朱自清给我们的灵感。现在让我们再来品味一下荷塘上的月色，月色下的荷塘，一起来朗读第4、5、6自然段，要带着感情朗读。

（师生齐声朗读）

师：这一遍读得比第一次有明显的进步，有几个同学已经进入了这意境中，一切景语皆情语。语文是最有人情味的学科，只要爱它，就会发现许多美的东西，让我们每一节语文课学习都成为发现美的旅程。我认为，有时候我们不是缺少发现美的眼睛，而是缺少感受美的心灵；有时候，不是缺少感受美的心灵，而是缺少表现美的才情。希望同学们课下多阅读精美的文学作品，培养对美的鉴赏力，从而提高写作水平。

【评析】苏霍姆林斯基说："学校里设有专门的美育学科——音乐和图

画;语言文学课也担负着审美教育的任务。这些学科的教育作用,首先在于教给学生认识美、评价美和创造美。"语文荟萃了古今中外的名篇佳作,反映了不同时代、不同民族、不同国度的审美情趣、审美要求和审美理念,蕴含着极其丰富、广泛、深刻的美学内容。在语文教学中渗透美育,通过阅读、分析、鉴赏及写作等手段,指导学生认识美、评价美、创造美,获得美的陶冶,可以提高学生的审美能力。赵老师在进行课堂教学总结时,引导学生全方位、多感官去感受和体验美,是以"快""慢"结合的教学艺术化育灼艳的桃李。

师:这节课我们就学习到这里,下课。同学们再见。
生:老师再见!

教学反思

三维空间的碰撞与交融,美妙、和谐的语文交响乐

语文教学要注重知识之间、能力之间以及知识、能力、情意之间的联系。我教学《荷塘月色》时,重视积累、感悟、熏陶和培养学生的语感,致力于学生语文素养的整体提高。在教学中,我把语言文字放在特定的语境中让学生理解、品味、鉴赏;配乐朗诵,随文入境,营造了美的氛围;探究作品的写作意图与价值取向,把知识传授、能力培养、智力发展与思想情操陶冶融为一体,尽可能地发挥语文教学的实用功能、发展功能、审美功能,使学生在潜移默化中获得多方面能力的培养和提升。

在教学过程中,我与学生平等对话,让学生自主探究,以使学生的个性获得发展,潜能得到开发。本节课教学处处以学生为本,以促进学生个性的健康发展为本,使学生的求知欲得到满足,对语言的揣摩、对文章思想感情的领悟,均能打开学生思想的闸门。在交流讨论时,学生知无不言,言无不尽,我适时给予点拨和推动,不以"权威"自居,而是作为学者的一员,积极参与学生的讨论。谈自己的阅读感受时,我要言不烦,意在点睛,给学生以启迪。在这节课中,教师、学生、文本三维空间碰撞、交融,奏出了美妙、和谐的语文交响乐。

语文教学"快"与"慢"的辩证艺术

分析点评

大家风范，有快有慢

《荷塘月色》是一篇经典散文，是一篇见仁见智的典型作品，是一曲"美妙、和谐的语文交响乐"。既是"交响乐"，当是各种不同的音色和节奏在这达到了高度的默契和平衡，高低、快慢、急缓、明暗、抑扬总相宜。赵孝伟老师上的这一课，挑战与精彩并存，让学生收获了无限欢乐。

一、语文教学如何"慢"下来

课前备课要精且深，精雕细琢打造精品。赵老师的课前准备很充分。在上课前，对作者的人生经历以及文本的创作背景进行了探究，并和学生进行了分享，做到了知人论世。在备课时，不妨采用比较法，把同一作家的几篇乃至多篇散文进行对照阅读，这样可以加深学生对文本的理解，也能使学生更加准确地把握文体风格及作者的思想感情。只有学生准确把握了散文文体风格，我们才能带领学生更好地与作者对话。

二、"慢入快出"的阅读方式值得学习

教学时，赵老师没有急于深入文本，而是引导学生进行"慢"阅读，让学生边读边揣摩，然后再交流碰撞，使学生有一种轻轻被唤醒的感觉，而不是睡得正香时突然被拉出被窝，忿然作色，造成"起床气"。平时，为了营造氛围，教师往往是让学生齐读，读后讨论问题，进行展讲。但听了赵老师的课，我觉得，齐读固然很必要，但自由读的环节也不可缺少，因为这也是学生自己摸索着揣摩作者情感的过程。

三、注重内容安排的疏密相间、错落有致

聚焦赵老师的这节课，他紧紧抓住文中几个通感的句子，通过对几个

句子的剖析，引导学生品味写作技巧及景物描写的朦胧美。赵老师抓住文中能够表现作者感情的句子引导学生进行深度挖掘，并通过归纳、概括、还原、综合、想象等方式，让学生探究文本背后的情感和思想。抓取典型句子，多问一个为什么、怎么办，会让学生对文本的解读产生很大兴趣。

探究人物性格,揭示小说主题

——漯河市骨干教师张晨华《林教头风雪山神庙》教学案例

课堂实录

师:首先,我想问同学们一个问题:小说何以叫小说?

【评析】俗话说,大智若愚。教师在学生面前故意显示出一点点"弱势",这也是一种艺术。教之在人,学之在心,融会贯通,教学相长,唯慢方成。慢聊导入,营造和谐情境,便于引出后面的精彩内容。

生:我觉得是因为小说刚开始不能登大雅之堂,不能和诗赋等正统文学相提并论。

师:说得有道理,小说一开始出现在文坛的时候就是一个"平头百姓""寒门之子"。因此,小说作者为了吸引读者,在创作上多设置虚构的、新奇的故事情节;主题上则更多寄托了社会底层百姓的愿望和理想。从这个角度看,我不妨发一通谬论。当老百姓被侮辱、被损害时,他们凭借自己的力量摆脱不了,于是便借助美好的愿望——有时寄托于神仙鬼怪,因此诞生了神魔小说,如《西游记》《封神演义》《镜花缘》等;有时寄托于现实中的英雄豪杰,于是出现了英雄侠义小说,如《三侠五义》《七侠五义》《小五义》等;有时寄幻想于封建统治者中的清官,于是出现了公案小说,如《包龙图判百家公案》《彭公案》《狄公案》等。古典四大名著代表了中国小说创作的最高峰。对于《三国演义》和《水浒传》,你们更喜欢哪一部?说说理由。

生:我特别喜欢《三国演义》,因为其中有很多真实的英雄人物,而《水浒传》中大多是草寇,我觉得属于"非主流"。

师:你认为草寇不上档次,难登大雅之堂,是吧?还有吗?

生:我喜欢《三国演义》,主要是喜欢那种历史的风云和纵横捭阖的权谋斗争。

第四章 语文教学"快""慢"结合之案例分析与点评

生：透过历史的烟云，看到惊心动魄的斗争，确实有味道，是一种美妙的体验。

生：《三国演义》中的人物也很有意思。

师：哦？说来听听。

生：你看刘备那么忠厚，甚至显得愚笨，诸葛亮却死心塌地地辅佐他。所以，我觉得刘备才是一个真正的智者。

师：见解独到，还有哪些新颖的见解？

生：我还发现刘禅也并非扶不起的阿斗，他对诸葛亮很倚重，这就是一种聪明的表现；而乐不思蜀更是他全身而退的一种大智慧。

师：说得很精彩！这就是一种创造性阅读，希望今天大家也能创造性阅读。还有吗？

生：我不喜欢《三国演义》中的人物，感觉他们的性格很单一，一点都不鲜明。而《水浒传》就不一样了，人物血肉丰满，给我留下了深刻的印象。比如林冲，他的性格就经历了一个发展变化的过程。

师：就是说，你发现《三国演义》中的人物性格是平面的，显得单一；而《水浒传》中的人物性格更加立体。是这样吗？

生：是的。

师：同学们，你们觉得他说得如何？

【评析】教师是课堂教学的"导演"，准确把握教学节奏，及时收束课堂讨论，这正是教学当"快"则"快"的策略。把学生带到《水浒传》中，回归文本，是语文教学"快"的艺术的体现。

生：很好。

师：看来他说出了大家的心声。这个观点也是鲁迅先生的观点。鲁迅先生提出的"欲显刘备之忠厚而似伪，状诸葛之多智而近妖"，就是对《三国演义》人物塑造的批评。刚才同学们说到《水浒传》中的人物，尤其是林冲的性格，经历了一个发展变化的过程，下面我们就来学习《林教头风雪山神庙》，研究林冲性格发展变化的这个过程。情节是人物性格的发展史，谁先来说说这篇课文的情节？

生：情节可以划分为"林教头沧州遇故友、陆虞候设计害林冲、林教头接管草料场、豹子头山神庙复仇"。

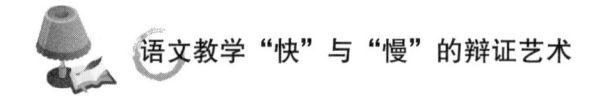

师：这个概括如何，谁来说说？

生：概括得不错，但是语言不够简洁、角度不够统一。

师：你来试试。

生：我的概括是"沧州遇旧、买刀寻仇、接管草场、杀仇上山"。

师：我觉得这两个同学的概括各有千秋。前者具体明确，一目了然，但角度不够统一；后者角度一致，语言简洁，但内容上稍有疏漏。根据刚才的情节概括，我们来探讨一下林冲性格的发展变化，哪位同学先来说说？

生：沧州遇旧是"忍"，买刀寻仇是"不忍"，接管草场又是"忍"，杀仇上山是"忍无可忍"，林冲的性格原本忍辱负重、忍气吞声、委曲求全，经历一系列事情后，性格发生了变化——从懦弱到坚强，从屈辱到反抗。

师：好，下面我们来分组讨论，男生负责列举林冲"不忍"的具体表现，女生负责列举林冲"忍"的具体表现，可以结合你们看过的《水浒传》来谈。

（学生小组讨论）

师：好，女生先来谈林冲"忍"的具体表现。

生：林冲沧州遇旧这个情节很重要。第一，李小二在整个故事中有很大的作用。第二，交代了林冲性格中的两个方面：林冲帮助李小二，说明林冲扶危济困，有侠义精神；林冲说"我因恶了高太尉，生事陷害，受了一场官司，刺配到这里"，一个"恶"字，一个"高太尉"，袒露了林冲软弱的内心，善良安分、严守等级、忍辱负重。这体现了林冲"忍"的一面。

生：陆虞候来了之后，林冲买了一把解腕尖刀，带在身上，到街上寻了三五日，不见消耗，也自心下慢了。也就是说，林冲好不容易燃起的反抗怒火，又慢慢熄灭了，幻想着得过且过，委曲求全。这还是体现了林冲"忍"的一面。

生：后来管营让林冲接管草料场时，林冲虽然心有疑虑，但还是听从安排，并做了长远打算。这也体现了林冲"忍"的一面。

师：我来说一句，为什么林冲听从安排，是软弱吗？林冲还有其他的

第四章 语文教学"快""慢"结合之案例分析与点评

选择吗？

生：林冲没有其他的选择，但林冲如此小心谨慎的一个人，绝对不应该如此大意。

师：你从哪里看出林冲的小心谨慎？详细说说。

生：从情理上推断，林冲因为屈居下僚，肯定处处留心，时时在意，这是林冲小心谨慎性格形成的根源。

师：你说的是林冲怕丢了职位，是吧？还有吗？

生：从动作和细节的描写来看，文中两次写到林冲锁门，而房子里实在没有什么好偷的，这说明林冲的小心谨慎。

师：如此小心谨慎的林冲，为什么在李小二简单的劝说中，就放弃了警惕呢？

生：因为……（考虑中，未立即作答）

生：还是因为林冲性格中的懦弱，因为他不敢和统治者决裂，所以用幻想来麻醉自己。明知危险，却不敢承认，不敢面对。这就是林冲的"忍"。

师：说得好！你们看，林冲都忍到这个份上了！那么，有没有其他的证据，来证明林冲确实是充满幻想，不敢面对的？

生：有。林冲看见古庙顶礼道："神明庇佑！改日来烧纸钱。"他把希望寄托在神灵的庇佑上，说明他还是认识到了危险，只是不敢面对。甚至到草料场被烧掉了，他都已经是死罪了，还想着去救火。这就说明林冲是充满幻想，不敢面对的。

师：就是说，林冲不是真的猛士，因为鲁迅先生曾经说："真的猛士，敢于直面惨淡的人生，敢于正视淋漓的鲜血。"而林冲就不敢正视，难道林冲不是真的猛士？其实不是，作者在这里反复"抑"，一方面是为了后文的"扬"；另一方面也突出了林冲的善良，而如此善良软弱的林冲最后走上反抗道路，更能说明当时社会的黑暗，和官逼民反的道理。

【评析】在前面"慢"讨论的基础上，进行"快"引导，引导学生向问题的核心靠近。在这个过程中做到了宏观把握内容安排，做到疏密相间、错落有致，使得教学节奏融洽统一、整体和谐。

师：此外，也更能够衬托林冲以后反抗统治者的坚定，无论是火并王

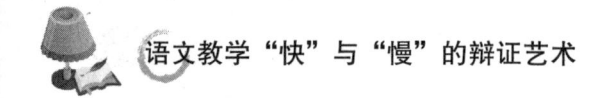

伦，还是反对释放高俅，林冲都是梁山中斗争最坚决的人之一。刚才女生说得很好，现在，我想看看男生的表现。

生：林冲的"不忍"其实在被发配沧州之前就有体现了，当陆虞候为高衙内骗林冲的娘子到自己家去，林冲就开始反抗了，不过，反抗的对象不是高衙内，而是陆虞候，反抗的程度比较有限。

师：但这种反抗毕竟如星星之火，可以燎原。这样写，还有什么好处？

生：这样写符合人物性格的发展逻辑。

师：请继续说明。

生：当李小二告诉林冲陆虞候来到沧州时，林冲又一次怒从心起，买刀寻凶，虽然最终一无所获，反抗的怒火慢慢熄灭，委曲求全占了上风，但这也能体现林冲的"不忍"。

生：林冲在山神庙听到陆虞候等人的自供状，终于忍无可忍，复仇的怒火熊熊燃烧。最终手刃仇敌，一个有血有肉的英雄诞生了。这便是林冲的"不忍"。

师：林冲杀人，写得很有讲究，谁来说说？

生：关于林冲杀人，我有两点感受：其一，林冲杀其他人，都是用的花枪，而杀陆虞候用的是解腕尖刀，因为这把尖刀就是为陆虞候准备的；其二，林冲杀陆虞候，其实不是在杀人，而是借杀人来控诉，控诉陆虞候的不义，控诉社会的不公，显示林冲反抗统治者的正义性，读来痛快淋漓。

生：我觉得林冲杀人，既是在杀自己的结义兄弟，也是在杀"自己"，杀那个软弱屈辱的自己，从此一个新的林冲从血腥和烈火中涅槃而生。

【评析】培养学生"思"和"辩"的能力是当前语文教学的重要任务之一。中国自古就有推崇辩论的传统，早在春秋战国时期，教育家孔子、孟子就运用辩论式教学方法，培养学生"思"和"辩"的能力。在语文课堂上，教师必须充分发挥学生的主动性、参与性，培养学生的创新精神、实践能力。学生男女生分组讨论林冲是"忍"还是"不忍"，能对问题形成深刻的认识，提高"思"和"辩"的能力，这里体现了语文教学"慢"的宏观要求：精耕细作，让教与学逐步深入。

师：文章中几次写到雪，作用是什么？

生：从林冲接管草料场开始，"彤云密布，朔风渐起，却早纷纷扬扬卷下一天大雪来"。林冲沽酒回来时，迎着朔风"看那雪，到晚越下得紧了"。还有，林冲进庙"把身上雪都抖了"；雪地杀仇，把陆虞候"丢翻在雪地上"。最后，雪夜上梁山。

师：风雪写得很有层次，很讲究，谁能来说说？

生：有直接写雪，如"卷下一天大雪""雪正下得紧""越下得紧了"；还有侧面写雪，如林冲沽酒背风迤逦而行，回来迎着朔风，还有风雪压倒草厅；而对人物行动的描写也时时不忘风雪。

师：风雪的描写如此着墨，有何作用？

生：雪越来越大，营造了一种氛围，预示着情况越来越危急，矛盾冲突越来越尖锐。

生：阴冷的雪还是林冲孤苦命运的一种象征。

师：有意思。我看《水浒传》电视剧的时候，发现导演把雪和火结合得很好。在冰天雪地里，草料场燃起熊熊大火，一个孤寂、阴冷，一个迸发、暴烈。草料场的大火终于点燃了林冲复仇的烈焰！（多媒体播放电视剧《水浒传》这一片段）同学们接着说。

生：雪还渲染了悲凉的气氛。

生：还具有推动故事情节发展的作用。如果没有风雪，林冲不会沽酒御寒；不沽酒御寒，就见不到山神庙；见不到山神庙，后来就不会到那里栖息。如果没有风雪，草厅就不会倒塌，林冲也不会逃过这一劫。另外，如果不是风大雪紧，林冲可能不会用大石头抵住庙门，那就听不到仇人的自供，林冲由懦弱到坚强，由屈辱到反抗，也就失去了依据。所以说风雪推动了故事情节的发展。

生：我认为雪还烘托了人物的心理。当林冲在风雪中大踏步走上反抗道路时，风雪衬托出了一个孤独、悲壮、坚定、勇敢的英雄形象。

师：这让我想起了一首唐诗："去年今日此门中，人面桃花相映红。人面不知何处去，桃花依旧笑春风。"那个美人究竟长得如何，作者并未告诉我们，但借助于娇艳鲜嫩的桃花，烘托出了一个美丽的女子形象。又让我想起了《荷花淀》中开头的景物描写："月亮升起来，院子里凉爽得

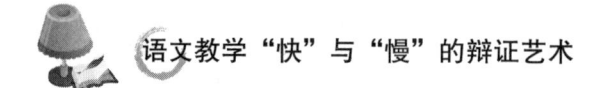

很，干净得很。"干净、清爽、清灵，能够很好地映衬水生嫂的美丽心灵，并能够为下文温馨的夫妻话别渲染气氛。如此美好的家园，岂容敌人来践踏！这就是水生嫂深明大义的原因。好了，现在谁来总结一下刚才我们的探讨成果？

生：我们通过情节的发展，研究了林冲从妥协忍让到奋起反抗的性格转变。

师：归纳得很到位，简洁明确！

【评析】认识是实践的先导，教师要重视知识归纳，这是语文课堂教学中的重要环节，是完成教学任务的最后阶段。教师富有艺术性地对所学知识进行归纳总结和升华，具有极其重要的价值与意义。对学生而言，课堂上的知识归纳是对"学"的一种深化过程，可以帮助其概括、理顺重点知识，提高学习能力，还可以承上启下，诱发积极思维，激发探究的兴趣。常常进行归纳总结，有助于提高学生的学习能力。语文教学为什么要"慢"？知识能力、过程方法、情感态度、价值观念，唯慢能全。以上对环境描写作用的归纳和总结，就体现了语文教学"慢"的艺术。

师：那么，林冲如此妥协忍让的原因是什么？后来奋起反抗的基础又是什么？通过林冲这个典型形象的塑造，作者要反映一个什么样的社会？大家一起来讨论讨论。

【评析】笔锋快转，转向下一个问题的讨论——解决文本主旨，符合语文教学的"快"的高效性原则。

生：林冲妥协忍让的性格，是和他的家庭出身、社会地位、生活状况等各个方面联系在一起的。林冲出身枪棒世家，而且是一个中层人物，家有娇妻，丰衣足食，只要不把刀架在他的脖子上，他是不会起来反抗的。

生：我觉得家庭出身、社会地位等只是性格形成的一个因素，不能过分夸大。个人的气质因素也不可忽略，是内因。比如，鲁智深就没被人欺负，他是主动出击，军官做不成就做和尚，和尚做不成就上山，他的头脑里很少有提辖职位，有的只是嫉恶如仇、拔刀相助！

师：说得好！同学们能够用联系、比较、全面的观点来看问题。鲁智深和林冲除了个人气质上的差异外，家庭出身、社会地位还是有一些差别的。鲁智深毕竟是下层军官，是从底层民众中走出来的，斗大字不识一筐，光棍一条，赤条条来去无牵挂。

生：老师说得对，我赞成。

生：后来，林冲在高俅的步步紧逼下，终于奋起反抗。高俅的步步紧逼是外因，林冲反抗的内因是什么？

生：林冲不得志，感到很压抑。

师：何以见得，能否说得具体些？

生：小说中有正面交代。林冲曾经对陆虞候说："贤弟不知，男子汉空有一身本事，不遇明主，屈沉在小人之下，受这般腌臜的气！"这就是说林冲虽然是一个中级官吏，但在受压迫上与下层人民有相通之处。林冲帮李小二和陆虞候，可能就是看到他们落魄，才挺身而出的。这也可以理解成同病相怜。

师：就是说，林冲也是被压迫者，也感到不平，而不平则鸣，是吗？

生：对，这是颗种子，虽然沉寂，但始终在顽强地生根发芽。

师：还有补充吗？

生：我来说说。林冲特别讲究"义"，如帮助李小二，扶助陆虞候，这都是林冲"义"的一面。李小二能够不顾生命危险帮助林冲，既是报恩，当然也有"义"的因素。而林冲特别愤恨陆虞候，就是因为他不讲义气，恩将仇报。可见讲义气是林冲性格中最美好、最宝贵的东西，这是林冲奋起反抗最重要的一个因素。

师：也就是说，林冲的讲义气，在某些时候代表的就是正义，而正义与邪恶是势不两立的，所以，这也是林冲最后"不忍"，奋起反抗的内在原因。作者塑造林冲这个典型形象，对我们认识当时的社会有什么意义呢？

生：首先，能够让我们认识到那个社会的腐朽和黑暗。林冲是八十万禁军教头，应该说是有一定地位的人，而且他又是那么小心谨慎、委曲求全，尚且被逼得无路可走，可见小老百姓的处境更为艰难，可以说是举步维艰的。

师：这种写法，大家能否举例说明？

生：杜甫的《江南逢李龟年》（岐王宅里寻常见，崔九堂前几度闻。正是江南好风景，落花时节又逢君。）就以乐景写哀情，写出了安史之乱

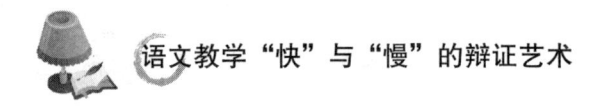

后唐王朝的衰落和百姓的颠沛流离。

师：百姓的颠沛流离，你是怎么看出来的？

生：杜甫和李龟年，一个是才华横溢的大诗人，一个是如日中天的大音乐家，他们是岐王宅里的常客、崔九堂前的红人，但如今连他们都流亡江湖，狼狈不堪，那些小老百姓的生活可以想见是怎样一番光景了。

师：分析得非常好！林冲反抗的内因还有吗？

生：还有就是百姓反抗的必然性。林冲性格的转变，关键在一个"逼"字，正是高俅一伙的步步紧逼，使林冲走上了反抗道路。所以说林冲性格的转变，还揭示了《水浒传》的主题——官逼民反。

【评析】师生合作，"快""慢"结合，既早发，又健行，一路讨论，一路碰撞，一路交流，一路升华，问题基本解决，学生达成共识，抵达花开的彼岸。

师：《水浒传》的主题是"官逼民反"，有没有不同见解？

生：我基本上认同，但我觉得"逼上梁山"更好。

【评析】课堂教学是一个动态生成的过程，充满不确定性，常常会出现意外，这种意外是学生自主探究学习的自然生成，是教学智慧产生的最佳情境，是课堂中最灵动的教学资源。教师独具慧眼，善于捕捉充满智慧的"灵光一现"，倾听这意外的发问，并及时纳入临场设计，巧妙运用于教学活动之中，使课堂教学走向睿智。让课堂在意外中生成精彩，在灵动中生成智慧，让整个课堂充满"生成"的智慧火花，让教与学完美合拍，是语文教学"慢"的艺术的宏观要求。

师：理由是什么？

生：首先，林冲等人是不是"民"，这一点值得推敲；其次有的"人"上梁山，不是"官逼"，而是"民逼"。比如，金枪手徐宁、玉麒麟卢俊义等，就是被梁山上的"民"逼上山的。所以我认为"逼上梁山"比较好。

师：有道理。林冲这个被逼上梁山的英雄在我们的眼里和心里活起来了，假如你是一个编剧，能不能为林冲写一首歌，一首礼赞英雄的歌？我相信你们的才华，期待大家的精彩表现！

生：漫天风雪，无尽悲伤，一壶浊酒，十分惆怅。正义已死，问苍天，路在何方？熊熊烈火，长天茫茫，壮士心，英雄泪，空飞扬！一把刀，一杆枪，把江湖走尽，不再彷徨！

生：侠肝义胆，东京城内救小二；嫉恶如仇，山神庙外刃仇敌；武艺高强，祝家庄里擒猛将；认真谨慎，连环马中大战呼延灼。豹子头在风雪中英勇无敌，林教头千忍之后终爆发。一柄花枪，一顶毡笠，你风雪中离去的背影，铸成天地间最悲壮的歌。

【评析】语文课堂应凸显以人为本的原则，注重学生语文素养的全面提高。语文课堂应立足于具有鲜明个性的人的全面发展与语文学习的和谐统一，让学生通过语文学习形成积极的人生态度、健康的情感和健全的人格。三个学生的展示，异常精彩，把课堂教学推向了新的高潮。

师：你们都是才子、才女，写的歌精彩绝伦，很好地突出了林冲内心的挣扎和被逼上梁山的真实心态。课后容我打印出来，贴在教室后面的"艺海"中，供大家交流学习，这是我们高二（4）的"好汉歌"！下课！

生：（起立）老师再见！

教学反思

问题激发思考，讨论形成共识

完成这节课的教学之后，我的心久久不能平静。学生的积极参与、热烈讨论、精彩发言，让我感到了语文课堂的活力，收获了作为教师的快乐。

我知道，学生都很期待小说的学习。首先，小说的可读性强。跌宕起伏的故事情节、栩栩如生的人物形象、耐人寻味的社会主题，都对学生很有吸引力。其次，学生有话可说，急于各抒己见。不管从哪个角度切入，学生都能说出自己的看法和观点，而且有理有据。最后，学生在学习小说时压力小，心理更轻松，情绪更高涨。所以，我在设计这节课时，便以学生的学习兴趣为基础，把问题作为课堂的主线，激发学生的思考，给学生更大的讨论空间，支持他们发言，让他们通过讨论达成共识。

一、说说我的导入

我用"小说何以叫小说"这个问题打开了学生的话匣子,让学生在轻松愉快的氛围中开始本节课的学习。我备课的时候有一种预期:学生从小说开始讨论,一定会讨论到《水浒传》,一定会提到林冲。不出所料,学生三言两语就说到了《水浒传》和林冲。

二、说说我的问题设计

我想通过问题来激发学生的思考,通过对问题的讨论让学生形成共识。在问题的设计上,我从情节梳理入手,让学生共同感受到林冲的所作所为,共同讨论林冲是"忍"还是"不忍"。在"忍"与"不忍"的辩论中寻找其原因,以接近小说揭示的主题。对"风雪"的赏析是对小说环境描写的学习。在这个过程中,呈现了"一千个读者眼中有一千个哈姆雷特"的精彩。学生感知了环境氛围,厘清了情节脉络,赏析了人物形象,探究了社会主题。

三、说说我的写作教学

把对文本的学习拓展为写作素材,这是我坚持多年的做法,是我坚持每学习一篇课文就要进行的环节。学生经过这样的长期训练,不仅积累了属于自己的作文素材,而且切实提高了写作水平。其实,课上还有很多学生想要展示自己的作品,但是我考虑到时间原因,只请了三个学生进行分享,更多的作品则留在课后让学生互相分享学习。

大语文观认为,生活即语文。我同意这样的说法。所以,我用我的眼睛带领学生观察生活,我用我的课堂让学生"我口说我思,我手写我心"。每每看到学生热情地参与到课堂学习中,我都备受鼓舞。这就是我作为一名语文教师最快乐的时刻!

第四章　语文教学"快""慢"结合之案例分析与点评

分析点评

语文教学应"慢"得从容,"快"得得当

张晨华老师是我眼中最像语文教师的教师。她的言行举止符合学生对语文老师的期待,温和、亲切、宽容、智慧。作为一名课程与教学论的硕士研究生,她有自己对语文的认识;作为一名一线教师,她的教学实践使她日益优秀。听过她讲散文,娓娓道来,情景交融;听过她讲诗歌,一字一句,浑然一体。现在,听她讲林冲,仿佛觉得有几分"路见不平一声吼"的激扬。

"慢"导入,像聊天一样把学生带入文本。正如她所说的,"让学生在轻松愉快的氛围中开始本节课的学习"。她对学情的把握是准确的,学生谈小说一定会指向《水浒传》,一定会提及林冲。这样的谈话式导入,为后面的讨论营造了很好的课堂氛围。

"快"节奏,像握着的风筝线一样组织学生完成教学目标。课堂问题的提出,步子紧,节奏快,层次清。用提问题的方式,激发学生思考,师生互动完成教学目标。梳理情节脉络、分析环境描写、讨论人物形象、归纳作品主题,不露痕迹,水到渠成。

"快"变"慢",把文本学习向写作教学拓展。张老师的课堂是真实的、扎实的,学生的成长是稳步的、卓著的。她所教的班级都设有"艺海",在教室的一角,张贴着她和学生共同的作品——诗歌、散文,教后感、学后感,精彩句、优美段,异彩纷呈。我看到了一名语文教师对语文教学的热爱,看到了一群学生学习语文的热情。

忽然想起木心的诗歌《从前慢》,与一个越来越快的世界相比,从前的"慢"直接转化成了一种简单的美好、一种朴素的精致、一种生命的哲学。张老师的这节课,似乎就给了我这样的体验。她的"慢",从容;她的"快",得当。

抽丝剥茧找真凶，条分缕析明主题

——漯河市教学标兵冯文权《祝福》教学案例

课堂实录

师：上课！

生：老师好！

师：同学们好！请坐下。

师：（板书：祥林嫂死了！感叹号写得很夸张，上面如一把匕首，下面似滴着鲜血）通过上节课的学习，我们从鲁迅先生笔下获知，沦为乞丐的祥林嫂在一片祝福声中寂然死了。一个人死，无非有这么几种情况：一是自然死亡，二是意外死亡，三是自杀，四是他杀。这节课我们讨论一下，祥林嫂属于哪一种死亡？

【评析】教师当"快"则"快"：单刀直入，导入"快"。

（学生感到新奇，交头接耳，讨论热烈）

师：有结论的同学站起来说一说。

生：很明显，肯定是他杀。

师：是他杀？你那么确定，请问，谁是凶手？（板书：谁是凶手？）

生：鲁四老爷！

生：还有四婶。

生：柳妈也是凶手之一。

生：卫老婆子多少也沾边。

生：祥林嫂的婆家人也在其列。

生：我看"我"也脱不了干系。（众学生笑）我这个"我"可是带引号的。（众学生又笑）

生：总之，是鲁镇的一群人呗，我把他们打包，全部定为杀人凶手！

师：（吃惊又做镇静状）鲁镇人统统是凶手？你们得说说理由。

第四章 语文教学"快""慢"结合之案例分析与点评

生：鲁四老爷肯定是凶手。祥林嫂初到鲁镇的时候，他皱了皱眉，讨厌她是个寡妇。祥林嫂被婆家抢回，他一句"可恶！然而……"多少带了点支持的味道。祥林嫂再到鲁镇，他说她"败坏风俗""不干不净"，祭祀时不让她沾手；就是祥林嫂死了，他还骂她是个"谬种"。他在精神上把祥林嫂一步步逼上了死路，用精神的利器残杀了祥林嫂。

生：这个家伙道貌岸然、自私伪善、冷酷无情。

生：鲁四老爷还有一个帮凶，就是四婶。

生：我赞成。"你放着罢，祥林嫂！"四婶一声喝令，把祥林嫂在死亡边缘挣扎的勇气和希望都给粉碎了，硬生生把祥林嫂手里的救命稻草给夺走了。

师：我打断同学们一下。"你放着罢，祥林嫂！"是个怎样的句式？

生：祈使句。

师：正确。这是从语气上说。那么，从语序上说呢？

生：倒装句。

师：对。这一倒装句，突出了四婶要祥林嫂赶快住手的迫切心情。这里请大家注意，感叹号要放到句子的最后，而不是中间。请大家继续发表高见。

生：祥林嫂的婆家人也是杀人凶手。他们强迫祥林嫂改嫁，祥林嫂不同意，先是逃走，再是反抗，但是婆家人的执意改变了她的命运。

生：柳妈讲阴司的故事给祥林嫂听，让她害怕，把她推向了恐怖的深渊，摧垮了她的精神防线，也是凶手。

生："我"没有正面回答祥林嫂关于"灵魂有无"的问题，也有一份罪责。在祥林嫂向我寻求最后的精神帮助和慰藉时，"我"的支支吾吾让祥林嫂走向了绝望的境地。

师：大家有没有不同意见？

生：我觉得柳妈不是凶手。因为她自己也和祥林嫂一样，是鲁四老爷家的帮工，阶级出身决定了她的阶级意识，从情理上讲，她是不会残害祥林嫂的。

生：那她为什么要讲阴司的故事给祥林嫂听，还给祥林嫂出"捐门槛"的馊主意？

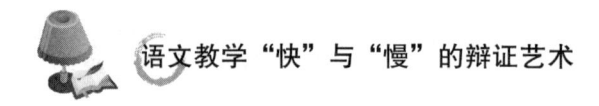

生：讲故事是因为她自己也相信，出主意则完全出于善意。

师：我来说说，从总体描写上看，柳妈还是同情祥林嫂的。同情祥林嫂的人，也把祥林嫂推向了深渊，更显示出悲剧之可悲。就算柳妈是凶手，也是无意识杀人。你们同意我的说法吗？

（学生点头认可）

生："我"不是凶手。"我"是同情祥林嫂，憎恶鲁四老爷的，只是没有办法救祥林嫂，因为"我"在这群人中更像一个过客。

师：用你们历史书上的话来讲，这叫什么？

生：小资产阶级知识分子的阶级局限性。

师：很好。现在还有没有不同意见？

生：有。

师：你还认为"我"是凶手？

【评析】讨论到此时，节奏是慢的，但学生广泛探究了祥林嫂的死因，并自然完成了对人物形象的分析。唯慢可当！

生：不，我认为祥林嫂不是他杀。

师：（微笑）你的话更像一声响雷。好，说说你的观点。

生：我认为祥林嫂是自杀！

【评析】出现了教学设计以外的说法，冯老师对这样的观点没有直接进行否定，而是巧妙利用这一宝贵的教学资源，进行引导点拨，使学生通过分析、比较、自我探索、对话等方式，把错误转化为一次新的学习，让错误发挥其潜在的教育价值。对于课堂中突如其来的"惊人之语"，冯老师及时将其转化为教学资源，让个体的创造转化为全体的创造，体现了其课堂的机智。这正符合语文教学"慢"的艺术的宏观要求。

（其他学生目瞪口呆，一片哗然）

师：说说理由。

生：如果当初祥林嫂不从婆家逃出来，是不是也就不会改嫁？

生：（起立反驳）我认为祥林嫂即使不逃出来，也是会被迫改嫁的。就是不改嫁，也会被虐待而死。

生：那她再到鲁镇之后，鲁四老爷家还是收留了她，不让她沾手祭祀的事，她不沾手就是了，只是她心理承受能力太差。

208

生：这不是心理承受能力差与不差的问题，这是精神打击、精神暴力，比肉体折磨更痛苦！

生：捐门槛也是她自己要捐的。

生：不捐门槛她会更痛苦。

生：那她沦为乞丐，也可以到鲁镇以外的地方去呀，去李镇、王镇什么的地方，也能谋到一份帮工啊。

生：你的想法真丰满，但是现实太骨感。"天下乌鸦一般黑"，李镇会有李四老爷，王镇会有王四老爷。（众学生哄笑）

师：请大家暂停。这其实已经牵涉到小说的一个重要问题——当时的社会环境，你们说是不是？

生：（齐）是。

师：请大家把小说开头两个自然段齐读一遍，想一想当时是怎样的社会环境。

（学生齐读前两个自然段）

生：当时是辛亥革命以后。

师：你怎么知道的？

生：因为鲁四老爷大骂新党。新党是清末对主张或倾向维新的人的称呼；辛亥革命前后，也用它称呼革命党人和拥护革命的人。

师：参考了课文注释，很好。

生：文中说"年年如此，家家如此""今年自然也如此"，我想是有深意的。

师：什么深意呢？

生：祝福是"鲁镇年终的大典"，富人们要在这一天"迎接福神，拜求来年一年中的好运气"，而制作"福礼"的是像祥林嫂一样的女人，她们的"臂膊都在水里浸得通红"，没日没夜地劳动。

师：非常好。女人除了劳动，当时还要受到"三权"的统治，这"三权"就是神权、族权、夫权。女子有"七出"，也就是七种被丈夫休弃的理由。无子当然是一条，生重病也是一条。这多么可怕！这样看来，祥林嫂之死是被杀是毫无疑问的了，不知道刚才那位同学还有没有意见？

（学生摇头）

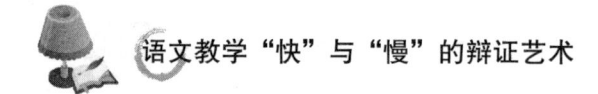

师：可是，元凶，我是说元凶，到底是谁，值得大家认真地思考一下。

【评析】叶圣陶先生指出："教师教任何功课，'讲'都是为了达到用不着'讲'，换个说法，'教'是为了达到用不着'教'。"因此，教师应启发学生的能动性，引导他们自己去探索、合作探究，把文本理解透彻。因为只有"慢"，学生才能深入思考，广泛讨论；而慢慢接近主旨问题的讨论，有利于学生达成共识，助力课堂发展。

生：是封建礼教。

师：为什么这样说？

生：正因为有了封建礼教，鲁四老爷才会那么自私伪善，冷酷无情地逼迫祥林嫂。

生：也正是因为有了封建礼教，柳妈才会在不知不觉中用迷信思想把祥林嫂往悬崖边推了一把。

生：还是因为有了封建礼教，祥林嫂始终挣脱不了命运的绞索。

师：祥林嫂和命运抗争过吗？

【评析】"五四"退潮以后，北京的文化界益发显出寂寞荒凉的景象，鲁迅感到"成了游勇，布不成阵""两间余一卒，荷戟独彷徨"，但他并未因此而退缩，"心事浩茫连广宇，于无声处听惊雷"，在这种背景和心境下，1924年，他推出了又一部力作——《祝福》。鲁迅先生一生最为关切的重要社会命题是"将旧社会的病根暴露出来，催人留心，设法加以疗治"，而祥林嫂又是鲁迅深刻地观察了中国封建社会千千万万不幸的人们的命运后加以典型化的一个具有悲剧性格的形象，因此，深刻地、准确地分析和理解封建礼教的受害者祥林嫂的形象，有着十分重要的意义。为了让学生理解"反抗即屈从"这个道理，在下面的课堂教学中，冯老师选择让学生讨论，使学生在讨论中渐渐达成共识。对于这个问题的"慢"讨论，把课堂教学推向了高潮。

生：抗争过。

师：请你详细说说。

生：先是逃出婆家，到了鲁镇；后是头撞香案，抗拒改嫁；再又捐了门槛，试图赎罪；最后是问"我"有无灵魂。

师：说得很好。确实是这样，这一"逃"、一"撞"、一"捐"、一"问"构成了祥林嫂追求生活、抗争命运的发展图。可惜的是，她的追求最后幻灭了，她的抗争当然也是徒劳的。这是因为封建礼教害人太深了。正像作家丁玲所说的那样："祥林嫂是非死不行的，同情她的人，冷酷的人，自私的人，是一样地把她往死里赶，是一样使她精神上增加痛苦。"这篇文章是鲁迅替祥林嫂写的控诉书。我觉得是祥林嫂用一生的血泪写成的，她是一个非常质朴善良、勤劳能干的人，只求有吃有住，对生活的要求并不高。

师：下课之后，大家把鲁迅笔下的两个人物祥林嫂和孔乙己进行对比，写出人物形象评价。这是今天的课后作业。这节课就上到这里。下课！

生：（全体起立）老师再见！

教学反思

剖析形象，探究主题

高中语文教材几经变动，文本有删有增，而《祝福》却始终是保留篇目之一，自然有它独到的魅力，所以我深入思考了如何把这节课讲好。

《祝福》是鲁迅先生的经典篇目，通过描述祥林嫂悲剧的一生，表现了作者对受压迫妇女的同情及对封建思想、封建礼教的无情揭露，同时也阐述了像"我"一样的启蒙知识分子对当时人们自私自利及世态炎凉的社会现状的无动于衷和不知所措。祥林嫂的形象可以说是家喻户晓，所以我反复设计，从众多可讲的内容中一个一个选择，力争让学生通过作品明确祥林嫂这一人物形象所揭示的时代悲剧，寻找到真正的杀人凶手——封建礼教。

在讲授过程中，我立足学本课堂，以讨论人物形象为重点，透过人物的性格特征和悲惨命运，把探究的目标指向小说所蕴含的主题。整个过程，学生参与度高，思考深入，发言积极，很好地完成了既定的教学目标。

祥林嫂，是故事的女主人公；祥林嫂死了，是故事的结局。

一、寻找"凶手",透析一串人物

鲁四老爷是地主阶级知识分子的典型。他迂腐、保守、顽固,坚决捍卫封建思想,反对一切改革和革命,尊崇理学和孔孟之道,自觉维护封建制度和封建礼教。他自私伪善、冷酷无情,在精神上迫害祥林嫂,让祥林嫂的生存信心彻底毁灭,是导致祥林嫂惨死的主要人物。

四婶是"大户人家的太太",头一次留祥林嫂是因为她能干。祥林嫂被绑架走后,她害怕给自己惹麻烦。之后惦念祥林嫂,不是因为关心她的命运,而是后来的佣人都没有祥林嫂用得那么顺心。之后祥林嫂再来,已不像过去那样灵活能干了,四婶开始"不满",进而"警告",最后把祥林嫂赶出家门。可以说,四婶只是把祥林嫂当作一件工具罢了,没有把她当人看。

祥林嫂的婆婆是一个精明强干、有心计的女人,也是封建社会中自私自利的典型代表。她拿走了祥林嫂的工钱,把祥林嫂当成工具,并且不顾祥林嫂的反对,就把她嫁到偏僻的村庄以换取高额的彩礼钱。

柳妈和祥林嫂一样都是旧社会的受害者。虽然柳妈脸上已经"打皱",眼睛已经"干枯",可是在年节时还要给地主去帮工,可见她也是一个受压迫的劳动妇女。柳妈受封建迷信思想和封建礼教的毒害很深,"贞洁"在她心里十分神圣。至于她讲阴司的故事给祥林嫂听,主观愿望还是想为祥林嫂寻求"赎罪"的办法,可这不但没有产生效果,反而给祥林嫂造成了精神重压,把祥林嫂推向了更恐怖的深渊之中。

"我"并不是鲁迅,而是鲁迅虚构的一个具有进步思想的小资产阶级知识分子的形象。"我"是一个对鲁四老爷充满憎恨,对鲁镇保守、冷漠的社会气氛感到愤懑的启蒙主义知识分子,虽然无力拯救祥林嫂,却是小说中唯一深刻同情祥林嫂悲剧命运的人。相对于漠然的短工、麻木迷信的柳妈和鉴赏祥林嫂痛苦的民众,"我"不失为一个有正义感、有觉悟的"新党"。"我"之所以忽而说有鬼神忽而说没有鬼神,是建立在担心自己的回答对祥林嫂是否有害的基础上的。

小说写出了"我"对祥林嫂虽然深切同情但无力挽救的困境,深刻地表现了在封建思想、封建伦理道德禁锢着整个社会思想的情况下,少数觉醒的知识分子那种欲救而不能的无可奈何的复杂心情。

"我"是小说描写的视角，祥林嫂的故事就是通过"我"的观察和叙述才得以展现的。"我"也是祥林嫂故事的唯一的批判者，正是从"我"的视角出发，祥林嫂这样一个普普通通的底层妇女的命运悲剧才得以被关注和审视。

这一串人物和祥林嫂的死都有不同程度的联系，他们共同构成了一个吃人的社会。通过分析这些人物形象，学生感受到当时令人窒息的社会环境，情感上与作者产生了共鸣。

二、寻找"凶手"，分析性格特征，得出悲惨命运的根源

学生经过思考、讨论，可以整体感知到：祥林嫂是旧社会劳动妇女的典型形象，她勤劳善良，朴实顽强，但在封建礼教和封建思想占统治地位的旧社会，她被践踏、被迫害、被摧残，以至被旧社会所吞噬。面对封建礼教对她的种种迫害，她曾不断地挣扎与反抗，但并不是为了自由而反抗，而是为了顺从封建礼教而反抗，祥林嫂从始至终都选择了对封建礼教的屈服，最后还是被社会压垮了。祥林嫂的悲剧深刻揭示了旧社会封建礼教对劳动妇女的摧残和迫害，控诉了封建礼教吃人的本质。

由人物形象的探讨，得到小说所蕴含的深刻主旨，使学生顿时有一种感觉：拨开云雾见青天。

作为一名语文教师，能够把文本中的各种主题传递给学生，让学生在思想上产生共鸣，借助对文本的阅读通过他人的经历丰富自己的人生，这是不是语文教学的真谛呢？在关注学生特点和时代特色的基础上，思索如何施教才能让学生悄然动容，心神慢慢凝重；才能使每一种叙述都成为一种沉甸甸的语言，直接触及学生的心灵，引起他们灵魂的颤动。这是我追求的语文教学境界。

语文教学"快"与"慢"的辩证艺术

分析点评

智者执教，无限光芒

冯文权老师是一名有才华的语文教学工作者。一手好字，一杆好文笔，一身教学的好本领。《祝福》一课可教内容确实很多："祝福"二字做题目的含义，"序幕回忆"的写作方法，肖像描写的作用，众多的人物形象，环境描写的作用，小说主旨的剖析，等等。多少执教者，总想面面俱到，但多数会陷入"泥淖"。冯老师独具匠心，大胆取舍，体现了教学智慧，闪烁着无限光芒。

化繁为简是生活中的智慧，大胆取舍是教学中的智慧。冯老师的这节课充分体现了这样的智慧。选取的问题是明确的，就用"祥林嫂死了"这个问题引发学生对主要人物的形象分析，最后指向了小说主旨的探讨。设计巧妙，给同人以很好的启示，值得我们学习和借鉴。

打造畅所欲言的课堂。有些教师坚持认为课堂是教学的主阵地，教师必须坚守讲台，所以"一言堂""填鸭式"曾长期成为教学的主要模式。而冯老师的这节课，最大限度地把发言权留给了学生，让学生真正成为课堂的主人，这是符合教育教学规律的，是符合学生成长规律的，是符合学生学习规律的。在这节课中，大家追寻杀害祥林嫂的凶手的时候，讨论热烈，各抒己见，有学生认为祥林嫂是自杀，冯老师没有直接否定这个学生的观点，而是让这个学生发表自己的看法并说明理由。民主、自由的课堂！冯老师让学生通过争辩来解决谁对谁错的问题，这是允许学生争鸣的课堂！总之，冯老师的课堂是畅所欲言的课堂。真是智者执教，无限光芒啊！

教学有法，但无定法。教学内容众多，巧取一个视角，巧妙设计教学，冯老师的摸索和尝试让我看到了智慧的光芒。

在文本阅读中掌握设置悬念的方法

——漯河市青年拔尖人才冯淑英"多文本阅读之'巧设悬念'"教学案例

课堂实录

一、古诗导入

师：相传清朝"铁齿铜牙"纪晓岚去给一位朝廷命官的母亲祝寿，别人都带去了很贵重的礼物，可他不但两手空空，还去得较晚。到了之后，他当着文武百官的面吟起了他的祝寿诗。诗的第一句是"这个婆娘不是人"。话音刚落，文武百官大惊失色，气氛非常紧张，这位朝廷命官更是一脸不高兴。就在这个时候，纪晓岚来了第二句，"九天仙女下凡尘"。听后大家转怒为喜，这哪里是在骂人，明明是在捧人，博得了满堂喝彩。紧接着，纪晓岚又来了第三句，"儿孙个个都是贼"。气氛再一次紧张起来。眼看那位朝廷命官就要发作，纪晓岚又来了第四句，"偷得寿桃献至亲"。哦，原来"贼"的言外之意是孝子，纪晓岚再一次博得了满堂喝彩。

【评析】语文是一门学科，也是一门艺术，诗词文赋，使学生愉悦地接受教育，春风化雨，润物无声，使教育效果最优化。课前备课要精且深，精雕细琢打造精品，如此精彩的开头，一定有备课时的精心做基础。

师：这短短的四句，跌宕生姿，起起伏伏，吊足了胃口。这首诗一惊一喜，产生了这么好的艺术效果，这是一种什么写作手法呢？

生：设置悬念。

师：是的，今天我们就一起来学习这种写作手法——设置悬念。（板书：设置悬念）

师：希望大家通过这节课的学习，能够做到以下几点——

（课件出示教学目标）

语文教学"快"与"慢"的辩证艺术

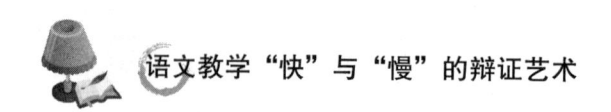

1. 认识悬念，并知道悬念在文中的作用。
2. 了解悬念在生活中的应用，体会设置悬念的独特艺术魅力。

（学生齐读教学目标）

二、检查预习

师：课前，我已经让同学们认真阅读了《父亲嘴里的鱼钩》《20美金的价值》《枪》这三篇文章，接下来，给同学们两分钟的时间，把课前预习的内容整理一下，为小组交流做好准备。

（学生整理预习笔记）

三、构建概念

师：一个人走路可能走得很快，一群人走路却会走得很远。下面，给同学们8分钟的时间，请大家在组长的带领下，深入探讨下面的问题，完成表格，并形成小组学习成果。

【评析】学生是学习的主体，学生的积极性在一定程度上决定了学习的效果。分小组讨论交流的学习方式，是新视野下的课堂教学，既重视了快节奏的课堂教学活动，又在"慢交流"的讨论中达到预期效果，确定了学生的主体地位，调动了学生学习的积极性和主动性，这是"快"中求"慢"少缺失的策略。

（课件出示问题，小组讨论交流）

师：同学们完成得怎样呢？请同学们把刚才讨论的结果在班上进行展示。首先，我们来看第一个问题，找出三篇文章的共同点。有谁愿意为我们解答这个问题。

生：都设置了悬念。

师：对，这三篇文章都设置了悬念。那什么是悬念呢？

生：就是设置一个疑问。

生：能够引起别人的兴趣。

……

第四章 语文教学"快""慢"结合之案例分析与点评

师：悬念，在古典小说里称为"结扣子"或"卖关子"，即设置疑团，不作解答，令人好奇而又不能马上知道底细。它可以是一个场面、一个情节，可以是贯穿全文的具体事物或人物某一时刻的神态描写等。

师：这三篇文章虽然都设置了悬念，但设置的位置不同，表达效果也不尽相同。接下来，我们来看一看这三篇文章。首先，我们来看第一篇文章《父亲嘴里的鱼钩》，在哪里设置了悬念？有什么表达效果？

生：在题目处设置了悬念，可以引起读者的阅读兴趣。

生：在开头设置了悬念，也引起了读者的阅读兴趣。

……

师：同学们说得非常好，这篇文章在题目和开头设置了悬念，引起了读者的阅读兴趣，同时，引出下文，埋下伏笔。接下来，我们分析第二篇文章《20美金的价值》设置悬念的地方及其表达效果。

【评析】对设置悬念的教学处理是"快"中求"慢"，归纳概括，干净利落，体现了教师把控教学节奏之美。

生：在开头设置了悬念，旨在引出下文。

生：在中间设置了悬念，旨在引起读者的思考。

……

师：这篇文章里也有多处设置了悬念。开头设置悬念，引出下文；中间设置悬念，承上启下，推动情节的发展。

师：那第三篇文章《枪》呢？

生：在开头设置了悬念，写出了主人公害怕的心理。

生：在中间设置了悬念，推动了情节的发展。

……

师：是的，这篇文章在开头设置了悬念，营造了氛围，便于展开矛盾，引出下文；在中间设置了悬念，推动了情节的发展，使故事情节发生转折；在篇末也设置了悬念，使文章波澜起伏，极具生动性和曲折性。

师：从上面的学习中，我们可以知道些什么呢？

（学生讨论，汇报）

师：由此可以看出，我们可以利用题目设置悬念，可以把悬念设置在文章的开头，也可以设置在文章的中间或结尾，一篇文章可以只设置一个悬

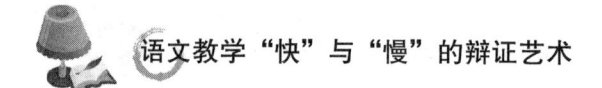

念，也可以设置多个悬念，但要注意，设置悬念必须解开悬念，悬念在前，解开在后。设置悬念，有助于营造氛围，创设环境，展开矛盾，引出下文；有助于承上启下，推动情节的发展；可以使叙事避免平铺直叙，使文章波澜起伏，增强生动性和曲折性；可以吸引读者，牢牢抓住读者的心。

四、运用概念

师：我们今天学习了这么多有关悬念的知识，你能将其运用到今后的学习和生活中去吗？接下来，给大家5分钟时间阅读文章《生日》《提意见》，找出设置悬念的地方，分析其表达效果。

【评析】有效的课堂练习如浩瀚学海上的便捷栈道，能引领学生提高语文素养。对文本内容进行纵横开掘，真正地实践了"用教材教"而不是匆匆地"教教材"。冯老师此处注重内容安排的疏密相间、错落有致，符合语文教学"快""慢"结合的宏观要求。她摸索课堂练习的新途径、新方法值得学习。

（学生阅读后回答，教师点评）

师：《生日》是一篇令人伤感、动人心扉的文章。小说开篇便设置了悬念：30岁生日，"我"点燃了53支蜡烛。作者并不急于解开谜团，而是通过妻子的话继续增强悬念，并且顾左右而言他，"突兀"地加了一句"这最后一样是我母亲生前十分喜爱的食物"。"我"过生日怎么又写到母亲了？更是让人如坠云雾之中，让人在好奇心的驱使下沿着作者布置的迷局读下去。音乐中，故事转入对母亲的回忆，在回忆中，点出了"我"没有给母亲过最后一个生日的愧疚，既照应了上文，也为下文做了铺垫，同时也解开了悬念，自然而巧妙。

师：《提意见》这篇文章中多处设置悬念，可以给读者遐想的空间，激发读者的好奇心，增强文章的吸引力。

师：同学们，在今后的写作中，我们也可以巧设悬念，这样就能抓住读者的心，使读者对事情的发展、变化、结果，对人物或事物的处境、结局产生关切的心理，使情节的发展更吸引人。

师：最后，请学科长为我们这节课做总结。

第四章　语文教学"快""慢"结合之案例分析与点评

（学科长从知识能力和课堂表现方面进行总结）

师：这节课相信我们都收获了很多，下课！

教学反思

巧设悬念，牵针引线

这次公开课最终决定选择"多文本阅读之'巧设悬念'"这个课题，是经过慎重斟酌的。当然，这几个文本的内容都是"巧设悬念"型的，通过这节课的学习，学生的小说鉴赏水平会有很大的提高，但我的用意不仅止于此。

针对语文教学中出现的过于浮躁的现象，近年来语文界都在呼吁"'慢'语文""让语文'慢'下来"，王海东校长在引领我们进行语文教研的时候提出了他的思考和设想，得到了很多语文界同人的赞同。他认为教学应当快则快，当慢则慢，快慢适宜。从王校长的言语中，我悟到了自己可以尝试的一种方法：巧设悬念，牵针引线。于是想着借这次多文本阅读课的机会，加深自我对语文教学"快""慢"结合艺术的认识。

苏霍姆林斯基说："所谓课上得有趣，就是学生带着一种高涨的、激动的情绪进行学习和思考，对面前展示的真理感到惊奇甚至震惊；学生在学习中意识和感觉到自己的智慧力量，体验到创造的欢乐，为人们智慧和意志的伟大而感到骄傲。"有趣的课堂是送给学生最好的礼物。

格式塔心理学派认为，人们通过感官得到的是一个个"完形"，当人们用心观察一个个不规则、不完满的形状时，就会产生一种内在的紧张力。这种力迫使大脑皮层紧张地活动，以填补"缺陷"。因此，在教学中，精心设置悬念，就能激发学生的好奇心和求知欲，让学生的思维处于一种激动状态，产生一种探究欲望。这种做法看似耗时、费力，实则是激发灵感的最佳契机，也是思维拔节的最佳时机，这种"浪费"非常必要。

回想初登讲台时的自己，总想把自己所有的知识一股脑儿"打包"给学生，总是在学生深入思考时忍不住告知答案，总是认为教好就能学好。如今，经过多年的摸爬滚打，我终于明白了春风化雨、润物无声、静待花开才是最好的教育。

语文教学"快"与"慢"的辩证艺术

分析点评

不疾不徐，有理有趣

初识冯淑英老师，是在几年前的漯河市劳动技能大赛上。那时，她给评委们留下了深刻的印象：快言快语、激情飞扬，思维缜密、功底扎实。当时她以一首《一剪梅》的吟唱在开讲几分钟内就获得了评委们的一致好评。今天又听她的课，感觉真是一件开心的事情。

漯河市的多文本阅读一直开展得很红火，尤其是在小学阶段，真是遍地开花，成绩斐然。在中学尤其是高中，漯河高中属于一直走在前面的"探路者"。听了冯老师的这节"多文本阅读之'巧设悬念'"，很是欣慰。

首先，通过大才子纪晓岚妙趣横生、故弄玄虚的祝寿词，让学生初步了解了"巧设悬念"这一写作手法，牢牢地吸引了学生的注意力，激发了学生浓厚的学习兴趣。

其次，导入后及时呈现本节课的教学目标：认识悬念，并知道悬念在文中的作用；了解悬念在生活中的应用，体会设置悬念的独特艺术魅力。让学生对本节课、对自我都有一个明确的目标期许，有利于学习的推进和深入。

再次，为了课堂的快速有序推进，课前发放阅读材料，提供阅读方法，引导学生自主阅读，既能节约课堂时间，又能让阅读更到位。这正是统筹方法的体现，也是"快"与"慢"融合的需要。

最后，耐心倾听学生的表达，不急于否定学生或下结论，给学生充足的思考时间，这是很可贵的，因为思维的拔节是需要一定的应激条件的，只有在疑惑处、纠结处、矛盾处才能激起思维的火花。

同时，冯老师的切入也比较到位，该出手时就出手，及时进行总结：设置悬念，有助于营造氛围，创设环境，展开矛盾，引出下文；有助于承上启下，推动情节的发展；可以使叙事避免平铺直叙，使文章波澜起伏，增强生动性和曲折性；可以吸引读者，牢牢抓住读者的心。

不愤不启，不悱不发，课堂的切合度把握得很好。

师生解读意象，感受诗歌古韵之美

——漯河市优秀青年教师柴研珂《雨巷》教学案例

课堂实录

师：同学们，这节课我们要一起走进戴望舒的《雨巷》。（板书：雨巷 戴望舒）这首诗创作于1927年，戴望舒也因为这首诗而获得"雨巷诗人"的美誉，成为20世纪30年代中国现代诗坛的领袖。下面请大家打开课本自行朗读这首诗。

【评析】精彩的课堂强调要精心筹划教学的每一个环节，在这些环节中首要的是"导入"。好的导入能让课堂真正"活"起来，能激发学生的求知欲。良好的开端是成功的一半，会起到"转轴拨弦三两声，未成曲调先有情"的效果，为课堂教学的顺利进行奠定基础。朴素的话语让导入润人无声，营造了良好的课堂氛围，建立了融洽的师生关系。课堂导入环节看似很简单的语言，却把学生快速带入了散发着丁香芬芳的雨巷中，激活了学生的思维，让学生处于放松状态，情感逐渐愉悦起来，这就是语文教学"快"的艺术的体现。

（学生自行诵读）

师：好，下面我找一位同学把这首诗读一遍。这位同学读的时候，其他同学思考一个问题：这首诗讲述了一个什么样的故事？请用自己的语言进行描述。哪位同学主动来读给大家听？

生：我来读。（投入地朗读）

师：好，读得很流畅。请坐。"她彷徨在这寂寥的雨巷"，注意"寥"字的读音。请大家思考我提出的问题：这首诗讲述了一个什么样的故事？请用自己的语言进行描述。可以小组内进行讨论。

（学生思考并进行讨论）

师：哪位同学想好了？请跟大家分享一下吧！

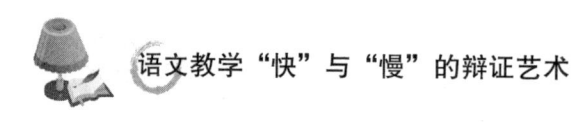

生：这首诗写的是诗人独自在一个寂寥的雨巷里，希望找到一个像丁香一样完美的代表。

师：一个代表？这个代表是不是一个姑娘呢？

生：是一个姑娘。诗人希望这个姑娘有着丁香的特点。

师：说得好。诗人在一个寂寥的雨巷里，希望逢着一个像丁香一样的姑娘。我们把这里的关键词找出来。同学们思考一下，哪个是关键词呢？

生：我认为是"逢着"。

师：有同学说关键词是"逢着"。那么，故事一般要交代什么呢？

【评析】"以教师为主导，以学生为主体"这一教学思想是教学改革的导向。从角色上看，教师是主导，是课堂教学的"导演"；问题是思维活动的起点，是课堂教学的线索。巧妙的问题能激发学生的学习兴趣，点燃学生的思维火花，激发学生的创造潜能。在课堂教学中，教师做好"导演"，使用好问题这一线索，必然给语文课堂教学带来一缕新鲜的空气。教师的"导"不是和盘托出，而是牵线搭桥，让学生沿着这条线去"探宝"。在关键的时机进行方法引导，引燃学生的激情，突破学习的难点，顺利实现教学目标。这正体现了语文教学"快"的艺术。

生：要交代故事背景。

师：应该有时间、地点。

生：还应该有人物。

师：在这里是人物还是事物或景物呢？

生：丁香。

生：地点是寂寥的雨巷。

师：（板书：雨巷　诗人）还有呢？

生：姑娘。

师：（板书：姑娘）好，请坐。同学们，我们先来看看雨巷。它在诗中叫意象。意象是创作主体根据客观物象经过自身独特的情感活动而创造出来的一种艺术形象。诗人、姑娘，这些所描写的对象，在诗中也叫意象。雨巷，巷子，大家见过没有啊？

生：见过。

师：我见过的巷子一般都比较短，就是两栋房子之间的过道，跟课文中描写的雨巷不太一样。大家结合课文中所描写的雨巷和我们实际生活中对巷子的感受，谈谈巷子具有什么样的特点。

生：寂寥。

生：寂寞。

师：好，我们选择诗中的词语"寂寥"。（板书：寂寥）为什么巷子是寂寥的？

生：因为没有人。

师：还有什么特点？

生：悠长。

师：好，悠长。（板书：悠长）但是我们实际生活中的巷子一般都比较短，像这种很悠长、一眼看不到尽头的巷子哪里有啊？

【评析】 鲁迅曾说："读书无嗜好，就能尽其多。不先泛览群书，则会无所适从或失之偏好，广然后深，博然后专。""广然后深，博然后专"，是说只有读够一定数量的书，才能正确地找到自己的偏好，才能够学得深、学得专。语文教材可以说是一部上至天文、下至地理，大至宇宙天体、小至花草昆虫，古今中外无所不包的百科全书。教师要利用教材，引导学生了解世界、认识人生、丰富头脑、开阔视野、增长知识。在语文教学过程中，教师要借助教材帮助学生打开一扇窗户，不仅要让学生学习到语文知识，更要指导学生感知世界的美好。所以，语文教学要"慢"。阅读鉴赏，表达交流，梳理探究，胸有成竹，唯慢自秀。下面对诗歌意象之一"巷"的赏析，就体现了语文教学"慢"的艺术。

生：北京。

师：有同学说北京有，北京的叫什么啊？

生：胡同。

师：是的，北京的叫胡同，并且北京的胡同已经形成了一种文化。

生：湖南。

师：湖南也有？在哪里啊？

生：长沙。

师：好，长沙有。

生：余杭区也有。

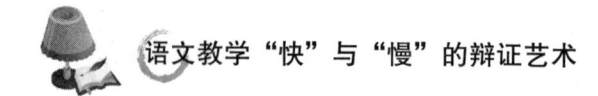

师：余杭区应该有，因为作者就生活在杭州。作者知道这样的巷子，说明肯定跟他的生活经历有关系，是吧？这种典型的巷子是在徽州黄山一带，以后你们有机会到那里去就会见到。那样的巷子曲折、幽深、悠长，一眼看不到尽头。还有没有同学知道其他的地方也有这样的巷子？

生：周庄。

师：对，周庄是有的。像这些比较古老的、有着古老建筑的地方，一般都可能有这种悠长的巷子。我们大家主要是从哪里经常看到？

生：电视上。

师：在电视上看到后有什么印象呢？

生：悠长。

生：幽深。

生：凄婉。

生：颓圮。

师：有同学说到"颓圮"。（板书：颓圮，指"圮"字）这个字读 pǐ。"颓圮"是什么意思？是破败的意思。这个巷子为什么这么破败啊？

生：因为太古老了。

师：因为年代久远而古老，可能已经有几百年历史了。有悠久历史的建筑有很多，如古罗马斗兽场，位于意大利首都罗马，建于 70—82 年间，是古罗马帝国专供奴隶主、贵族和自由民观看斗兽或奴隶角斗的地方。再如比萨斜塔，位于意大利，于 1174 年建造，塔身偏离中心轴约 5 米而屹立不倒，是世界建筑史的奇迹。此外还有凡尔赛宫、白金汉宫。（多媒体展示以上古建筑图片）巷子很古老，很寂寥。"寂寥"是什么意思啊？

【评析】对"巷"的总结是快，对建筑的介绍是慢。快慢结合，相得益彰。

生：寂静。

师："寂"是寂静。"寥"是什么意思呢？

（学生沉默，思考）

师：有字典吗？

生：有。

师：有字典就动手查查。

生："廖"是指稀少。

师：嗯。它不止这一个意思吧？

生：寂静；空虚，空旷。

师：寂静的、空旷的。这就说明没有什么人，很寂静。诗人来到雨巷时，表现出了怎样的精神状态呢？

生：惆怅。

生：迷茫。

师：惆怅的、迷茫的。（板书）用诗中的话来说，应该是——

生：彷徨。

师：彷徨。（板书）前面还有一个词，是什么？

生：忧愁。

师：不是"忧愁"吧？再仔细看看。

生：独自。

师：他一个人，很彷徨。"彷徨"是什么意思？查查字典。

生：走来走去，犹豫不决，不知往哪个方向去。

师：不知道往哪里走，走来走去。就好比在家里，爸爸比较愁闷的时候，抽着烟，走来走去的。那些喜欢安静的爸爸呢，就喜欢坐在沙发上——

生：抽烟。

师：静的状态是抽着烟，一动不动，是吧？动的状态呢，是走来走去。这样的行为说明他很苦闷。一个人苦闷的时候，肯定是心里面有事情，所以作者是带着这样的状态来到雨巷的。读到这里，我产生了一个疑问：下雨天，诗人不在家里待着，到雨巷来干什么？他可以在家里啊，一个人躲在房间里静静地思考，或者找一个地方独自坐一会儿消解苦闷。他为什么要来到雨巷呢？谁来谈一谈？

生：他到这里来找一些支撑他精神的力量。

师：如果他是到雨巷来找一些精神上的力量，那么雨巷为什么能够给他一种精神的支撑呢？

生：他以前在雨巷生活过。

师：一般小时候接触过的事物，大多都能给人留下美好的回忆。你们现在可能感受还不深，等你们再过几年，或者说远走他乡后，就会发现，

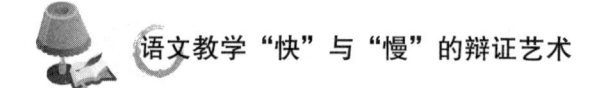

小时候经历过的一些人和事往往能够给你很大的精神支撑。所以，诗人在内心愁苦的时候，就到最熟悉的或者说最怀念的雨巷来了，来寻找精神安慰和精神支柱。我们读诗，就要读出感觉。感觉读出来了，这首诗就好理解了。这就是诗歌鉴赏中的意境体会。据学者考证，诗人小时候生活在杭州，那个地方有很多曲曲折折的巷子，应该给他留下了美好的回忆。"我希望逢着/一个丁香一样的/结着愁怨的姑娘"，他一个人到巷子里面，要找什么呢？要找"一个丁香一样的／结着愁怨的姑娘"。请大家自己先读一读描写姑娘的部分，体会体会，然后仔细考虑一下，这是一个什么样的姑娘？

【评析】文本中的知识信息兼容并蓄，包罗万象，但在课堂教学中，绝不能面面俱到，而应精心点拨重点问题，加快教学节奏，所以教师要教得精。作为一名语文教师，要建立"大语文"的思想，要有"一切皆可为语文所用"的意识，从而在通过各种感官可接触到的五彩斑斓的世界里培养学生的语文意识，丰富学生的文学底蕴，以期让学生学得"博"。以下学生对丁香一样的姑娘的分析，详细而准确。教师在引领的过程中，把课文内容与课外知识有机结合起来，融会贯通，激发了学生的兴趣；同时把学生从狭小的课本天地中解放出来，拓宽了学生的视野，让他们在广阔的领域中学习语言，提高语文素养。课上精讲细嚼慢咽的"慢"工出了细活。

生：丁香一样的颜色，丁香一样的芬芳。

师：说得对，说得好。好，大家接着思考，他要找的这个姑娘还有什么特点？

生：哀怨的。

师：嗯，哀怨的。

生：忧愁的。

生：冷漠的。

生：凄清的。

生：彷徨的。

生：凄婉的。

生：凄婉迷茫的。

师：我们用一个词语来概括一下，这个姑娘是什么样的啊？

生：愁怨的。

师：愁怨的。（板书）刚才同学们说，这个姑娘是哀怨的、忧愁的、冷漠的、凄清的、彷徨的、凄婉迷茫的。这几个词语的意思一样吗？她为什么"哀怨"？"哀怨"是什么意思？哀，就是哀愁；怨，就是怨恨。"凄清"，就是凄凉的、冷清的。这说明她的境遇怎么样？不好。她有没有同伴？没有同伴。凄婉迷茫，有问题得不到解决。"凄婉"，婉，就是婉约的意思，形容这个姑娘是美丽的。还描写了这个姑娘的——

生：芬芳。

师：是的，芬芳。"丁香一样的颜色，丁香一样的芬芳，丁香一样的忧愁"。这是描写姑娘的什么呢？

生：描写了姑娘的美。

师：美。这是一个愁怨的美人。她不是像玫瑰一样的美，也不是像百合一样的美，她是像什么一样的美啊？

生：丁香。

师：像丁香一样的美。丁香花大家见过没有？

生：我见过。

师：你见过，那请你给大家描述一下丁香花是什么样的。

【评析】俗话说，磨刀不误砍柴工。对丁香花的分析是慢，这是助力赏析女主人公。

生：包在一起的（用双手比画着包在一起的形状）。

师：还有哪些同学见过丁香花？嗯，像这种，一簇一簇的（多媒体呈现丁香花的图片）。丁香花都有什么颜色的啊？

生：紫色。

师：是的，丁香花多是紫色的！

生：还有白色的。

生：还有茶绿色的。

师：好，下面请一位同学把描述丁香的文字朗读一下。

课件出示：

丁香花，属落叶灌木或小乔木。因花朵细长如钉且清香四溢而得名。

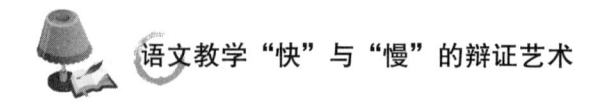

著名的庭园花木。花序硕大，开花繁茂，花色淡雅、芳香，习性强健，栽培简易，因而在园林中被广泛栽培应用。叶对生，罕为羽状复叶。花两性，呈顶生或侧生的圆锥花序。花为紫色、淡紫或蓝紫，也有白色、紫红色，以白色和紫色居多。紫的是紫丁香，白的是白丁香，白丁香是紫丁香的变种。丁香花喜阳光，喜温暖、湿润，稍耐阴。适应性较强，耐寒、耐旱、耐瘠薄，病虫害较少。种植丁香花以排水良好、疏松的中性土壤为宜。丁香花的花语是忧愁、思念。

师：根据大家掌握的相关知识，再借助这段文字，我们来说一说丁香花具有什么特点。

生：纤柔，淡雅，清香。

生：喜光、喜温暖、喜湿润。

生：耐阴。

生：耐寒、耐旱。

生：对土壤的要求不高。

生：喜欢肥沃、排水良好的土壤。

生：忌在低洼地种植。

师：好，请坐。这些是列举，谁来概括一下？

生：纤小，柔弱，喜阳光充足；耐寒，耐旱，忌在低洼地种植。

师：好，请坐。丁香花纤弱，淡雅，喜光，耐寒性强，忌积水。丁香花未开时，其花蕾密布枝头，称丁香结。丁香结常常被诗人用来形容愁思郁结，难以排解。如李璟的《摊破浣溪沙》："青鸟不传云外信，丁香空结雨中愁。"柳永的《西施》："要识愁肠，但看丁香树，渐结尽春梢。"李商隐的《代赠》："芭蕉不展丁香结，同向春风各自愁。"都是借用丁香这个意象来表现自己的愁闷。诗人希望逢着一个丁香一样的结着愁怨的姑娘，这个姑娘来了没有？

生：没有。

师：没有？诗中不是说"她静默地走近/走近，又投出/太息一般的眼光"吗？"她飘过/像梦一般的，/像梦一般的凄婉迷茫"。她不是来了吗？

生：是诗人想象她来了。

师：是的，诗人想象那丁香一样的姑娘来了，想象丁香一样的姑娘走

第四章　语文教学"快""慢"结合之案例分析与点评

到自己身边了。诗人想象丁香一样的姑娘走到他身边的时候，是什么样的表现啊？她有没有跟诗人交流呢？

生：没有。

师：这个姑娘做了什么？

生：叹息。

师：她为什么叹息？

生：和诗人同是天涯沦落人。

师："像我一样，/像我一样地/默默彳亍着，/冷漠，凄清，又惆怅。"所以她叹息，她没有跟"我"说一句话，只是向"我""投出太息一般的眼光"。她为什么不跟我多说两句啊？按理说同是天涯沦落人，应该有很多话说的啊，而她只看了我一眼。为什么呢？

生：因为他们彼此不认识。

师：不认识就不能说话吗？她为什么"走近，又投出/太息一般的眼光"。为什么看我的时候还叹息一声？

生：不言而喻。

师：说得很好。此时无声胜有声。两个有同样遭遇的人，有时候不需要说话，心有灵犀一点通；有时候看一眼就彼此理解了，就知道对方心里想的是什么了，所以有时候不说话比说话效果更好。"她飘过/像梦一般的，/像梦一般的凄婉迷茫。""飘过"，是不是很快啊？而且"飘"有什么特点？看不见，也抓不着。诗人把那种忽远忽近、想抓又抓不着的感觉写了出来。"像梦中飘过一枝丁香的，我身旁飘过这女郎；她静默地远了，远了，到了颓圮的篱墙，走尽这雨巷。"最后这姑娘怎么样了啊？

【评析】分析到此，学生对丁香一样的姑娘形成了清晰的认识，快速点燃的情感之火愈烧愈烈，慢慢聚拢的丁香一样姑娘的形象越点越亮，"快""慢"结合呈现出最美的烟火。

生：消失了。

师：消失了，飘走了。

（学生笑）

师："飘"形容很快，无声无息的。在你不经意的时候，就走了。我们再看，最后这个姑娘给诗人留下了什么？

229

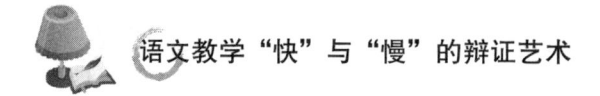

生：颜色。

生：芬芳。

师：留下了颜色吗？留下了芬芳吗？

生：没有。

师：什么都没有留下。"在雨的哀曲里，/消了她的颜色，/散了她的芬芳，/消散了，甚至她的/太息般的眼光，/丁香般的惆怅。"消失得无影无踪，什么都没有留下，只留给诗人——

生：寂寥。

师：有同学说留给诗人寂寥、哀怨、惆怅。只留下诗人一个人在那里哀怨吗？还留下了什么？

生：希望。

师：有同学说"希望"，怎么看出来留下了希望呢？

（学生沉默）

师：留下了什么希望啊？"我希望飘过/一个丁香一样的/结着愁怨的姑娘。"虽然这个美丽的、冷漠的、凄清的、惆怅的、静默的姑娘来了，瞬间又走了，什么都没留下，但是"我"还是希望能够重新再遇见她。诗人感到彷徨、孤独，他希望有这么一个姑娘能够理解他。任何人都希望有人能够理解自己。人生得一知己足矣。这个知己是谁啊？就是能够理解自己的人。当你做了一件事情不被别人理解的时候，那种滋味是不是很难受啊？（学生频频点头）被别人误解的时候，就更难受了。诗人也希望有这么一个姑娘能够理解他。那么诗人到底为什么写这首诗，为什么希望遇到这样一个姑娘？

生：因为他失恋了。

（哄堂大笑）

师：（微笑）你从哪里看出来他失恋了？说出你的理由来。

（学生沉默）

师：诗人是不是真的失恋了？这首诗写于1927年，当时诗人22岁，哪个少男少女不怀春？

（学生偷笑）

师：他当时有没有自己喜欢的姑娘呢？

生：有。

（有些学生起哄）

师：这很有可能。据记载，诗人当时住在他的好朋友施蛰存家里。施蛰存是我国现代作家、文学翻译家、学者。而施蛰存的妹妹施绛年长得很漂亮。

生：噢！

师：诗人很喜欢她。诗人在施蛰存家里初次看到施绛年，就对其产生了好感。即使不是施绛年，诗人已经22岁了，他难道没有自己喜欢的姑娘吗？或者说，即使没有遇见自己喜欢的姑娘，他难道没有去想象自己喜欢什么样的姑娘吗？还有一个问题，诗人在诗中显得非常哀怨、彷徨，仅仅是因为感情不顺吗？我们说知人论世，要了解一个人，必须要了解这个人的生活和他所处的时代环境，这样才能更准确地把握诗歌的情感。1927年，"四一二"反革命政变爆发。青年们的头上笼罩着一层阴影。整个时代大环境，造成了当时青年一代很迷茫、很彷徨。知道了这样的时代背景，我们也就不难理解诗人为什么在诗中显得这么消沉了。但是，他仍然抱有希望。诗的最后说"我希望飘过/一个丁香一样的/结着愁怨的姑娘"。也许姑娘走了，自己的理想也没实现，但他还是希望这个美丽的姑娘再来，希望自己的理想能够实现。这首诗最让人感动的地方就在这里——他没有放弃希望，他的内心依然存有希望。即使世界一片黑暗，他还在追求着美，"我希望飘过/一个丁香一样的/结着愁怨的姑娘"。这种写法叫反复、回环。诗的第一节出现了，最后一节再次出现，前后呼应，前后回环，形成反复。即使在那样的环境下，诗人依然对未来寄予希望。下面大家把诗歌齐读一遍。

（学生大声齐读）

师：写这首诗时，戴望舒正是风华正茂的年纪。每个风华正茂的年轻人都渴望自己能够事业有成。但是在时代大环境不好的前提下，他的个人前途不明，他的理想难以实现，他可能感到很迷茫。但即使如此，他依然对未来怀有希望。当你遇到困难时，就读一读这首诗，你会受到启发。在困难面前，要表现得很坚强。要做到这样，并不是一件容易的事，这些人给了我们很大的鼓舞。当我们身处困境，遭遇挫折时，他们给我们提供了

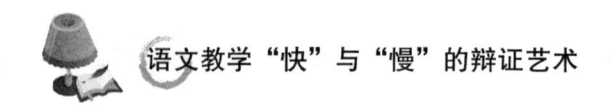

精神支柱。好,这节课我们就进行到这里。下课!

【评析】语文教学要"以人为本",关注学生的自然发展,重视生命的健康成长,尊重学生的个体差异,注重情感的熏陶感染,强调学生的独特体验,关爱学生的精神世界。教师和学生在课堂上共同完成了对文本的剖析,是"慢"的艺术;之后,教师又推动学生观照自己的内心,把文本对自己的启发分享给学生,引发学生的思考,这更是"慢"出了水平。

教学反思

徜徉诗河寻古韵

望舒,是现代派"诗坛领袖"戴望舒的笔名。这个名字出自《离骚》中的"前望舒使先驱兮,后飞廉使奔属"。诗人的笔名,蕴含着深厚的古典文化底蕴。我在设计本课教学的时候,就侧重让学生感受诗歌的古韵之美。

一曲《雨巷》,蒙眬而不晦涩,低沉而不颓唐,情深而不轻佻,按朱自清先生的说法,戴望舒"是要把捉那幽微的精妙的去处"。西方的情绪、东方的情调,诗人对意象和意境的娴熟运用,使得《雨巷》走出了江南小巷的蒙蒙烟雨,成为中国现代新诗转型的成功之作。

我在教学中采撷以下四点,和学生一起进行解读与剖析。

一、聚焦"雨巷"

"雨巷"是一种基础,提供了一种环境。"雨巷"由两个字组成:"雨"和"巷"。"雨"给人迷茫、潮湿、凄冷之感,"巷"则点出阴暗、狭窄、悠长的环境。这一梅雨时节悠长狭窄而寂寥的雨巷的阴沉图景,正是当时黑暗阴沉的社会现实的写照。"雨巷"是一种意境,这种意境有利于作者抒情,"情由境生"。

二、深嗅"丁香"

丁香，开在暮春时节，花多为紫色或白色，有淡雅的香气。在中国古典诗词中，丁香象征着美丽、高洁、哀婉、愁怨。唐代诗人李商隐有诗曰："芭蕉不展丁香结，同向春风各自愁。"南唐中主李璟词曰："青鸟不传云外信，丁香空结雨中愁。"可见，丁香在古典文学中是个"愁品"，是柔弱和哀愁的象征。

三、寻找"丁香一样"的姑娘

美丽的事物总是和姑娘联系在一起。丁香一样的姑娘，丁香一样的美丽和芬芳，丁香一样的忧愁。丁香花虽美，但容易凋谢。所以，以丁香为象征的姑娘也是容易消失离去的。《雨巷》刻画的是阴冷的绵绵细雨下悠长寂寥的雨巷。在象征着当时黑暗阴沉的社会现实的"雨巷"里，诗人刻画了一个满心哀怨、惆怅、彷徨，撑着油纸伞走过的姑娘。

四、爱情与政治在碰撞

《雨巷》以内心独白的方式，诉说了一个忧伤的故事。诗人的理想最终幻灭了，就像"美人"总是"在水一方"一样。古代文人多有济世之志，但现实的残酷往往使得他们怀才不遇、壮志难酬，这种失意就形成了中国文化的独特意味，所以有人称中国的文化为"怨怼文化"。《雨巷》流露的追求理想终而幻灭的失意，就是中国文人共同的情结。

悠长寂寥的雨巷，雨巷中徘徊的独行者，还有那丁香一样结着愁怨的姑娘，诗中迷惘感伤又有期待的情怀，读来有一种蒙眬而又幽深的美感。这样的美放在心里自然是永恒，是经典，所以，我尽最大努力带着学生在《雨巷》中感受诗歌的古韵之美。

语文教学"快"与"慢"的辩证艺术

分析点评

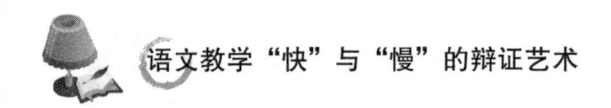

穿过那雨巷，集结正能量

立足现代诗歌，带领学生感受戴望舒的《雨巷》的古韵之美，这样的教学是有极大难度的，但是，柴研珂老师的尝试是成功的。跟着柴老师一起踏上江南的雨巷之旅，便深深爱上了这幽深寂寥、积淀丰厚的《雨巷》。关于这节课的精彩之处，我主要说明以下三点。

一、饱含精华的诗的语言

诗是语言的精华，是人类精神最优雅的表现方式。要让诗的神韵吸引学生，就要借助诵读使诗句的生命力展现出来。读出诗歌的语调和节奏，读出诗歌的气质和意韵，最终读出诗味，品出诗情。正如叶圣陶先生所说："吟诵的时候，对于讨究所得的不仅理智地了解，而且亲切地体会，不知不觉之间，内容与理法化而为读者自己的东西了，这是最可贵的一种境界。"唤醒学生的一颗诗心，这才是最具诗意的遇见。从《雨巷》出发，进行一次诗意的启蒙，开启一次诗心的遇见，这才是现代语文教育包括诗的教育的本来意义。

二、意象剖析助力诗歌鉴赏

一首能让人们引起共鸣并乐于诵读的诗，它的意象必定是重要的参照。柴老师选择了文中的意象作为突破口，通过对核心意象丁香的探讨，引导学生真正地深入雨巷。柴老师在教学中，传递给学生的不只是对某个意象的解析结论，更是在教给学生关于诗歌意象的一种很朴实的解读方法。

三、诗歌主旨探究，集结为正能量

戴望舒曾说："诗是由真实经过想象而出来的，不单是真实，亦不单是

第四章 语文教学"快""慢"结合之案例分析与点评

想象。""不单是真实""不单是想象",其实是在告诉我们读诗既要植根于真实的生活土壤,也要学会展开丰富的想象。诗歌的模糊性给诗人也给读者留下了广阔的想象空间。诗歌的魅力也是在这多元的空间中体现出来的。政治诗和爱情诗,是对《雨巷》最大众的解读。诗歌是诗人的,也是读者的。面对诗情未萌的中学生,柴老师给了他们读诗的自由空间,让他们徜徉在文本中找到自己的诗意。教诗立人,培育诗心。我们更希望能在飞扬的青春中为学生留住美好的诗情,在未来的岁月中让其心灵有所依托。柴老师在最后的总结中,把诗歌主旨归纳为面对困难时的精神慰藉和支持,这是满满的正能量,是向上的一束光芒,"丁香姑娘"就是我们人生之路前行的希望和力量,也是我们慰疗人生之旅的苦痛的一剂心灵鸡汤。

当然,本节课也存在一些不足之处,如学生在讨论和发言时,语言略显直白和质朴。如果注重加强对学生语言的锤炼,这节课会更加精彩。

后 记

遥记辛未（1991），我从华中师范大学汉语言文学系毕业。虽然回报桑梓、献身教育的决心早已下定，但当我站在沙河与澧河交汇处的河堤上，看着奔涌而去的河水时，一股豪情油然而生：漯河，您的孩子回来了！我将努力拼搏，为您增光添彩！从那一年起，我一头扎进漯河市高级中学的语文课堂，并在一轮循环教学后，一直留在高三年级的课堂。至新世纪到来，九年之间虽然经历了教师、班主任、备课组长、教研副组长、教研组长、政教主任、办公室主任、副校长等多种角色变化，但我最爱的还是一线语文教师和班主任的身份，我与我的学生们一起告别懵懂和青涩，怀着对新世纪的憧憬、向往，带着高考语文全校第一、全市第一、全省第一的荣耀，快乐而骄傲地跨入了21世纪。

岁在戊戌（2018），从教已二十七年。在学生们的追梦之旅上，我有幸成为陪伴者与引领者，备觉荣耀：数千学子，风雨同舟，同力同向，皆成家国栋梁，无限荣光；二十七载，春风化雨，妙手著文，奋发图强，喜看桃李满园，梦想飞翔。

二十七年，似乎弹指一挥间，翻开一本本教案，细细抚摸，字里行间仿佛闪现一届届学生的笑脸，不经意间，也会掀落一两片没有粘牢的教余碎语。

带着蔚蓝色希冀，心和梦一起飞，相信美好的未来触手可及……

我愿做引路人，让语文美不胜收，让课堂上的精彩永远像一个感叹号……

但愿多少年后，我可以像泰戈尔一样说：天空中没有鸟的痕迹，但我已飞过……

它们因久掩而弥新，多数是钢笔字样，蓝色笔迹，结尾清一色的省略

后 记

号,仿佛透着永不知足的渴求。我想,这便是我作为一名语文人的初心吧。陶行知说:"生活、工作、学习倘使都能自动,则教育之收效定能事半功倍。"碎语类似于批注,作为我教学初期主动思维的点滴表现,至少说明一个愿意进步的人,时间会近乎偏爱地允许他越来越强大。也正是在整理这些碎语的过程中,我逐渐还原出自己青涩、成熟、理性的成长路径。

这让我不由得想起了宋代吉州青原惟信禅师说过的一段很有名的话:"老僧三十年前未参禅时,见山是山,见水是水。及至后来,亲见知识,有个入处,见山不是山,见水不是水。而今得个休歇处,依前见山只是山,见水只是水。"结合自己的一路成长,我姑且斗胆把语文教学的一些个人经验总结为:"多"与"少"的辩证艺术、"快"与"慢"的辩证艺术、"死"与"活"的辩证艺术。每一种经验,都对应了前文所讲立足一线、脱胎换骨的三个成长阶段,并契合了一名优秀语文教师的三个特点:一是学科教学特点,二是心理特点,三是专业化成长特点。三本书力求采用发展的观点,尽可能做到理论和实践相结合,有效地呈现语文教学的辩证艺术,希望能为一线语文教师的课堂教学抛砖引玉。所以,回顾二十七年的教学生涯,跨越两个世纪,陪伴学生们成人成才,并传播三门艺术(姑且叫艺术吧),虽时有食不甘味、寝不安席,甚而忐忑不安,但自感无愧于心,无悔于行,无怍于德。

这三本书,每本均五易其稿,最终能够出版,非独我个人之功。前面有张文质、闫学、刘燕飞等导师的引领示范,精准把脉;背后是漯河市高级中学各位同仁如张荣谦、冯文权、张晨华、柴研珂、冯淑英、胡卫党、徐春玲、张小乐、赵晓嫔、邓彩霞等老师的友情助力,建言雕琢,尤其是张荣谦老师,做了大量工作,付出了辛勤的汗水。更有河南省基础教育教学研究室主任邵水潮、副主任丁武营等各位领导、专家悉心指导、大力支持。最令人欣喜和感动的是,中国教育学会名誉会长、北京师范大学资深教授、教育泰斗、我的偶像顾明远老先生为本书欣然作序。我原本只是想翻看教案中的蓝色风景,可是大家给了我无限广阔的蔚蓝天空。在此一并表示我最诚挚的谢意!

另外,书中使用到的精彩课例,均是我校教师的独创并经实践检验

过，大家在背后默默地付出了很多劳动。对于这些教师，我同样心存感激：正是他们的智慧滋养，让我走得越来越自信和无畏。

最后，我愿用我满腔的深情感谢教学。日复一日，年复一年，三尺讲台，三生有幸。秉承一颗纯粹的师心，让一直不曾停止的思索和探求，催绽一个个美丽的青春梦，共圆最美的中国梦，此乐何极！

教有法无定法因材施教，学无类有门类术业专攻。作为一名高中语文教学的探索者，我会不忘初心，砥砺前行。这三本书，思索不深，见解固浅，难免流于粗陋，见笑于大方之家；甚或有谬误之处，失察不觉，欢迎专家、同行多加批评、指正，不胜感激。

王海东
2018 年夏于漯河市高级中学